本书获潘平微、王俭美华侨华人研究基金出版资助

Journal of Overseas Chinese Studies

華僑華人學研究

第一輯

包含丽 主编

中国社会科学出版社

图书在版编目（CIP）数据

华侨华人学研究．第一辑／包含丽主编．—北京：中国社会科学出版社，2023.12

ISBN 978-7-5227-3179-7

Ⅰ.①华… Ⅱ.①包… Ⅲ.①华侨—文集②华人—文集 Ⅳ.①D634.3-53

中国国家版本馆 CIP 数据核字（2024）第 044052 号

出 版 人	赵剑英
责任编辑	金　燕
责任校对	李　硕
责任印制	李寡寡

出　　版	中国社会科学出版社
社　　址	北京鼓楼西大街甲 158 号
邮　　编	100720
网　　址	http://www.csspw.cn
发 行 部	010-84083685
门 市 部	010-84029450
经　　销	新华书店及其他书店
印　　刷	北京明恒达印务有限公司
装　　订	廊坊市广阳区广增装订厂
版　　次	2023 年 12 月第 1 版
印　　次	2023 年 12 月第 1 次印刷
开　　本	710×1000　1/16
印　　张	21.5
字　　数	301 千字
定　　价	118.00 元

凡购买中国社会科学出版社图书，如有质量问题请与本社营销中心联系调换
电话：010-84083683
版权所有　侵权必究

《华侨华人学研究》编委会

主　　　编　包含丽
副 主 编　郑洁西　王　祎
编委会委员（按姓氏拼音排序）
　　　　　　方　明　郭　熙　胡春艳　李明欢
　　　　　　刘国福　刘　泓　刘文远　龙登高
　　　　　　邵　宜　宋燕鹏　严晓鹏　曾少聪
　　　　　　张春旺　张国雄　张一力　张振江
　　　　　　赵广成　赵　健　赵金伟　郑一省
　　　　　　周　弘　庄国土
本辑编辑　刘茜茜　张　元

《华侨华人学研究》创刊词

《华侨华人学研究》集刊由温州大学华侨学院主办，是一部以全世界华侨华人群体为研究对象，以华侨华人学交叉学科建设为导向的国际性学术刊物。本刊论文内容涉及教育学、历史学、经济学、法学、民族学、社会学、政治学等相关研究领域，兼具国内和国际视野，既重视理论架构，又重视个案研究，旨在为国内外学术界研究华侨华人群体、探讨华侨华人学相关问题提供发表平台，全面推动国内外学术界交流互动和华侨华人学学科建设。

6000万海外华侨华人对我国和世界的政治、经济和社会发展进程影响深远。华侨华人相关问题的研究由来已久，但"华侨华人学"这一学术术语提法的出现相对较晚，不过目前已为国内外学界广泛采用。2002年北京大学李安山教授主持的教育部人文社科重大课题"华侨华人学科建设研究"的立项，标志着国内学术界已经开始正式全面启动"华侨华人学"学科建设的讨论。2006年出版的《中国华侨华人学——学科定位与研究展望》（李安山、吴小安、程希编著）从学术意识与学科定位、学术回顾与研究经验、学术批评与资料建设三方面提出了构建"华侨华人学"的思考与建议，可谓当时国内学术界讨论"华侨华人学"学科建设的集大成之作。近十余年来，获批立项的涉及华侨华人的国家社科基金重大项目有十余项，华侨华人研究越来越受到国家层面的关注，"华侨华人学"出现了欣欣向荣的新气象。

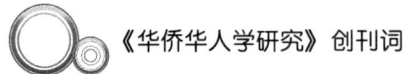

《华侨华人学研究》创刊词

2021年，温州大学申报的全国首个华侨华人学交叉学科硕士学位点正式获准设立。该硕士学位点依托温州大学中国史、教育学、应用经济学、法学、计算机科学等一级学科硕士学位点，围绕涉侨研究和人才培养分别设置华侨华人史、华文教育、华商经济和侨益保护等四个方向，协同各相关一级学科建设单位探索华侨华人学科科学发展、可持续发展路径，凝练学科发展的主攻方向和领域。这一举措既标志着"华侨华人学"学科正式得到学界认可，也标志着"华侨华人学"在高校的学科建设层面上迈出了崭新一步。

早期涉及华侨华人问题的研究成果多出自西方人之手。民国成立后不久，国内开始不断出现华侨华人相关研究的著作、译著和论文。中华人民共和国成立以后，特别是随着改革开放的深化和中国国际地位的空前提高，以及各国华侨华人的经济实力在各方面影响力的日益增强，全世界范围内出现了华侨华人研究的新热潮，华侨华人研究成果数量增多，质量提高，各国华侨华人问题研究队伍不断扩大，相关会议日见频繁，新的研究机构和研究团队不断涌现。华侨华人学作为一门新兴学科正在快速崛起。

华侨华人研究的发展，离不开相关涉侨刊物（包括期刊和集刊）的大力支持。相关刊物在提供交流平台、传播研究成果和展示学科建设成果等方面都为华侨华人研究的发展做出了巨大贡献。但是，由于种种主客观原因，国内目前尚无专门以华侨华人学这一新兴学科为研究对象的连续性学术刊物。随着华侨华人研究的深入发展和华侨华人学学科的快速崛起，我国华侨华人学学界亟待创建以全球华侨华人群体为研究对象、以华侨华人学学科建设为导向的国际性学术刊物。

当今世界正经历着百年未有之大变局，在目前错综复杂的国际形势下，华侨华人群体正面临着前所未有的复杂形势，华侨华人学研究也迎来了新的挑战。为适应新形势，迎接新挑战，进一步为华侨华人学研究的发展提供交流平台、传播研究成果和展示学科建设成果，我们依托温州大学华侨学院，以全面深化华侨华人学研究、促进华侨华人学学科建设为宗旨，创办了这份学术集刊。本刊将开设华侨华人史、华文教育、华商经济和侨益保护等专栏，尤其在侨益保护专栏中，将囊括海外利益保护和归侨侨眷权益保护的研究。

　　随着越来越多的机构和学者踊跃参与共建，华侨华人学在国内外学术领域已经占有一席之地。但华侨华人学尚属初创阶段，许多问题尚待探索，相关理论的架构尚不完善，亟需国内外学术界共同努力，促进这门新学科的建设和发展。我们希望本刊能为华侨华人学研究提供一个良好的研究交流平台，欢迎与海内外学者共建共享共赢，在《华侨华人学研究》这块学术阵地发表论作、展开争鸣，全面发展和深化华侨华人学的理论和实证研究，丰富和发展华侨华人学研究的深度和广度，奋力推动华侨华人学研究和华侨华人学学科迈入新的发展阶段，为构建人类命运共同体贡献力量。

目 录

特 约

侨联组织性质、定位与职能研究 ………………… 张春旺（3）
华文教育的时代价值：诉求平衡与功能拓展 ………… 曾毅平（23）

中华文化海外传承

东干人语言传承对中文国际传播的启示 …… 吴勇毅 闫 丽（45）
家庭语言政策视角下的法国汉语方言
　背景华二代语言身份建构
　　——以巴黎温州裔华二代为例 ……………… 朱淑婷（66）
温州籍海外新移民后代语言使用与
　文化认同研究 ………………… 鲍 蕊 周捷慧 金梦唯（88）
立足海外，根植中华：融媒体时代
　"中国故事"海外传播之路 ………………… 王 莹（106）

华侨华人与国际移民

旅意华侨华人在中意两国双边合作中的
　重要贡献与动因 ………………… 包含丽 夏培根（117）

中东欧华侨华人发展及其研究概略 ………… 徐　刚（132）
改革开放以来中国大陆新移民在英概况探析
　　——以国际人才流动态势为中心 ……………… 许海君（151）
论当代"英国华人社团"的发展趋势 …… 周小粒　黄馨月（172）
1990年以来德国华侨华人生存状况探析 ………… 吕　瑶（185）
近年来海外华侨华人儿童回国就读情况探析
　　——基于浙江省文成县Y小学的
　　　　调查 ………………… 邓纯考　沈冰伟　王婧怡（201）

区域国别华文教育

线上华文教育的挑战与前景
　　——基于海外华校师生的实证研究 …… 谭子恒　张嫚青（219）
东南亚华文教育交流活动的
　　国别比较研究 ………………… 杨哲　曾小燕　禹点（242）
新形势下英国华文教育的困境与出路 …… 曹茜　邵有学（255）
美国华文教育发展现状与展望 …………… 吴卓颖　邵有学（266）

侨务工作

华文教育在铸牢海外中华民族共同体意识的
　　重要作用 …………………………………… 郑周文（283）
青田县近八年侨情发展变化的特点及趋势研究 …… 周　峰（294）
"一带一路"下的世界华商大会与中国经济发展 …… 胡春艳（310）

目 录

综 述

推动新时代欧洲华侨华人与华文教育
研究高质量发展
　　——第二届欧洲华文教育学术研讨会暨第五届
　　　CERPE 国际研讨会会议综述 … 包含丽　刘茜茜（325）

《华侨华人学研究》征稿启事 …………………………………（332）

特　约

侨联组织性质、定位与职能研究

张春旺[*]

摘要：侨联组织与其他涉侨机构、群团组织相比有着相同的职能任务及政治性、先进性、群众性，同时也有着自身的性质、定位、职能和特点。经历不同历史时期的发展与沿革，侨联组织的职能不断拓展，任务不断扩大，机构不断完善，其在长期的革命、建设、改革进程中为党和国家事业作出了重要贡献。在新形势面前，侨联组织必须紧紧把握其基本特征，认真贯彻其基本原则，加强自身建设，坚定不移走中国特色社会主义群团发展道路，以强"三性"、去"四化"为目标，使其运转更加高效、联系更加广泛、基础更加牢固、行动更加有力，最大限度团结联系广大海外侨胞和归侨侨眷为实现中华民族伟大复兴中国梦做出贡献。

关键词：侨联组织；性质；定位；职能；发展道路

侨联组织是中国共产党领导的由归侨、侨眷组成的全国性人民团体，是党和政府联系广大归侨侨眷和海外侨胞的桥梁和纽带，是团结服务归侨侨眷和海外侨胞的群众组织。与其他涉侨机构、群团组织相比，侨联组织有着相同的职能任务及政治性、先进性、群众性，同时也有着自身的性质、定位、职能和特点。

---

[*]【作者简介】中国华侨华人研究所所长。

 特　约

海外侨胞在国外长期求生存、谋发展的过程中，从最初的同乡、同族、同业结成侨团互帮互助、联谊交流，到成立和发展谋求国家富强的政治性团体，兴办侨校、侨报及公益事业，使华侨团体数量不断增加，领域、范围不断扩展。辛亥革命后，国民党通过建立海外部、建立侨务工作机构等方式开展华侨工作，在国内支持成立了华侨联合会、华侨协会、华侨协会总会等华侨团体。中国共产党成立后，在开展华侨群众工作方面做了很多工作，进行了有益探索。延安时期，为更好开展海外工作，不断发展壮大抗日民族统一战线，党中央不仅建立了海外工作委员会等机构，并且组织在延安的归国华侨建立了延安华侨救国联合会，解放战争时期改称为中国解放区侨联。这是党直接领导的第一个华侨团体，在团结联系海外侨胞支持中国共产党的抗战政策和八路军、新四军等武装斗争，支持新政治协商会议，支持建立新中国等方面，做了大量工作。新中国成立后，在党的领导下，国内归侨侨眷较多的地区纷纷成立了地方性华侨团体，积极开展联谊工作。1956年10月，在党中央的关心和领导下，中华全国归国华侨联合会成立，标志着党领导的、统一的、全国性的，能够最广泛联系、服务全世界海外侨胞的侨界群众组织诞生了。此后，中国侨联紧紧围绕党和国家工作大局，坚持从自身的性质和宗旨出发，展现侨联组织的特点和优势，不断丰富完善工作职能，拓展工作领域，推进组织体系建设，成为中国特色社会主义群团之一，侨联工作成为党和国家事业的重要组成部分。

从延安时期成立延安华侨救国联合会开始，到1956年10月成立中华全国归国华侨联合会，再到改革开放后的恢复、发展、创新，侨联组织的定位、任务、职能等随着不同时期党的中心工作转变、侨情发展变化而认识更加清晰，并作出相应调整和完善，使侨联工作与党和国家工作大局相一致。

一 侨联组织的性质与宗旨

《关于加强和改进新形势下侨联工作的意见》提出:"中华全国归国华侨联合会是党领导的人民团体,是党和政府联系广大归侨侨眷和海外侨胞的桥梁和纽带,是团结服务归侨侨眷和海外侨胞的群众组织。"这句话界定了侨联的性质,明确了侨联的定位。

《中华全国归国华侨联合会章程》总则提出:"中国侨联以《中华人民共和国宪法》为根本的活动准则,坚持以人为本、为侨服务的宗旨,在维护全国人民总体利益的同时,依法代表和维护归侨侨眷和海外侨胞在国内的合法权利和利益,关心海外侨胞的正当权利和利益。"① 开宗明义确立了侨界群团组织的宗旨和立会之本。

(一) 侨联是中国共产党领导的人民团体,这是侨联的政治属性,是侨联区别于其他一般性质的群众团体和社会组织的根本所在

延安时期,中共中央决定并指导成立了党领导的侨联组织——延安华侨救国联合会。当时,海外侨胞自愿组织的华侨团体很多,有的很有号召力,但是为什么我们党还要组建新的、由自己领导的华侨组织?我们从侨团历史发展的进程中就可以看出,只有中国共产党领导的侨界群众组织,才能以中华民族的利益为根本,最大限度地团结海内外一切可以团结的力量,为国家富强、民族独立、人民幸福而奋斗。1956年全国侨联成立之后,正是在党的坚强领导下,侨联组织才能不断发展壮大。历史和现实告诉我们,密切联系侨界群众,充分发挥侨界群众在侨联工作中的主体作用,在为中华民族根本利益奋斗的基础上实现最大限度的团结,是侨联作为人民团体的本质和宗旨的体现,是党领导的侨界群众组织与一般侨团区

---

① 《中华全国归国华侨联合会章程(2018年9月1日第十次全国归侨侨眷代表大会通过)》,中华全国归国华侨联合会网站,http://www.chinaql.org/rLl/2018/0622/c419637-30075925.html。

 特　约

别的显著标志，也是侨联组织不断发展壮大的根本原因。

（二）侨联是党和政府联系归侨侨眷和海外侨胞的桥梁和纽带，这是由党和国家政治体制决定的

我们党制定的路线方针政策的出发点和落脚点都是为了最广大人民的根本利益。但是，要让群众理解、拥护、支持这些路线方针政策，还需要各级党组织和党领导下的各人民团体做深入细致的工作，以自身的先进性带领广大群众为实现自己的利益而奋斗。具体到侨界，就需要侨联组织从广大海外侨胞和归侨侨眷的实际需要出发，开展适合其特点的活动，通过卓有成效的思想政治工作，教育引导他们拥护党的路线方针政策，把党的主张转化为他们的自觉行动。同时，侨界群众的思想、工作、生活等情况千差万别，不同群体、不同阶层、不同地域、不同行业等的愿望诉求也各有差异，特别是有些海外侨胞和归侨侨眷在生产生活上还会遇到各种各样的困难，这些都需要侨联组织深入基层、深入侨界群众，了解真实情况，认真加以分析研究，向党和政府反映，使党和政府的政策更具针对性、有效性。侨联组织发挥桥梁纽带作用还有一个很重要的方面，就是可以组织侨界群众参与管理国家和社会事务，通过在各级人大、政协中的归侨侨眷代表和侨联界委员，积极参政议政，充分表达自己的意愿，组织基层侨界群众依法实行民主选举、民主决策、民主管理、民主监督，坚定不移地走中国特色社会主义道路。实现第二个百年奋斗目标，实现中华民族伟大复兴中国梦，离不开广大归侨侨眷和海外侨胞的理解、支持和参与。侨联要紧紧围绕实现好、维护好、发展好侨界群众的根本利益，发挥桥梁纽带作用，引导侨界群众表达愿望、反映诉求、协调矛盾、维护稳定，团结带领他们齐心协力推进改革，不断巩固和扩大党执政的群众基础和社会基础。

（三）侨联是团结服务归侨侨眷和海外侨胞的群众组织，这是侨联组织的本质属性

侨界群众是侨联组织的活力和动力源泉，只有把广大海外侨胞和归侨侨眷最广泛地吸引、组织到侨联中来，尊重他们的主体地位，发挥他们的主人翁精神，开展适合他们特点、符合他们要求、吸引他们广泛参与的各种特色活动，让侨界群众当主角，而不是当配角、当观众，侨联工作才能更有影响力和感召力。侨联组织作为归侨侨眷和海外侨胞自己的组织，必须把为侨服务、维护侨益作为立会之本和基本职责，深入侨界群众，了解他们的意愿和需求，增进与侨界群众的感情，帮助他们解决实际困难和问题，努力建设归侨侨眷和海外侨胞之家，通过热情周到的服务赢得他们的信赖和支持，侨联组织才能更有吸引力和凝聚力。

（四）坚持以人为本、为侨服务的宗旨，代表和维护归侨侨眷和海外侨胞在国内的合法权利和利益，关心海外侨胞的正当权利和利益，这是侨联组织的立会之本

《中华人民共和国归侨侨眷权益保护法》第八条明确规定："中华全国归国华侨联合会和地方归国华侨联合会代表归侨、侨眷的利益，依法维护归侨、侨眷的合法权益。"从国家法律层面规定了侨联组织是归侨侨眷合法权益的代表者、维护者地位，明确了侨联组织必须坚持为侨服务、维护侨益的立会宗旨。

侨联组织的立会宗旨，要求侨联组织必须始终将实现好、维护好、发展好广大归侨侨眷和海外侨胞的根本利益作为工作的出发点和落脚点，为广大归侨侨眷和海外侨胞发挥作用创造更加有利的条件；必须顺应党的群众工作发展需要，切实把来自侨界群众、植根侨界群众、服务侨界群众作为重要准则，以优良的作风把侨界群众更加紧密地团结在党的周围。

 特 约

二 侨联组织的主要职能演变与发展

作为党和政府联系广大海外侨胞和归侨侨眷的桥梁和纽带,根据章程的规定及中央的要求,中国侨联始终坚持党的领导,始终围绕党和国家发展大局,不断明确定位,发挥优势,为国家的经济社会发展做贡献,为归侨侨眷和海外侨胞服务。中国侨联的职能、工作任务及组织机构,在不同的历史时期经历了不同的发展与沿革。职能不断拓展,任务不断扩大,机构不断完善。

抗日战争时期,延安的华侨在中国共产党的关怀下成立了延安华侨救国联合会,以此作为经常联系团结归侨、侨眷和海外侨胞的群众团体,这是党领导的第一个华侨革命群众组织。在1940年9月5日的成立大会上,洛甫(张闻天)在讲话中提出了"侨联的中心任务"是:(一)努力学习准备将来工作,(二)研究侨胞所在地及各地侨胞的状况,(三)研究华侨工作的政策和策略,(四)加强对外的宣传和联络工作。① 根据大会简章规定,延安侨联的宗旨是:(一)加强对海外侨胞的联系和宣传;(二)组织华侨归国抗战,参加边区经济建设和兴办各种企业。② 可以明显看出,由于延安侨联人员不多,以华侨青年干部、学生为主,范围基本在陕北地区,因此,其工作任务相对简单,基本不存在维护权益的问题,与当时的实际情况相符。

抗日战争胜利后,"延安华侨救国联合会"改为"延安华侨联合会"后,因机构工作地点迁到晋察冀解放区的河北平山县及工作范围扩大,再次改名为"中国解放区归国华侨联合会"(简称解放区侨联)。依据当时中共中央筹备建国的大政方针,基本任务是推

---

① 《新中华报》,1940年9月12日。转引自《中国侨联50年》,中国华侨出版社2006年版,第12—13页。
② 《新中华报》,1941年4月3日。转引自《中国侨联50年》,中国华侨出版社2006年版,第13页。

举新政协筹备组中的华侨代表。

1956年10月全国侨联成立后，由中华人民共和国内务部发给全国侨联社会团体登记证，编号为社人字第001号，正式确认新成立的全国侨联为国家一级人民团体，享有党和政府部一级单位的待遇。在1957年12月11日至19日举行的第一届二次全委会，进一步明确了侨联组织的性质和地位，"它是一个各阶层归侨参加的人民团体，是在党和政府的领导下，协助党和政府贯彻侨务政策的助手"①。这就意味着全国侨联自成立之时起，在党和国家中就有很高的地位。

第一届全国侨联章程草案共五章二十条。第二条明确了全国侨联的基本任务："（一）领导全国各地的归国华侨联合会及性质相同的团体。团结和组织全国归侨、侨眷，加强社会主义教育。（二）反映归侨、侨眷和国外华侨意见，向有关部门提出建议。（三）联系国外华侨、促进国外华侨的爱国大团结。（四）鼓励和协助归侨、侨眷和国外华侨，参加祖国建设事业。（五）为归侨、侨眷和国外华侨服务。举办或协助举办有关归侨、侨眷的文教、福利及其它公益事业。"② 在成立大会上，庄希泉在报告中提出为完成这些基本任务需要做好的几项具体工作，其中明确要"发挥侨联作为党和政府联系归侨、侨眷的桥梁作用"③。明确这些基本任务可以反映出以下几点：一是作为全国性团体，其工作对象既包括国内的归侨、侨眷，也涉及海外华侨；二是在原各地分散的华侨联谊会基础上，全国侨联成立要形成统一、规范的组织体系；三是虽然没有明确提出立会宗旨，但已经包括反映归侨、侨眷和国外华侨的意见、为他们提供服务等内容。

1966年年初，全国侨联机关被迫解散。经中共中央批准，1978年12月22日至28日，第二次全国归国华侨代表大会在北京举行，

---

① 《中国侨联50年》，中国华侨出版社2006年版，第45页。
② 《中国侨联50年》，中国华侨出版社2006年版，第36页。
③ 《中国侨联50年》，中国华侨出版社2006年版，第40页。

 特 约

标志着全国侨联全面恢复工作。

第二届全国侨联章程共四章十七条。与原章程相比，新章程就侨联的性质和任务作了新的规定。包括进一步明确了侨联的性质和工作对象。在第一章总则第一条新增并强调了"在中国共产党领导下"，明确规定侨联"是在中国共产党领导下的团结全国各界归国华侨（简称归侨）的人民团体，是党和政府联系归侨、侨眷和国外华侨的桥梁"；总则部分根据改革开放的新形势，充实了侨联的基本任务和主要工作。①

第三届全国侨联章程对有关侨联性质、任务等内容进行了修订，第一条规定，"中华全国归国华侨联合会（简称全国侨联），是在中国共产党领导下，团结、联系归侨、侨眷和华侨的人民团体"；第五条规定"侨联鼓励华侨同侨居国人民和睦相处，为侨居国的繁荣和发展做出贡献，为促进我国与各国的友好而努力"。为了适应扩大爱国统一战线，促进祖国的统一大业需求，这届全国侨联章程增加了一项工作内容，即"鼓励归侨、侨眷和华侨努力沟通台湾海峡两岸同胞的联系，增进相互了解"。针对原章程没有侨联全国组织的规定的情况，这届章程在第十四条规定，"侨联的全国组织是中华全国归国华侨联合会"②。

这一时期，侨联职能任务一个很重要的拓展就是中央进一步明确侨联的工作任务要"从国内做到国外"。

国家副主席乌兰夫在1984年4月11日第三次全国归国华侨代表大会上代表中共中央和国务院致词时，侨联在新时期的任务提出三点要求，其中第三点是侨联应当加强与海外侨胞的联系，通过广泛的接触交往，增进了解，发展友谊，巩固和发展爱国大团结。③

1986年12月19日，全国人大常委会副委员长叶飞在与侨办、

---

① 《中国侨联50年》，中国华侨出版社2006年版，第72页。
② 《中国侨联50年》，中国华侨出版社2006年版，第121页。
③ 乌兰夫：《在第三次全国归国华侨代表大会上的致词》，《人民日报》1984年4月12日。

侨联领导人谈话中指出,"华侨工作要做到国外去,要作为一个方针","侨联应做国外工作"①。

1986年10月4日,中共中央政治局委员习仲勋同志在全国侨联成立三十周年纪念大会上代表中共中央和国务院讲话时提出,要根据侨联的特点,多方面地开展工作。认为侨联要根据归侨、侨眷同海外侨胞,以及港澳同胞、台湾同胞有着众多联系的特点,在做好国内工作的基础上,积极主动地开展海外联谊活动。②

第四届全国侨联章程中有关"华侨"的表述全部改为"海外侨胞",在全国侨联是全国性的人民团体的基础上,补充了"全国侨联是党和政府联系、团结广大归侨、侨眷和海外侨胞的桥梁和纽带"的内容;关于侨联宗旨,除了维护归侨、侨眷和海外侨胞在国内的合法权利和权益外,特别明确规定要"维护海外侨胞的正当权利和利益",与宪法的相关规定统一起来。在侨联组织的性质上,首次提出"中华全国归国华侨联合会(简称全国侨联),是在中国共产党领导下由归侨、侨眷组成的全国性人民团体"。这与前三届章程相比,在原来单纯以"归国华侨"为主要成员的基础上,扩展了"侨眷"为侨联当然的组成成员。此外,第四届章程第二十九条对侨联的组织体制作出规定,"全国侨联的最高权力机构是全国归侨、侨眷代表大会",等等。③

第五届章程修改引人注目的是,根据侨联工作实际和事业发展的需要,将"中华全国归国华侨联合会"的简称由"全国侨联"改为"中国侨联",把"全国归国华侨代表大会"改为"全国归侨侨眷代表大会"④。这对于侨联组织进一步明确性质、工作领域和对象,不断发展壮大侨联事业具有重要意义。

---

① 《中国侨联50年》,中国华侨出版社2006年版,第142页。
② 习仲勋:《在全国侨联成立三十周年纪念大会上的讲话》,《习仲勋文选》编委会编:《习仲勋文选》,中央文献出版社1995年版,第429—431页;《中国侨联50年》,中国华侨出版社2006年版,第160页。
③ 《中国侨联50年》,中国华侨出版社2006年版,第177页。
④ 《中国侨联50年》,中国华侨出版社2006年版,第227页。

 特 约

第六届中国侨联期间,适逢推进政府机构改革。中共中央书记处于 2001 年 10 月批准了《中国侨联机关主要职责、内设机构和人员编制方案》,其中对中国侨联的职能和主要职责进行了调整,特别规定了要进一步加强群众工作和参政议政、维护侨益、海外联谊工作。在此基础上,第八届章程明确了侨联组织"履行参政议政、维护侨益、海外联谊、群众工作职能"的四项职能。[①] 在此后相当长的一段时间里,各级侨联通过开展主题活动年,积极宣传和拓展"四项职能",在社会上扩大了侨联组织的影响,展现了侨联组织的优势,在组织建设、工作机制、活动方式等方面日益规范化、制度化,侨联组织的凝聚力、号召力进一步增强。

2014 年 3 月 10 日,中共中央办公厅印发《关于加强和改进新形势下侨联工作的意见》,文件中首次提出充分发挥侨联组织的"六项重要作用",即"服务经济发展、依法维护侨益、拓展海外联谊、参政议政、弘扬中华文化、参与社会建设"。第十届章程将此作为侨联组织的"六项职能"规定下来。这"六项职能"是多年来侨联组织工作经验的成果,也是新时代各级侨联创新发展的方向。履行好这"六项职能",是侨联组织服务党和国家工作大局、服务海外侨胞和归侨侨眷的根本途径,也是团结凝聚广大海外侨胞和归侨侨眷共同为实现中华民族伟大复兴中国梦而奋斗的必然选择。

三 侨联组织与中国特色社会主义群团发展道路

在革命与建设过程中,中国共产党形成了系统的联系、发动、组织、服务群众的工作方式方法,一方面通过各级党组织直接联系与组织群众,另一方面通过建立或整合社会各阶层的群众组织,来实现对人民群众的联系与组织。后者就是党的群团工作。《中共中央关于加强和改进党的群团工作的意见》(以下简称《中央群团意

[①] 《中国侨联 50 年》,中国华侨出版社 2006 年版,第 308 页。

见》）指出，中国特色社会主义群团发展道路，是对党的群团工作长期奋斗历史经验的科学总结。这条道路是中国共产党开展群众工作、推进党的事业的伟大创造，是党领导群众实现共同梦想的历史选择，是群团组织与时俱进、发展壮大的必由之路。① 作为党领导的人民团体，侨联组织与工会、共青团、妇联、科协等群团组织一道，团结动员所联系群众，在长期的革命、建设、改革进程中为党和国家事业作出了重要贡献。

（一）党的群团组织的地位和作用是在长期的革命、建设、改革的历史进程中形成的

《中央群团意见》指出，群团事业是党的事业的重要组成部分，党的群团工作是党治国理政的一项经常性、基础性工作，是党组织动员广大人民群众为完成党的中心任务而奋斗的重要法宝。工会、共青团、妇联等群团组织联系的广大人民群众是全面建成小康社会、坚持和发展中国特色社会主义的基本力量，是全面深化改革、全面推进依法治国、巩固党的执政地位、维护国家长治久安的基本依靠。②《中央群团意见》这一重要论述，深刻阐述了新形势下加强和改进党的群团工作的重要性和紧迫性，充分阐明了群团组织在党和国家事业发展中的重要地位和作用。

1840年鸦片战争以后，中国逐步成为半殖民地半封建社会，西方列强野蛮入侵，封建统治腐朽无能，国家战乱不已，人民饥寒交迫，中国人民和中华民族遭受了世所罕见的深重苦难。辛亥革命推翻了君主专制制度，但是由于没有充分发动和依靠群众，难以真正改变中国半殖民地半封建的命运。1921年，在马克思列宁主义同中国工人运动的结合中，中国共产党应运而生。中国共产党自诞生的那一天起就把自己的奋斗目标建立在发动群众、组织群众、依靠群

---

① 《中国侨联50年》，中国华侨出版社2006年版，第308页。
② 《中共中央关于加强和改进党的群团工作的意见》，《人民日报》2015年7月10日。

 特　约

众、服务群众的基础之上,通过建立发展群团组织始终保持与人民群众的血肉联系。革命战争时期,在党的领导下,群团组织广泛传播革命思想、动员革命力量,"唤起工农千百万",汇成了争取民族独立、人民解放的澎湃洪流。1922年5月成立了由信仰共产主义的中国青年组成的群众性组织——中国社会主义青年团(1925年1月更名为中国共产主义青年团),唤起无数热血青年为民族独立、国家富强抛头颅、洒热血;1925年5月1日正式成立了党领导的中国工人阶级的群众组织——中华全国总工会,引导广大工人群众为实现自己的根本利益而奋斗,使我们党的阶级基础更加牢固,先进性更加充分;1940年成立了党领导的国内第一个华侨革命群众组织——延安华侨救国联合会,成为联系、团结归侨侨眷和海外侨胞支持中国革命和民族解放斗争的群众团体;1949年3月成立了代表和维护妇女利益的群众性组织——中华全国民主妇女联合会,为促进男女平等、组织动员广大妇女参与革命建设提供了重要组织保障。工会、共青团、妇联和侨联及其他一些群众团体在革命战争时期酝酿发展,在党的领导下广泛传播革命思想,动员团结广大群众进行前赴后继、不屈不挠的斗争,为新中国的建立作出了重要贡献。

1956年,为团结和组织全国归侨侨眷,促进国外爱国华侨的大团结,共同为祖国建设作贡献,成立了中华全国归国华侨联合会。各群团组织在党的领导下,广泛动员团结引导各自所联系的群众,踊跃投身社会主义革命和建设,踊跃在建设祖国、创造幸福生活的征程中不断奏响万众一心、团结奋进的凯歌。在紧跟党不懈奋斗的历程中,群团组织一方面积极向群众宣传党的思想主张,动员群众为党在各个时期的中心任务而奋斗;另一方面,教育、引导、联系、团结群众认识到党是人民利益的忠实代表,党的路线方针政策是实现人民利益的指引和保障,充分发挥了党联系群众的桥梁纽带作用。"文化大革命"期间,各群团组织及其工作遭到严重干扰和破坏。1978年后,各群团陆续恢复活动并重新履行职能。群团组织在党的领导下,广泛动员引导各自联系的群众,踊跃投身改革开放的伟大历史实践,充分激发蕴

藏在人民群众中的巨大创造力，团结动员广大群众围绕经济社会发展的中心任务建功立业，自觉培育和践行社会主义核心价值观，在服务群众和维护群众合法权益中团结吸引群众，依法在社会主义民主中发挥积极作用，主动参与创新社会治理和维护社会和谐稳定，为开创中国道路、弘扬中国精神、凝聚中国力量作出了重要贡献，充分发挥了群团组织在中国特色社会主义事业中的应有作用，使党的群团事业成为党和国家事业的重要组成部分。

今天的中国，开始向第二个百年奋斗目标奋力前行，人民群众实现梦想、让人生出彩的舞台无比宽阔。同时，百年未有之大变局下国际形势复杂多变，国内改革发展任务异常艰巨，我国重要战略机遇期的内涵和条件发生了重大变化，挑战考验前所未有。实现中华民族伟大复兴中国梦，需要党始终保持与人民群众的血肉联系，需要亿万群众紧密地团结在党的旗帜下，共同团结奋斗、共同应对挑战。在新形势面前，群团组织在组织动员群众、教育引导群众、联系服务群众、维护群众合法权益等方面的任务更加繁重。群团组织必须把各自所联系群众更加广泛地动员起来，把他们的积极性和创造热情充分地激发出来，最大限度地把他们的力量凝聚到实现"两个一百年"奋斗目标，进而实现中华民族伟大复兴的中国梦上来。

（二）切实把握中国特色社会主义群团发展道路的基本特征和内涵，提高侨联组织规范化水平

党的群团工作是党通过群团组织开展的群众工作，是党组织动员广大人民群众为完成党的中心任务而奋斗的重要工作。群众工作是党的一项根本性、基础性工作。由于党的群众工作对象众多、层次多样，党需要建立旨在广泛联系各方面群众的群团组织来帮助党做群众工作。这是我们党的一大创举，也是我们党的一大优势。①

---

① 习近平：《在党中央的群团工作会议上的讲话》（2015年7月6日），中共中央文献研究室编：《习近平关于社会主义政治建设论述摘编》，中央文献出版社2017年版，第186页。

特　约

毛泽东、周恩来、刘少奇、邓小平、陈云、邓颖超等老一辈无产阶级革命家都做过群团工作，对做好群众工作有一系列的重要论述和指示，形成了党的群团工作理论。改革开放以来，随着党的中心任务的转移变化，我们党对群团组织的工作目标、组织体制、运行机制、工作方式提出相应要求，就加强和改进各群团工作出台了一系列指导性文件。1989年12月，中共中央下发了《关于加强和改善党对工会、共青团、妇联工作领导的通知》；2000年1月，中共中央办公厅、国务院办公厅出台关于《21个群众团体机构改革意见》；2010年9月，中共中央、国务院出台《关于加强和改进新形势下工商联工作的意见》；2014年3月，中共中央办公厅下发了《关于加强和改进新形势下侨联工作的意见》，等等。多年来，中共中央书记处每年听取工会、共青团、妇联、科协、侨联等人民团体的工作汇报，并作出重要指示。在党中央坚强领导下，在各级党委和群团组织、人民群众的共同努力下，我们党探索形成了符合中国国情、反映时代要求的群团工作新路子。

《中央群团意见》认真贯彻党的十八大精神和习近平总书记系列重要讲话精神，对党的群团工作理论创新、实践创新、制度创新进行总结，提出坚定不移走中国特色社会主义群团发展道路的重要论断，是我们党的群团工作的重大理论创新，对加强和改进党的群团工作具有重要指导意义。

《中央群团意见》提出，中国特色社会主义群团发展道路的基本特征是各群团自觉接受党的领导、团结服务所联系群众、依法依章程开展工作；基本原则是坚持党对群团工作的统一领导，坚持发挥桥梁和纽带作用，坚持围绕中心、服务大局，坚持服务群众的工作生命线，坚持与时俱进、改革创新，坚持依法依章程独立自主开展工作。① 这一基本特征和基本原则都需要各个群团依托完善的工作体系来体现。

---

① 《中共中央关于加强和改进党的群团工作的意见》，《人民日报》2015年7月10日。

为此,侨联组织必须紧紧把握这一基本特征,认真贯彻基本原则,与侨联组织的自身建设有机统一起来。第一,党的领导是做好侨联工作的根本保证,体现为侨联组织必须坚持正确的政治方向,自觉接受党的政治领导、思想领导、组织领导,同以习近平同志为总书记的党中央保持高度一致。第二,侨联组织是党和政府联系广大海外侨胞和归侨侨眷的桥梁和纽带,必须切实代表和维护广大海外侨胞和归侨侨眷的合法权益,不断增强自身影响力和号召力,把他们更加紧密地团结在党的周围。第三,突出侨联组织性质和特点是激发侨联组织活力的要求;必须按照群团工作规律,坚持依法依侨联章程独立自主开展活动。

(三) 切实增强侨联组织的政治性、先进性、群众性

党的十八大以后,习近平总书记对群团工作高度重视。2015年,在党的历史上第一次由党中央召开党的群团工作会议,习近平总书记发表了重要讲话,总结了党的群团工作成功经验,指出群团工作的突出问题,要求群团组织必须增强政治性、先进性、群众性,克服机关化、行政化、贵族化、娱乐化,以自我革新的勇气,下大气力解决突出问题。[①] 此后,习近平总书记对各群团改革亲自部署、亲自推进,使群团改革取得积极成效。因此,侨联组织必须以强"三性"、去"四化"为目标,使侨联组织运转更加高效、联系更加广泛、基础更加牢固、行动更加有力,最大限度团结联系广大海外侨胞和归侨侨眷为实现中华民族伟大复兴中国梦做出贡献。

1. 突出侨联组织的政治性

政治性是群团组织的灵魂,是第一位的。侨联组织与其他群团组织一样,保持和增强政治性的关键是必须自觉坚持中国共产党的领导,始终把自己置于党的领导之下,切实做到"两个维护",在

---

① 习近平:《切实保持和增强政治性先进性群众性开创新形势下党的群团工作新局面》,《人民日报》2015年7月8日。

思想上政治上行动上始终同以习近平同志为核心的党中央保持高度一致，自觉维护党中央的权威，坚持贯彻党的意志和主张，严守政治纪律和政治规矩。在组织体系上，"工会、共青团、妇联受同级党委和各自上级组织双重领导，其他群团组织依法依章程领导或指导下级群团组织的工作，这是党领导群团工作的基本制度"①。按照中国侨联章程规定，地方各级侨联受同级党委领导，接受上级侨联的指导。② 各级侨联组织的领导体制必须坚持属地原则，在党委的领导下进行。特别是侨联基层组织建设必须纳入基层党建总体部署，确保侨联工作体系构建的正确方向。从工作对象上来讲，侨联组织必须承担起引导侨界群众的责任，努力把广大侨界群众最广泛最紧密地团结在党的周围，促进海内外中华儿女大团结。

2. 突出侨联组织的先进性

坚持为党和国家大局服务，是群团组织的价值所在。保持和增强群团组织的先进性，必须牢牢把握为实现中华民族伟大复兴中国梦而奋斗的时代主题，紧紧围绕党和国家工作大局，组织动员广大人民群众走在时代前列，在改革发展稳定第一线建功立业。③ 广大归侨侨眷身处国内各个阶层、各个行业、各个领域，广大海外侨胞长期工作生活在世界各个国家和地区，他们的生存环境、经济状况、思想观念不同，愿望诉求也千差万别。侨联组织必须把保持和增强先进性作为重要着力点，广泛开展体现侨界特点、适应侨情变化、符合大局要求的活动，多做组织侨界群众、宣传侨界群众、教育侨界群众、引导侨界群众的工作，更加有效地凝聚侨界共识，把

---

① 习近平：《在党中央的群团工作会议上的讲话》（2015 年 7 月 6 日），中共中央文献研究室编：《习近平关于社会主义政治建设论述摘编》，中央文献出版社 2017 年版，第 208 页。

② 《中华全国归国华侨联合会章程（2018 年 9 月 1 日第十次全国归侨侨眷代表大会通过）》，中华全国归国华侨联合会网站，http://www.chinaql.org/nl/2018/0622/c419637-30075925.html。

③ 习近平：《在党中央的群团工作会议上的讲话》（2015 年 7 月 6 日），中共中央文献研究室编：《习近平关于社会主义政治建设论述摘编》，中央文献出版社 2017 年版，第 194 页。

广大海外侨胞和归侨侨眷的积极性、创造性更加充分地调动起来、发挥出来，促进海内外同胞和谐，形成共同致力民族复兴的强大合力。

3. 突出侨联组织的群众性

群众性是群团组织的根本特点，离开了群众性，群团组织就容易走向官僚化、空壳化。群团组织开展工作和活动要以群众为中心，让群众当主角，而不能让群众当配角、当观众。群众心里没有群团组织，不积极参与群团组织活动，或者群团组织覆盖面越来越窄，那就等于削弱了做党的群团工作的基础。① 新时代侨联组织必须切实增强宗旨意识，建立健全联系服务广大海外侨胞和归侨侨眷的长效机制、确保广大海外侨胞和归侨侨眷参与侨联工作的保障机制，把侨联工作建立在侨界群众喜闻乐见、便于参加的形式和方法之上，让侨界群众成为活动的主角，激发侨联组织的生机和活力。要切实推进基层侨联组织建设，努力做到哪里有侨界群众、哪里就要有自己的组织，怎么有利于做好侨界群众工作、就怎么建立侨联基层组织。要建立健全联系侨界群众的长效机制，侨联机关干部下基层活动要常态化、制度化，争当全心全意为人民服务宗旨的忠实践行者、党的群众路线的坚定执行者、党的群众工作的行家里手。

4. 推动完善地方党委领导侨联工作的体制机制

加强党对侨联工作的领导，是侨联组织坚持走中国特色社会主义群团发展道路的根本要求。《关于进一步加强新形势下侨联工作的意见》指出，要"完善党委领导侨联工作体制机制"，从科学化、规范化的要求出发，把党委对侨联工作的领导上升、完善为体制机制。主要包括以下几方面内容：一是各级党委要把侨联工作摆上重要议事日程，加强组织领导和统筹协调，定期听取侨联工作汇报，研究解决重大问题；二是各级侨联由同级党委领导，明确一名党委

---

① 习近平：《在党中央的群团工作会议上的讲话》（2015年7月6日），中共中央文献研究室编：《习近平关于社会主义政治建设论述摘编》，中央文献出版社2017年版，第196页。

负责同志分管;三是对涉及归侨侨眷利益的重大决策,要认真听取侨联意见;四是侨联领导班子换届或班子成员调整时,应就人选的归侨侨眷身份听取上一级侨联党组的意见。

从各地党委加强和改进对侨联工作领导的实践来看,有以下一些比较成熟的做法:

一是加强党对侨联工作的领导。党委、政府高度重视侨联工作,明确一位党委领导分管侨联工作;党委常委会定期听取侨联的工作汇报,研究解决工作中的重大问题;凡涉及侨界群众利益的重大决策出台前,应当听取侨联组织的意见;支持侨联依照法律和章程创造性开展工作,把需要侨联发挥作用、符合侨界群众愿望、适合群众组织特点的事情交给侨联去办;重点侨乡的乡镇(街道)、村(社区)侨联工作纳入农村基层工作和城市社区工作范畴。

二是为侨联开展工作创造条件。政府财政部门把侨联履行职能所需经费列入预算并逐年增加,支持侨联开展重大专项活动和对外联谊专项活动;从侨联职能和工作需要出发,切实解决好人员编制、内设机构、工作经费、办公场所等问题;对侨捐的侨联活动场所或资产,在充分尊重捐赠人意愿的前提下,按照国家有关财务制度规定登记入账入册,任何单位和个人不得擅自挪用、侵占和划拨。

三是加强侨联干部队伍建设。重视和关心侨联干部成长,把侨联干部的培养、选拔、管理和交流使用纳入干部工作的总体规划,加大侨联干部与党政机关干部的双向交流力度;侨联领导班子换届或领导干部调整时,当地党委就同级侨联主席、副主席、秘书长人选的归侨侨眷身份,听取上一级侨联党组的意见;加大侨联干部的教育培训、轮岗交流、挂职锻炼力度,有计划选派侨联干部到基层一线、经济前沿挂职锻炼,提高侨联干部的服务能力和综合素质,努力建设一支政治坚定、视野开阔、业务精通、作风扎实、充满活力的侨联干部队伍。

四是加强侨联基层组织建设。积极探索建立党建带侨建制度,把基层侨联建设纳入党建的总体格局;县级以上侨联配备专职侨联干部,落实各项待遇;凡有三名以上中共党员的侨联组织均应成立党的基层组织;归侨侨眷较为集中的科研院所、大专院校、创业园区和大中型企业、事业单位建立适合自身特点的侨联组织,暂不具备条件成立侨联组织的,应明确专人负责此项工作。

五是营造良好社会环境。支持人大加强对各项涉侨法律法规的执法监督和督办工作;法院、检察院和政府有关部门聘任特约监督员时,应就侨界代表人选征求侨联意见或由侨联推荐;党校和行政学院开设侨务工作课程,应把侨务政策和侨联组织的相关理论列入学习内容;新闻媒体加大宣传党的侨务工作政策和涉侨法律法规,宣传侨联的地位、作用和侨界先进典型;侨联参与协商和推荐人大归侨侨眷代表人选,提名政协的侨联界委员人选。

The Nature, Positioning and Functions of the Organization of the Federation of Returned Overseas Chinese

Zhang Chun-wang

Abstract: The organization of the Federation of Returned Overseas Chinese has the same functions and tasks as well as political, advanced and mass nature as compared with other institutions and mass organizations involving overseas Chinese, and at the same time, it also has its own nature, positioning, functions and characteristics.

 特　约

Through the development of different historical periods, the functions of the organization of the Federation of Returned Overseas Chinese have been expanding, the tasks have been expanding and the institutions have been perfecting, and it has made important contributions to the Communist Party of China and the national cause of our country in the long process of revolution, construction and reform.

In the face of the new situation, the organization of the Federation of Overseas Chinese must firmly grasp its own basic characteristics, conscientiously carry out its own basic principles, strengthen its own construction, and unswervingly follow the path of development of a socialist mass organization with Chinese characteristics, with the aim of strengthening the organization's political, advanced and mass character, and of overcoming the organization's formality, administrative, aristocratic and recreational character, so as to make its operational activities more efficient, its external contact more widely, with a stronger foundation and more powerful action, so as to maximize the unity and contact with the vast number of overseas compatriots and returned overseas Chinese to contribute to the realization of the Chinese dream of the great rejuvenation of the Chinese nation.

Keywords: Organization of the Federation of Returned Overseas Chinese Organizations; Organization; Nature; Orientation; Function; Development Path

华文教育的时代价值：诉求平衡与功能拓展[*]

曾毅平[**]

摘要：华文教育价值评价的认知前提有三：历史性、当下语境、发展策略。祖（籍）国、住在国（地）、华人社会三方各有诉求。基于当下华文教育性质，诉求平衡是良性发展的必要条件。其基本功能有：传承华族语言文化，标示华人民族性；学习华文职业技能，服务本地华人社会；发展汉外双语能力，造就跨文化沟通人才。

拓展功能有：维系华人社会，延续民族情感；融通主流和华族文化，维护文化多样性；认知祖（籍）国发展经纬，熟悉当代中国，促进双边共赢；汲取中华文化智慧，恰当处理全球性议题；萃取他族文化反哺华族文化，助力中华优秀传统文化现代化。脱敏、和谐、浅色、低调、在地化是其可行的发展策略。

关键词：华文教育功能；半球化；诉求平衡；发展策略

---

[*]【基金项目】2022年度国务院侨办华文教育研究课题"华文教育的价值与拓展功能研究"（编号：22GQB026）；2020年广东省研究生教育创新计划项目"境外设教学点培养汉语国际教育专业学位硕士研究"（编号：2020JGXM013）

[**]【作者简介】曾毅平，男，江西人，博士，暨南大学华文学院华文教育系教授，博士生导师。主要研究领域：华文教育、修辞学、语体学、方言学。

一 引言

以"华文教育功能"为关键词在中国知网进行主题检索，1998年迄今共有文献25篇。其主题分布如图1所示：

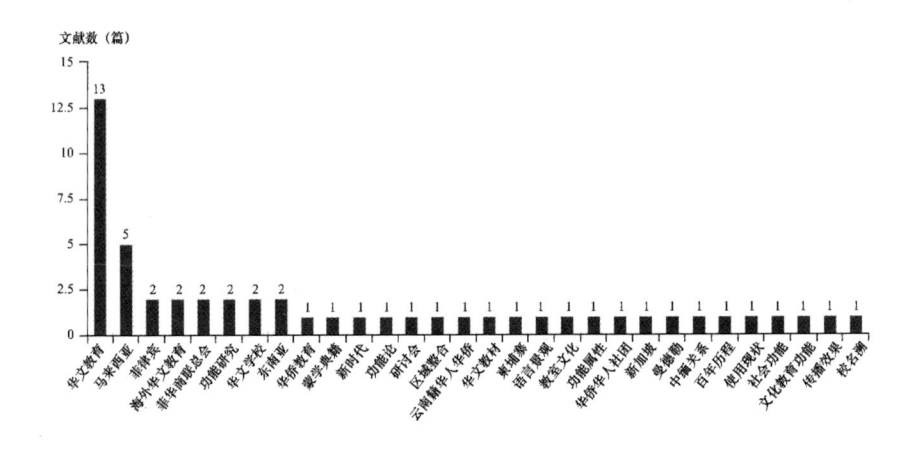

图1 华文教育功能文献主题分布

图1显示，功能论述主要分布于华文教育宏观论题、区域或国别华文教育、华文学校、华文教育史、语言文化传播，以及华文教材、语言景观、教室文化、华侨华人社团研究等方面。20世纪80年代迄今，已有数十部华文教育专著出版，其中多涉及华文教育的性质和作用。

现有华文教育功能的表述聚焦于民族语言文化传承，随时势变迁，国内外热点转移，大都为多角度阐述或有所侧重。如林蒲田区分华侨教育与华文教育，认为华侨教育有三大任务：（1）提高华侨文化素质、培养华侨人才；（2）弘扬中华文化；（3）沟通华侨与祖国深厚情谊的纽带桥梁。华文教育则有四大任务：（1）塑造华裔青少年的民族文化素质；（2）传播中华文化，促进世界文化信息交流；（3）维系华人与祖（籍）国情谊的纽带；（4）促进华人所在国与中国的友好关系。① 张向前认为华文教育具有文化传承传播、经济实用、科技传播、政治导向四大功能。② 陈荣岚概括为"三大功能"：华侨华人传承本民族的语言文字和传统文化；培养适应经济全球化和多元文化社会需求的双语或多语人才；培养具有中华文化气质、服务建设当地社会的所在国公民。③ 陈鹏勇则集中阐述华文教育的公共外交功能，具体有三方面：一是增强华侨华人对中华文化的认同感；二是在增信释疑、凝心聚力中优化中国形象；三是为"国家统一"和"领土完整"争取更多的支持。④ 吴勇在明确新时期华文教育定位的基础上认为：（1）华文教育要强调和突出华文的实用价值，帮助各国政府认识到，华裔在保持民族文化和语言身份的同时，不会影响他们对所在国的忠诚；（2）华文教育既要服务于华人社区，也要服务于东道国社会；（3）积极协助其他民族学习华文，促进相互了解，推动华文教育纳入主流社会。⑤

现有论述从基本的语言文化功能，到公共外交，认识越来越全面。但从阐释视点看，虽偶有论者从"他者"立场提出观点，但普遍倾向还是华文教育为"我"所用。即多从祖（籍）国需要出发看华文教育。然而，华文教育本是因国人移居海外而生的"侨民——移民——国民（非强势）"教育形态，有必要引入"他者"视角，使华文教育功能的阐释更为客观和允当。

二 华文教育功能的认知前提

（一）功能认知的历史性

广义的华文教育包括面向华侨、华人、华裔，以中华语言文化

---

① 林蒲田：《华侨教育与华文教育概论》，厦门大学出版社1995年版，第6—11页。
② 张向前：《浅谈华文教育的功能》，《中国科技信息》2006年第24期。
③ 陈荣岚：《全球化与本土化：东南亚华文教育发展策略研究》，厦门大学出版社2007年版。
④ 陈鹏勇：《华文教育的侨务公共外交功能论析》，《东南亚研究》2015年第6期。
⑤ 吴勇：《东南亚华文教育模式下的中国文化传播研究》，海洋出版社2022年版，第28—30页。

为主要内容的家庭教育、华人社会有组织的办学。自1690年印尼明诚书院算起，有组织的办学可以划分为三种形态：一是早期侨民教育性质的华侨教育，办学主体为宗亲帮会，办学形式是私塾、书院，办学性质属国内教育在海外的延伸，华文教育独立于当地主流教育体系之外。二是移民入籍，华侨转变为华人之后的族裔语言文化教育。在同化和归化双向作用下，华人既接受所在国主流教育，也接受本民族语言文化教育，办学形式主要为学堂和现代学校。三是华族归化N代后，在新生代族群身份淡漠的现实下，具融通与认同性质的华文教育，属所在国主流教育之外的补充教育；华文成为1.5语、1.75语教育，甚至几近非华族的第二语言教育。

功能认知的历史性，也就是要从华文教育发展的不同历史阶段，认知其功能。在不同的历史阶段，其功能会有所变化。如周中坚从发展的角度，认为东南亚华文教育在迈入21世纪时已完成了根本性转变，即从华侨"落叶归根"的工具变为华人"落地生根"的媒介。因为广大华人所关心和需要的是如何在保持民族文化传统的同时，更深地在东南亚的土地上扎根，融入当地社会，争取平等的权利和地位，谋求更好的发展。① 华文教育从服务祖国的"工具"，转变为沟通华族和主流社会的"媒介"，功能呈现历时演变。

（二）国际中文教育的当下语境

1. 动态：全球化时代的"半球化"逆流

华文教育是国际中文教育的组成部分。20世纪80年代以来，全球范围的"中文热"不断升温，华文教育也从复苏走向繁荣，其动因是改革开放带来的中国综合国力提升，得益于经济全球化的国际大环境。全球化滥觞于1944年布雷顿森林体系的建立，但由于全球经济体以"市场"和"计划"二分，世界实际上被划分为两个半

---

① 周中坚：《从"落叶归根"的工具到"落地生根"的媒介——东南亚华文教育功能的演变》，《东南亚》2000年第2期。

球，两大阵营。实质性的全球化则是在中国改革开放，逐渐融入世界经济大循环之后。苏联解体后，全球化加速。以 2001 年中国加入 WTO 为标志，全球化达到最高峰。但 2008 年金融海啸后，G20 与 G7 "共治"，新的 "半球化" 初现端倪。随着美国战略重心转移到亚太，从奥巴马到特朗普、拜登政府，美国不断推动阵营对抗，"半球化"挑战"全球化"愈演愈烈。

"半球化"概念 2020 年新冠疫情后被自媒体提起，2022 年开始清晰而频繁地进入外媒、海外华文媒体和国内自媒体时局话语。新加坡联合早报网 2022 年 4 月 23 日转发某报社论《世界将进入"半球化"时代》。① 姜奇平《半球化时代到来》同年 10 月 5 日发表，② 刘贵洲等则具体关注乌克兰危机背景下的"两个半球化"和"两个能源圈"，认为全球能源格局将以半球化重塑。③ 2023 年 5 月 3 日，新加坡联合早报网又转发《"半球化"是 21 世纪上半叶主旋律》一文，标题就充分显示了"全球化"逆转节点，认为"一个'半球化'的时代已迎面而来"④。

2. "半球化"节点事件

半球化的现实轨迹主要由以下节点事件构成：2011 年美国宣示战略重心转移到亚太、2012 年奥巴马政府提出"亚太再平衡战略"、2017 年特朗普政府提出"印太战略"，2017 年美日印澳建立"四方安全对话"机制（QUAD），2018 年特朗普政府发起贸易战、关税战、制裁战，2021 年拜登政府的"脱钩"言行，以及挑动阵营对抗、美英澳建立"三边安全伙伴关系"（AUKUS）、2022 年俄罗斯针对乌克兰的"特别军事行动"使阵营对抗现实化。进入 2023 年，

---

① 中国台湾《经济日报》社论：《世界将进入"半球化"时代》，新加坡联合早报网，2022 年 4 月 23 日转发。
② 姜奇平：《半球化时代到来》，《互联网周刊》2022 年第 19 期。
③ 刘贵洲、黄浩凯、胡红民：《"两个半球化"和"两个能源圈"：乌克兰危机背景下全球能源格局的重塑》，《俄罗斯东欧中亚研究》2023 年第 1 期。
④ 中国台湾《经济日报》社论：《"半球化"是 21 世纪上半叶主旋律》，新加坡联合早报网，2023 年 5 月 3 日转发。

美国拜登总统8月9日签署行政命令，限制美国公司和个人投资中国的敏感技术，包括半导体、量子运算与人工智能，8月18日，美日韩领导人又举行峰会，这是继"四方安全对话"（QUAD）、澳英美三边安全伙伴关系（AUKUS）之后，又一个美国牵头联手制华的多边机制。

半球化是冷战思维的复活，实质是以意识形态划线，重启阵营对抗，通过产业链的阵营重组达到遏制对手，维护美国及其盟友政治、经济利益，达到巩固霸权的目的。

3. 半球化对国际中文教育的影响

在冷战结束，意识形态对垒淡化，经济全球化的背景下，汉语成为一种国际语言的进程从20世纪80年代到21世纪初叶显著加快。在国外，截至2023年7月，汉语已纳入81个国家的国民教育主流体系；[①] 基础教育阶段普遍开设汉语课，汉语被确定为大学入学计分科目；一些国家政府积极出台支持中文教学的政策，推出促进中文教学的项目。作为母语国，中国在汉语国际化方面积极作为。如：积极推进中外合作建设孔子学院，面向全球成规模派遣"国际中文教师中国志愿者"，构建从本科、硕士、博士完整的培养链，培养中外汉语教学、科研人才。全球化不仅激发了汉语的旺盛需求，民间也形成了积极的国际中文教育的舆论场。

然而，意识形态对抗死灰复燃，逆全球化的"半球化"操作，也波及国际中文教育。西方一些国家罔顾事实，以"政府工具""文化入侵""学术干扰""中国威胁""洗脑""间谍论""阴谋论"等恶意抹黑孔子学院。如2007年，加拿大通讯社称孔子学院为"洗脑机构"；2014年10月，加拿大多伦多教育局以"价值观不一致"为由取消与孔子学院合作；2015年1月瑞典斯德哥尔摩大学以教学功能重叠为由宣布关闭孔子学院等。

[①] 杨丹：《国际中文教育发展报告（2022）·序一》，载戴曼纯、王祖嫘《国际中文发展报告（2022）》，外语教学与研究出版社2023年版，第1页。

改革开放和中美建交,使美中经济深度融合,以此为背景,美国官方和民间都看好汉语。美国官方曾积极推出"AP中文"项目、中文旗舰项目、星谈项目等全国性汉语项目,鼓励大中小学进行中文教学。2004—2018年,中美在孔子学院方面的合作进展迅速,先后设立了110所孔子学院和500多个孔子课堂。①

然而,自美国宣示"重返亚太"后,孔子学院开始遭受打压。从奥巴马到特朗普、拜登政府愈演愈烈。2012年,美国因签证问题要求部分孔子学院教师离境。2014年,美国大学教授协会(AAUP)发布报告,建议大学更深入地审视孔子学院的课程和议题;9月29日,芝加哥大学宣布终止与孔子学院合作;10月1日,宾夕法尼亚大学宣布孔子学院不再续约。2018年,美国众议院、参议院军事委员会通过《2019财年国防授权法》草案,要求美国国防部限制孔子学院在各大专院校的中文课程补助。2019年,美国国会年度国防开支一揽子计划,威胁要从孔子学院所在大学扣除语言教学资金,其后22个孔子学院因该法案而关闭。2020年8月13日,美国国务院要求中方与美方高校联合成立的孔子学院必须登记为"外国使团"。2021年《国防授权法案》,五角大楼禁止在2023年10月1日之后向拥有孔子学院的高等教育机构提供资金。从2018年开始,美国孔子学院数量停止增长,2019年出现大量减少。据高莉、马赟鹤统计,截至2023年2月,全美仅剩9所孔院和11个孔子课堂。②

美国一些媒体和议员对孔子学院的指控带有明显的意识形态偏见。如《洛杉矶中文报》2023年7月31日一推文声称"一项新的研究表明,中国对美国K-12中小学开展'红色教育'",称孔子课堂为"红色小课堂",已覆盖美国34个州的143个学区以及华盛顿特区。众议员吉姆·班克斯要求教育部"紧急"采取行动,以终止

---

① 高莉、马赟鹤:《美国中文教育发展历史回顾》,载戴曼纯、王祖嫘《国际中文发展报告(2022)》,外语教学与研究出版社2023年版,第175页。
② 高莉、马赟鹤:《美国中文教育发展历史回顾》,载戴曼纯、王祖嫘《国际中文发展报告(2022)》,外语教学与研究出版社2023年版,第175页。

这些"令人不安的"伙伴关系。

要求拜登政府立即采取行动"阻止他们（中方——引者注）在美国K-12中小学校进行宣传的能力"。众议院外交事务委员会主席、德克萨斯州共和党人迈克尔·麦考尔对媒体表示，学习中文是必不可少的，但它含有红色教育的成分；认为没有采取措施"保护我们的孩子免受中国的影响"是"荒谬的"。[1]

美国重拾冷战思维，推动阵营对抗为标志的"半球化"逆流对国际中文教育带来消极影响，对汉语的国际化形成阻碍。认知华文教育的当下功能，不能脱离中文教育的国际语境。

（三）华文教育的发展策略

华文教育的功能是其时代价值的集中体现，在当下复杂严峻的半球化趋势下，要良性发展，更要讲究策略。

1. 华文教育脱敏发展

华文教育是中华语言文化在本土之外的传承传播，所在国的自然和人文环境构成其生态环境。[2] 双边国家利益、历史恩怨、现实政治、文化传统、宗教禁忌、商贸竞争等存在许多敏感因素。华文教育一旦触发这些敏感因素，难免受到消极影响，遭受打击，甚至被遏止取缔。华文教育脱敏发展，就是要调查所在国的敏感因素，作适时适当作处理，避免因触发敏感因素而招致打压。

2. 华文教育和谐发展

华族语言文化属于当地的移民文化。原住民在长期的历史发展过程中，形成稳定的社会生态结构。移民语言文化的进入势必打破这种生态平衡，再经过一个相当长的磨合期，才能达到新的生态平衡。"和谐"是华文教育生存发展应遵循的生态伦理。传统华文教

---

[1] 你报哥：《"红色小课堂"开进美国中小学：中国向超过143所K-12学校注入1700万美元，开展"红色教育"》，《洛杉矶中文报》2023年7月31日。

[2] 曾毅平：《海外华文教育的生态环境》，《云南师范大学学报（对外汉语教学与研究版）》2019年第6期。

育多局限于华人社会，而当代多元社会，各子系统的竞争更为显著。华文教育的发展需要有公共关系意识，华文学校要与主流社会、其他少数族裔、其他外来语言文化子系统，建立和谐的公共关系。海外华人社会也具有多元性，祖（籍）国界定华文教育的当代价值，也要照顾华人社会各方需求，促进华人社会各方和谐共生。亦即中方的华文教育，要处理与当地主流社会、当地非华少数族裔、当地华人社会的公共关系。和谐既是生态伦理，也是生存发展策略。

3. 华文教育浅色发展

早在20世纪20年代末，海外一些华文学校就被当作红色堡垒遭受打击。如唐榴描述："余自1923年服务外交界即注重侨教，1928年奉派星嘉坡总领事，当时华侨最高学府'南洋华侨中学'因被当地政府查获有关共产主义之书籍，即被当地永远取消注册，立经当地华侨侨领及富商等交涉无效。"[①] 1948年，泰国政府关闭华校的主要理由之一，就是以某华校进行政治活动为由。1954年以后，泰国政府以防止共产党渗透教育界为由，由警察局负责中文教师的档案履历及政治思想，加强对华文学校的控制。战后东西方两大阵营对立，泰国政府视华校为传播赤色思想的场所，华文被当作"社会主义语文"，华文教材被认为是"共产主义宣传册"，华文教育被认为危害国家安全遭到钳制。[②] 印尼1965年发生"九·三〇事件"，在反共排华的严酷气氛下，1966年华校被悉数关闭，华文教育被禁锢达32年。

冷战结束后，国际社会以和平与发展为主题，但在西方世界，从官方到民间对红色文化依然持有敌意和保持警惕。在"反共"被视为"政治正确"的社会环境中，以"红色"为由制造事端的案例时有发生。如2009年美国的"洛杉矶哈岗学区孔子课堂风波"，一

---

① 唐榴：《华侨教育兴办之观感》，载《明伦学校金禧纪念1911—1961》，明伦学校内部刊印，1961年，第16页。
② 周聿峨：《东南亚华文教育》，暨南大学出版社1995年版，第283—284页。

些居民担心小学生们被"共产主义洗脑",并以汉办中有共产党员为由,阻止孔子课堂项目。① 2012 年,在庆祝亚细安与中国缔结战略伙伴关系 20 周年纪念活动中,中方歌舞团在印尼陆军礼堂表演"唱红歌",因参加者都为华人,受到印尼主流社会人士议论。② 半球化以意识形态划线,挑动阵营对象。通过"抹红"国际中文教育来阻止汉语项目,成为西方的一种惯用伎俩。如美国"家长捍卫教育"发布"红色小课堂报告",将中方协助 K–12 中方教学,渲染为对美国孩子进行"红色宣传",认为报告应该"敲响"每一位美国家长的心。③

坚持党的领导是中国特色社会主义制度的本质特征,也是中华民族伟大复兴的根本保证。由于国际中文教育在不同政治制度、政治文化的世界各国开展,海外华人社会也具有多元性,多种政治立场和意识形态并存。华文教育的最大公约数是传承传播中华语言文化,淡化意识形态有助于画好"同心圆",因此在坚持我国基本政治制度的基础上,华文教育在海外"浅色"发展不失为一种策略,更有利于长远发展。

4. 华文教育低调发展

海外华文学校事实上大多数还处于非主流、欠专业、欠正规的发展阶段,从硬件到软件,都面临许多困难和挑战,向标准化、专业化、正规化和信息化转型升级,还需要艰苦努力。华校的发展也难免存在与主流社会各种利益群体的冲突。海外华文教育难免受到国际政治和负面舆论场的掣肘。低调务实,以满足华族族裔语言教育需要为基本宗旨,恰当定位,适度评价和宣传,更有利于创造华文教育和谐的外部环境,有利其转型升级、健康发展。

---

① 李开盛、戴长征:《孔子学院在美国的舆论环境评估》,《世界经济与政治》2011 年第 7 期。
② 余歌沧:《印尼〈时代报〉刊文要求解散和禁止华人社团》,新加坡联合早报网,2012 年 5 月 21 日。
③ 你报哥:《"红色小课堂"开进美国中小学:中国向超过 143 所 K–12 学校注入 1700 万美元,开展"红色教育"》,《洛杉矶中文报》2023 年 7 月 31 日。

5. 华文教育在地发展

侨民教育为国民教育在海外的延伸，祖国官方虽有提供和保障侨民教育的责任和义务，但异域办学涉及双方教育主权，侨民教育须在双边法律框架内进行。而华人为所在国公民，华人教育为所在国的少数族裔教育，祖籍国在华人社会有需要的情况下，可以提供必要的协助和支持，但其办学主体是当地华人社会，不宜越俎代庖。华人社会主要依靠自己的力量，争取所在国官方的支持，向国民教育主流体系靠拢，是良性发展的必由之路。华文教育从办学硬件、办学资金、学校管理、师资培养、教学内容、教学方法、教学风格等方面，都应该走本土化路线，在地化既是华文教育的发展策略，也是祖（籍）国官方和民间协助、支持海外华文教育的策略之一。

三　华文教育的诉求平衡

（一）华文教育的三方诉求

华文教育的诉求方包括华侨华人的祖（籍）国诉求、住在国（地）诉求和当地华人社会的自身诉求。诉求就是主客体对华文教育的期望，希望通过华文教育所达到的目标。

1. 祖（籍）国官方诉求

早期侨民教育时期，侨民以"叶落归根"为主流，侨民子弟接受祖国语言文化和职业技能教育，目的是回国更好发展，因而官方强调华侨教育旨在培养祖国建设人才。归化之后的华人教育，祖籍国视其为"留根"教育，希望华人接受华文教育，传承民族语言文化。而当地认同教育性质的华人教育，更加强调沟通中外，培养华裔知华、友华，助力祖（籍）国发展。

"宏教泽以系侨情"是华文教育的使命。新马海峡殖民地时期，清政府新加坡领事左秉隆1881年赴任后，就不遗余力推进华文教育，提出"振兴华文教育乃保侨要道"。他甚至亲执教鞭，诲人不倦，赋诗明志"安得人人都向化，车书一统万方同"①。邝翰芳1929年指出："南洋华侨教育，我们认为第一要保住吾华的民族性，对祖国有彻底的认识和爱护。"② 这些都反映了祖（籍）国兴办华文教育的诉求。

2. 住在国（地）官方诉求

住在国（地）官方对华文教育的诉求，主要包括政治诉求、民族诉求、文化诉求三方面。政治诉求要求华人履行国民忠诚，官方希望华校教育华人效忠其归化国，履行公民义务。民族诉求就是在民族独立建国过程中，华校要强化华人的归化国的国族认同，华文教育不能只强化华族身份。文化诉求就是要求华人社会为当地多元文化建设做贡献，华族文化被定位为所在国多元文化的一部分，华文教育成为沟通东西文化的纽带和桥梁。

以夏威夷明伦学校为例，该校1961年50周年庆典，下议院通过议案致敬："缘明伦学校之教导生徒，不独精通中文，而且为美国良好公民，对于檀香山之幸福，竭力贡献。缘明伦学校之成绩，可见诸一般校友，无论医界、政界、法律界、教育界，与商界，均具领袖之才……又缘明伦学校之训练人才，贡献社会，不啻建造东西好感之桥梁。"③ 下议院从三方面肯定其贡献：一是培养美国良好公民，贡献本地社会；二是培养华人杰出人才，服务当地社会；三是沟通中西文化，贡献双边友好。这既是肯定明伦办学成就，也反映官方对华文教育的诉求。

3. 海外华人社会的诉求

海外华人社会是华文教育的办学主体和当事人，他们介于祖（籍）国和住在国（地）之间，对华文教育的主要诉求，一是从落

---

① 王秀南：《新加坡华文教育演进史》，《星马教育泛论》，东南亚研究所（香港）1970年版，转自周聿峨《东南亚华文教育》，暨南大学出版社1995年版，第44页。
② 邝翰芳：《怎样是适应于民族竞争的南洋华侨教育》，《华侨教育论文集》，国立暨南大学南洋文化事业部1929年刊本，第198页，转引同上注，第6页。
③ 《下议院通过议案第二十一章译文》，载《明伦学校金禧纪念1911—1961》，明伦学校内部刊印，1961年，第190—191页。

叶归根到落地生根的发展诉求；二是华文教育维系精神家园的心理诉求；三是华文教育强化宗亲人伦美德的生活诉求。

郑任先强调："我明伦学生既接受美国良好教育之熏陶，复有机会领略祖国之文化智识，伦理道德，集中西文化之精华，而供我餍饫。"① 华校教育学生汲取中西文化精华，既接受美式教育，又保有民族文化，以利落地生根，长远发展。陈功林指出："檀香山……同化政策颇强烈，有熔冶炉之称。吾华侨居于是者，以生以长，百余年来，得保存其民族意识，而不至于沦于外化者，华侨教育之功也。"② 郑任先认为"海外侨校之设立，固在于灌输侨童以祖国之文化教育，尤在于使其接受祖国伦理道德之熏陶"③。在异域环境中，华人社会忧心后代被完全同化，希望通过华文教育传承民族意识和传统美德，反映了华人社会以民族文化为精神家园的心理诉求。黄振寰认为"华侨教育，一则教忠，再则教孝，明礼义，知廉耻，发挥人之良知良能，其目标正在于此"④。其中"孝""礼义""廉耻"都与家庭伦理相关，这是华人社会的生活诉求。

（二）华文教育的诉求冲突

诉求冲突就是各方在办学期望、目标和效益追求方面的冲突，分诉求对抗和失衡两类。

1. 诉求对抗

诉求对抗大都是政治性的，政治目标冲突，意识形态相左，难以调和。如：1948年，马来亚共产党号召"各民族全体人民广泛团结起来结成反英民族统一战线，坚持反英民族革命战争到底"。殖民当

---

① 郑任先：《本校金禧校庆之回顾与前瞻》，载《明伦学校金禧纪念1911—1961》，明伦学校内部刊印，1961年，第21页。
② 陈功林：《明伦学校壹百周年特刊·序》，张惠英、毛叶燕屏：《学校壹佰周年特刊》，新加坡 Xpress Print，2011年。
③ 张惠英、毛叶燕屏：《学校壹佰周年特刊》，第20页。
④ 黄振寰：《略述本校办理过程呼吁侨胞认清教育目标》，《明伦学校金禧纪念1911—1961》，明伦学校内部刊印，1961年，第23页。

局立刻进入紧急状态，拘捕、驱逐可疑华人，华文教育受到打压，华校减少，学员锐减。1951年6月，巴恩报告书声言"家长凡欲以马来西亚为其永久家乡，而全力效忠马来西亚者，当送其子弟入国民学校，习英巫两种文字，凡不愿其子弟受此国民教育，吾人认其为不愿对马来西亚效忠之表达"[①]。华校所受控制、打压，缘于诉求对抗。

2. 诉求失衡

各方诉求都有一定的合理性，但在实践上，一方过于强势，措施强硬，未能较好地兼顾其他方诉求，由此导致诉求失衡。如东南亚各国在独立建国过程中，对华侨华人普遍实行强制同化。20世纪中叶，东南亚走向民族独立，各国大都通过"国族塑造"建构国家认同，在政治、经济、文化、教育、宗教、社交、家庭等诸方面对留居华侨实行强制同化。印尼、泰国、菲律宾、缅甸、越南、柬埔寨等分别有"印化""泰化""菲化""缅化""越化""柬化"运动。[②] 国族同化造成对华侨华人政治、经济上的抑制和文化上的"去中国化"，各国华文学校因此受到极大限制甚至被取缔。[③]

再如20世纪50年代初，印尼华校在办学宗旨、方针表述，庆典题词和华文报刊言论上，普遍存在措辞"中国化"现象。如山口洋某中学宣示办学宗旨为"培养有革命思想的知识青年，以便成为有助于祖国（中国—引者注）建设的革命干部和改造人员"[④]。新中国的诞生让海外侨胞建设祖国的热情高涨，但毕竟华校在异国办学，彼此意识形态、政治制度存在差异。在我国实行单一国籍制前，多数印尼华侨兼有中国和印尼双重国籍。办学宗旨鲜明的政治诉求和"中国化"表述，引起印尼当局和主流社会猜忌。

---

① 蔡昌卓：《东盟华文教育》，广西师范大学出版社2010年版，第156—157页。
② 姜兴山：《战后菲律宾华文教育研究（1945—1976）》，暨南大学出版社2013年版。
③ 骆莉：《国族塑造与族群认同——二战后东南亚国家建构中的华族身份认同变化》，《东南亚研究》2010年第4期。
④ 黄昆章：《印度尼西亚华文教育发展史》，外语教学与研究出版社2007年版，第154页。

华文教育的"去中国化"和"中国化"诉求、"同化""归化"和"华化""再华化"的政策和言论失当，都属诉求失衡，可能对华文教育带来消极影响，甚至灾难性后果。

（三）华文教育的诉求平衡

诉求平衡，就是各方在确定华文教育的办学目标、办学方针、教学内容、办学措施、办学效益时，能尽可能兼顾到彼此利益，创造华文教育和谐的社会环境，以利于行稳致远。

中国是华侨华人的祖（籍）国，官方支持、协助海外华文教育，将其看作华侨华人的"留根工程""希望工程"，希望培养华裔新生代知华、友好，助力中国发展，共谋民族复兴伟业。所在国则有国民忠诚的政治诉求、多民族国家的国族认同诉求和多元文化诉求。华人社会兴办华文教育，主要有沟通双边、融入主流的发展诉求，传承民族优秀文化、维护精神家园的心理诉求，以及讲究宗亲人伦、传承家庭美德的生活诉求。三方诉求有时难免冲突，而华文教育讲究发展策略，实质是平衡各方诉求，实现各自愿景。

在世界秩序深度调整，双边关系复杂，国际政治生态敏感的背景下，诉求平衡是华文教育良性发展的必要条件。诉求平衡本质是能对他者"共情"，互为"代入"与"移情"，政策措施因时因地制宜，尽可能照顾各方利益，协调彼此诉求。

四 华文教育的基本功能和拓展功能

（一）诉求平衡下，华文教育合法性的两大基石

除了新加坡华族人口占优势，华族对所在国来说一般都属少数族。华文教育在当地属少数族裔的语言文化教育。合法性是华文教育存续的基础，其法理依据主要有两个：一是民族权利平等，即接受华文教育是各国华族的基本权利；二是文化多样性，华族文化是当地多元文化的一部分，华文教育可以为当地多元文化建设，贡献华族文化的独特性。因而民族平权和文化多样性被视为华文教育合法性的两大基石。

(二) 基于诉求平衡的华文教育基本功能

基本功能,就是自古至今,不分东西,不论何方,华文教育各种形态所具有的功能。基于诉求平衡的必要条件,华文教育有三大基本功能。

1. 传承华族语言文化,标识华人民族性

语言和文化是一个民族重要的外在标志,也是民族性内化的精髓。华校教授汉语言文化课,华人的民族性得以永续传承,这是华文教育的第一要务。

明伦学校家长教师会主席曾感言,檀香山有接近10万华人,路上碰到貌似华人的年轻人,用华语与之沟通常常答非所问。他们多属第三、四代,甚至第五代,经过百多年的被同化,"已然没有华人的传统,甚至忘记华人的语言和文化",家长"唯恐子女们的中华文化及语言会因为疏于练习而忘记",并盛赞明伦学校老师91年来默默奉献,为在檀香山保留中华语言文化做出宝贵贡献。[①] 家长的愿望是华人社会的诉求,体现了华文教育的基本功能。

2. 学习华文职业技能,服务本地和全球华人社会

当今强调"中文+职业教育",事实上,在400多年的世界华文教育史上,开设职业课程,中华语言文化教学与职业技能学习并行就是华校办学的传统。早期的职业技能主要是珠算、簿记、缝纫等,20世纪以来,随着社会的进步,职业课程从传统到现当代更加多样。如20世纪初,新加坡受中国著名教育家黄炎培思想的影响,华校即重视职业教育。1916年,一些华校就设有农科、商科、工科。为了培养学生掌握谋生手段和提高实际生活能力,女子学校还开设了缝纫课。1920年1月,成立了专门的职业学校——南洋工商

[①] 明伦学校:《明伦学校91st Anniversary》,明伦学校内部刊印,2002年。

补习学校。① 以华文为工作语言的职业技能的学习,主要是服务本地华人社会。当今国际合作频繁,一带一路沿线国家有大量的中资企业,华文教育服务一带一路,"华文+×"中的"×"可以是商贸、电脑、智算、物流、会展、高铁、汽车制造、清洁能源、采矿、农垦、医疗、家政服务、康养、旅游等双边合作的诸多领域。"华文教育+职业技能"大有可为,既服务本地,也可面向祖(籍)国和全球华人社会。

3. 发展汉外双语能力,造就跨文化沟通人才

早期移民学习当地语言,是在地生存发展需要。华侨华人的优势就在华族语言文化和当地语言文化的跨文化沟通能力。他们是联系祖(籍)国和所在国的天然桥梁。19世纪末20世纪初,华文教育转型为现代学校办学之后,不少华校都在汉语课程(含共同语和方言)之外开设当地语文课程或英文。华校存在"汉语方言/通用汉语+当地国语""汉语方言/通用汉语+当地国语+殖民宗主国语言""汉语方言/通用汉语+当地国语+国际性语言(英语)"等多种教育语言模式。当代华文学校以学习普通话为主,适当开设所在国语言的双语学校很普遍,双语之外再开设英语课的"三语学校"正在成为受欢迎的华校办学模式。

(三)基于诉求平衡的华文教育拓展功能

拓展功能是指在基础功能之上,华文教育因时因地,更具开拓性和进取心的功能。主要有以下五方面。

1. 通过华文教育维系华人社会,延续民族情感

华文学校在当地往往具有社区功能。家长送孩子上学,华文学校常常成为华人聚会、信息交换、感情交流的场所。华校在时间空间上具有汇聚华人社会的客观作用。华校通常在华人传统节日举办文化娱乐活动,如世界各地有一定规模的华校,每年都举办海外版

---

① 蔡昌卓:《东盟华文教育》,广西师范大学出版社2010年版,第278页。

"春晚"，当地侨领、侨界精英受邀参加，家长更是济济一堂，祖（籍）国驻当地使领馆也常有官员出席慰侨。华校对当地华人社会具有显著的凝聚力。同时，通过华文教育，当地华人社会也与祖（籍）国，世界各地华校同行和华人社会建立起密切联系。维系华人社会，延续民族情感，华文教育功不可没。

2. 融通主流文化和华族文化，维护文化多样性

如前所述，从落叶归根到落地生根，华人融入当地社会是长远发展的根本。华族文化在当地虽是少数族裔文化，但文化的价值在于它的独特性。自古至今，华文学校的一项功课就是面向主流社会介绍中国文化，现代华文学校更是通过各种文化交流和展示活动，提高当地华人文化的能见度，让主流社会看到、理解、欣赏华人文化。世界上多数国家都奉行多元文化政策，华文教育可以为发展当地多元文化做出独特贡献。

3. 认知祖（籍）国发展经纬，熟悉当代中国，促进双边共赢

当代中国的政治制度、发展道路有其历史必然性；中国的社会结构、发展模式，与周边国家的关系，与华侨华人所在国的双边关系，也有其历史逻辑。华文教育帮助华裔新生代学习中华语言文化，学习中国地理和历史，可以有助于其熟悉中国国情，理解祖（籍）国的内外政策。华文教育培养知华、友华的华裔新生代，有助于促进中外文化交流，发展双边合作，达至双边共赢。

4. 汲取中华优秀文化智慧，恰当处理全球性议题

华侨华人具有多重身份，华文教育以中华语言文化为教学内容，培养能说汉语、受中华优秀文化传统浸染，具有中华文化气质的华裔新生代。他们是华族，也是所在国的合格公民，还要具有国际视野，成为遵守国际社会公序良俗的世界公民。当今世界热点不断，华侨华人接受华文教育，当可汲取中华文化智慧，对全球性议题提出富有中华文化特点的解决方案。华文教育被赋予全球性价值和功能。

5. 萃取他族文化反哺华族文化，助力中华优秀传统文化现代化

华文教育具有民族性、异域性、双边性、全球性特点，文明互鉴也应是华文教育题中应有之义。也就是说,华文教育不仅传播中华语言文化,同时也应吸收当地优秀文化反哺中华文化。华侨华人的优势就在于走出了祖(籍)国,走向世界各地。他们有丰富的语言文化接触阅历,经历过大陆性文化向海洋性文化的转型,体验过文化冲突乃至文化休克,对所在国本土文化有深切的感受和理解。这对祖(籍)国同样具有独特的价值。华侨华人漂洋过海,四海为家,也接触过不同类型的文化,富有全球视野和世界公民意识。接触、碰撞是文化演进的外源动力。中华优秀传统文化是民族的,也是世界的。中华优秀文化的现代化,对当今世界更加富有意义。华侨华人以自身的文化体验、文化融合反哺民族文化,华文教育可以发挥更加积极的作用。

The Contemporary Value of Overseas Chinese Education: Balancing Demands and Expanding Functions

Zeng Yiping

College of Chinese Language and Culture,
Jinan University

Abstract: There are three cognitive prerequisites for evaluating the value of overseas Chinese education: historicity, current context, and development strategy. The ancestral/native country, the country/region of residence, and the Chinese community each have their own demands.

Based on the current nature of Chinese education, a balance of demands is a necessary condition for its healthy development. Its basic functions include: to pass on the Chinese language and culture, and mark the ethnic identity of the Chinese people; to learn vocational Chinese skills and serve the local Chinese community; to develop bilingual skills and cultivate intercultural communication talents. Its expanded functions include: to maintain the Chinese community and continue the national affection; to integrate mainstream and Chinese culture and safeguard cultural diversity; to recognize the development of the ancestral /native country, understand contemporary China, and promote bilateral win-win situations; to draw on the wisdom of the Chinese culture to appropriately deal with the global issues; to extract the culture of other ethnic groups to feed the Chinese culture, and assist in the modernization of excellent traditional Chinese culture. Desensitization, harmony, light color, low profile, and localization are feasible development strategies.

Key Words: The Functions of overseas Chinese education; Hemispherization; Balance of demands; Development strategy

中华文化海外传承

东干人语言传承对中文国际传播的启示*

吴勇毅　闫　丽**

摘要： 本文在论述移民语言传承与语言传播的关系的基础上，利用自建的语料库，从不同的方面对吉尔吉斯斯坦东干人的语言传承现状进行了考察，分析了存在的问题，并结合中亚中文国际传播的现状，提出了语言传承对华文教育和中文国际传播的启示。文章指出，华裔新生代是祖语能否传承的关键，也是未来中文国际传播的重要力量。

关键词： 东干语；传承；华文教育；国际中文教育；中文国际传播

中亚处于欧亚大陆的核心地带，是东西方文化的交汇之处，也

---

* 【基金项目】本文是国家社会科学基金重点项目"中文纳入'一带一路'沿线重点国家国民教育体系研究及数据库建设"（项目编号：20AZD131）；教育部人文社会科学研究项目"基于语料库的汉语二语会话修正及其应用研究"（项目编号：19YJA740064）；2021 年华东师范大学优秀博士生学术创新能力提升计划项目"近代汉语西北方言在中亚华裔青少年中的传承研究"（项目编号：YBNLTS2021－003）的阶段成果；教育部语合中心 2022 年国际中文教育研究课题青年项目"中亚东干人语言传承对中文国际传播的启示研究"（22YH84D）资助。

** 【作者简介】吴勇毅，男，华东师范大学国际汉语文化学院教授、博士生导师，国家语委全球中文发展研究中心研究员；闫丽，女，华东师范大学国际汉语文化学院博士研究生，新疆师范大学教师。

是阿尔泰语系、印欧语系并存的多语地区,地缘政治作用显著。它是"一带一路"的重要节点,也是中文国际传播的重要地带。东干人作为中亚唯一一支"汉语文化圈"的移民群体,在中亚吉尔吉斯斯坦、哈萨克斯坦、乌兹别克斯坦生活了140多年。1924年,苏联在进行民族划界、民族识别时,将清末同治年间迁徙到俄国境内的陕甘新回族后裔定名为东干族,将其使用的语言称为东干语①。东干语的源头是近代汉语西北方言,属于西北方言在中亚的变体分支。汉语在海外华人中也存在方言和共同语之分②,东干语就是汉语的"海外方言"③。

东干人在中亚这个多/跨社群的社会网络中语言传承状况如何,对未来中亚地区的中文传播是否起能起到"中介"作用,抑或是"自身难保",这是本文关注的问题。

一 移民语言传承与语言传播的关系

人类会不停地迁徙,移民也极大地改变了世界语言的分布模式,而语言传播模式也显现了群体的迁移现象④。由此可以看出,移民对语言传播具有重要作用。语言接触是语言传承和语言传播的中转站,接触是通过"人"的互动来实现的,人际互动则需要通过语言来完成,而移民的迁移,尤其是群体迁移,实质上也是语言的"迁徙"。移民在新的社会网络中必然会发生语言接触,这种语言接触,从纵向看对其语言使用产生影响,促使语言发生演变和变化,演变是过程,变化(作名词看)则是一种演变的结果。造成语言变化的原因有语言结构本身的发展,也有社会、文化、历史、心理等社会

---

① 胡振华:《吉尔吉斯斯坦共和国的东干语及汉语教学研究》,《语言与翻译》2000年第4期。
② 李宇明:《世界汉语与汉语世界》,《中山大学学报》2021年第3期。
③ 林涛、陈晓锦、张轶群:《中亚华人回民社区语言文化风俗研究》,世界图书出版公司2018年版。
④ [美]帕特里克·曼宁:《世界历史上的移民》,李腾译,商务印书馆2015年版。

心理因素的影响。语言变化的结果将会改变语言结构和语言功能，对移民（群体）而言，这可能使得移民（群体）的语言传承受阻或以一种变体/变化形式继续保持（比如克里奥尔语）。从横向看，语言接触就是一种语言人际间的传播。语言传播可以分为两类，即族内传播和族际传播。移民的语言传承实质就是要保持语言在族群内部不同代际间的传播和继承，使其不发生断裂。若移民的语言能有族际间的传播，则会对族内传播起到更大的推动作用。移民语言传承是保持还是中断，也将影响到该语言传播地范围（扩大和缩小）和速度（快与慢或停止）。因此，移民、语言传承和语言传播在语言社会学的框架下有着密不可分的内在联系。如图 1-1 所示。

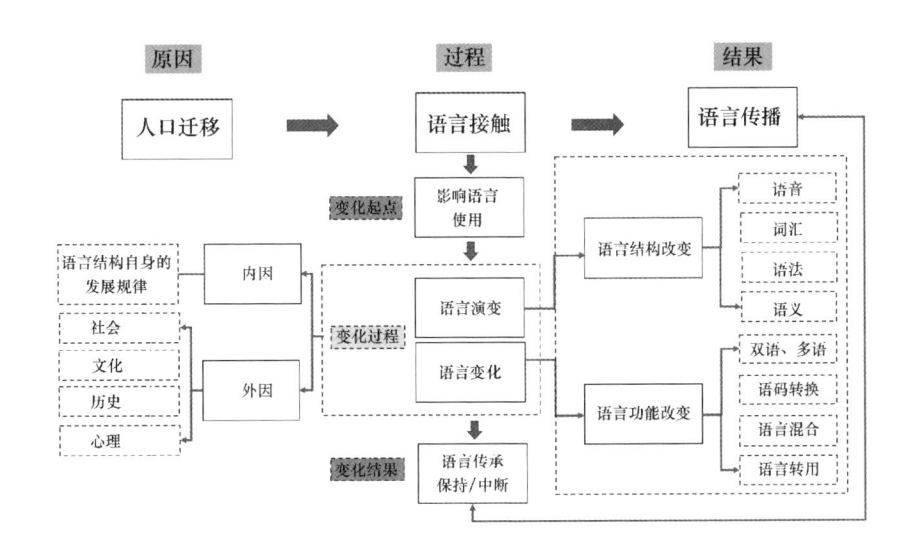

图 1-1 移民语言传承与传播模型

二 吉尔吉斯斯坦东干人语言传承现状与困境

东干族（其语为东干语）繁衍至今，其语言传承主要指东干语在不同代与代之间的传授与承接。东干语的传承主要依靠家庭使用和学校东干语教学两条路径。吉尔吉斯斯坦是迄今东干人人口较多

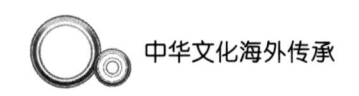

且东干语教学仍被保留在国民基础教育体系里的国家,因此,我们以吉尔吉斯斯坦东干人的语言传承为例以窥中亚全貌。

(一)家庭语言使用

1. 调查地的选择

吉尔吉斯斯坦东干人主要分布在楚河州、伊塞克湖州和比什凯克市。分散到这两州一市城镇、市区的东干人与当地民族杂居,语言转用情况严重,而聚居在乡村的东干人,至今依旧使用东干语,语言保持相对较好。移居在其他五州的东干人约1400多名,早已全部转用他语(俄语或吉语)。① 东干语从语源来说属于西北汉语方言中原官话,内部大致可分为关中片(今陕西大部分,甘肃、宁夏局部)的陕西话和陇中片(今甘肃、宁夏、青海)的甘肃话。② 如表1所示:

表1　　　　　　　　东干人分布表

序号	地名	所属州	东干人数	方言
1	Бишкек	Бишкек	5000	陕甘混合
2	Покровка	Чуйская	650	陕甘混合
3	Сокулук	Чуйская	4000	甘肃方言
4	Александровка	Чуйская	14441	甘肃方言
5	Токмок	Чуйская	14000	陕西方言
6	Гидростроитель	Чуйская	不详	陕甘混合
7	Садовое	Чуйская	4218	陕甘混合
8	Ивановка	Чуйская	5000	陕甘混合
9	Кен Булун	Чуйская	6500	陕甘混合
10	Дружба	Чуйская	不详	陕甘混合

---

① 周庆生:《"一带一路"守望者:东干族的语言适应与语言传承》,南开大学出版社2020年版,第14页。

② 林涛:《中亚回族陕西话与甘肃话语音的比较》,《咸阳师范学院学报》2009年第5期。

续表

序号	地名	所属州	东干人数	方言
11	с. Чолпон	Чуйская	不详	陕甘混合
12	Милянфан	Чуйская	4825	陕西方言
13	Кант	Чуйская	1500	陕甘混合
14	Люксембург	Чуйская	1500	陕甘混合
15	Искра	Чуйская	1500	陕西方言
16	Хунчи	Чуйская	636	陕西方言
17	Денисовка	Чуйская	2387	陕西方言
18	Ырдык	Иссык-Кульская	1923	甘肃方言
19	Каракол	Иссык-Кульская	1200	陕甘混合
20	Кызыл Шарк	Ошская	2000	陕甘混合
21	Кара Су	Ошская	不详	甘肃方言
22	Ош	Ошская	不详	甘肃方言

注：个别地方的东干人社会融入程度高，人数无法统计，列为不详。

资料来源：该数据由吉尔吉斯国家科学院东干研究与汉学中心高级研究员 Ismaeva R. M 博士及 Александровка 村委提供，数据统计截至 2021 年 1 月 1 日。

陇中片的甘肃话在吉尔吉斯斯坦使用人数最多，人口最为集中，东干语的书面语主要是在甘肃话的基础上形成的。本文仅以甘肃话聚居区的东干人作为获取语料来源地。目前说甘肃话的东干人主要聚居在楚河州的 Сокулук（索库鲁克或"梢葫芦"）、Александровка（亚历山德罗夫卡），以及伊塞湖州的 Ырдык（伊尔迪克）三个地方。其中 Александровка（亚历山德罗夫卡）村在比什凯克以西33千米处。① 村里除少量吉尔吉斯族、乌兹别克族、俄罗斯族人外，81.7% 为东干人，是受他语影响最小、东干语使用人数最多、语言

---

① Сокулук 中文译为索库鲁克或"梢葫芦"，与 Александровка "亚历山德罗夫卡"是独立的两个乡村，因两村距离较近，很多学者将其混为一村，不够严谨。Сокулук 是 Сокулукого Района "索库鲁克区"的中心。东干人口数量并不是最多的。Александровка 属莫斯科区，属于东干人口最多的乡村。

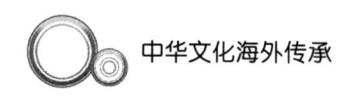

传承最好的村庄。该村的东干语传承情况具有代表性，本文将 Александровка（亚历山德罗夫卡）村的东干人作为调查对象。

2. 东干人家庭语言使用的代际特点

语料库语言学方法就是从自然语言进行录音采集、文本转写、储存、加工和概率的统计分析，直面语言运用，全面反映语言的应用事实。本文语料中的会话参与者年龄在 13 岁到 95 岁之间，均是东干语、俄语双语人。我们对他们在家庭网络关系中与家人、邻居、亲戚进行语言互动的现场进行录音，并严格按照转写规则对录音进行转写，最终利用 Python 语言对编码语料进行编程形成东干语口语语料库。本文从东干人口语语料库的 5659 条语段中，分别抽取 60 岁以上的老年组、30—59 岁的中年组、13—29 岁的青少年组各 300 条，进行统计对比分析。成功分析了 900 条语段，有效率达 100%。如表 2 所示：

表 2　　　　　　口语语料 python 频次数据统计

年龄段	类别	频率/次	占比/%（分年龄段）	占比/%（总）
13—29 （300）	1. 俄语	162	54.00	18.00
	2. 俄语混东干语	73	24.33	8.11
	3. 东干语混俄语	26	8.67	2.89
	4. 东干语	39	13.00	4.33
30—59 （300）	1. 俄语	83	27.67	9.22
	2. 俄语混东干语	80	26.67	8.89
	3. 东干语混俄语	51	17.00	5.67
	4. 东干语	86	28.67	9.56
60 以上 （300）	1. 俄语	59	19.67	6.56
	2. 俄语混东干语	61	20.33	6.78
	3. 东干语混俄语	99	33.00	11.00
	4. 东干语	81	27.00	9.00

备注1：同一语言字符占比超过 50%，认定其为主体语句。

表2中青少年组俄语使用频率最高,占54%,俄语混东干语的句子占比高于东干语混俄语的句子。语码转换中语言选择取决于语言水平、语境提示和监察能力等因素①,也就是说,双语的言语产出过程中的词汇提取机制可能与双语者两种语言的流畅程度、语言习得次序、语言使用方法,以及东干人的认知资源等有关。俄语混东干语和东干语混俄语两种类型的语料属于双语语料,而影响类型划分的主要因素是说话人双语能力是否均衡,事实上东干青少年俄语的语言能力已经高于东干语。青少年组东干语的使用率仅为13%,在三个年龄段中最低,且使用的东干语多为家庭内部日常简单基础用语和一些表示感叹意义的"嗯""啊"等感叹词。中年组的东干语使用频率最高,占28.67%,比老年组(27%)还略高一点,俄语和俄语混合东干语的比例相差不大,各占27.67%和26.67%,东干语混俄语的占比只有17%。数据显示中年东干人的东干语使用频率(28.67%)略高于俄语(27.67%),尽管相差不大,但实际上中年组的俄语能力可能仍高于东干语(俄语27.67%和俄语混合东干语26.67%的使用比例相加为54.34%,高于东干语28.67%和东干语混合俄语17%相加的使用比例45.67%)。老年组东干语混俄语的比例最高,达到33%,而东干语的使用率占27%(两者相加为60%),俄语混东干语的比例为20.33%,俄语的使用率最低,仅占19.67%(两者相加为40%),不难看出老年组的东干语能力和使用频率均高于俄语。

从以上数据分析可以发现,东干语的使用呈现出代际差异的特点,老年组是东干语使用的主要群体,也是东干语能力最强的群体,中年组次之,青少年的东干语能力最弱。俄语、东干语两种语言之间语码转换的现象普遍存在,且主要发生在老年组和中年组,青少年组更多的是直接使用/转用俄语。

---

① Meuter R. F. I., "Language selection in bilinguals: mechanisms and processes", in J. F. Kroll & A. M. de Groot, eds., *Handbook of Bilingualism: Psycholinguistic Approaches*, London: Oxford University Press, 2005.

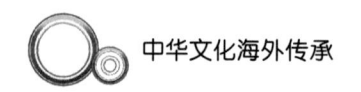

（二）东干语的学校教育

1. 东干语教学概况

1921年到1928年，当时的苏联政府分别在比什凯克、托克马克、普尔热瓦尔斯克市及卡拉库努孜、伊尔德克、亚历山德罗夫卡等东干聚居的农庄建立了有东干语教学的学校，① 并定期举办师资培训和中专教育，培养了一批东干族教师。1932年苏联政府将东干语教学纳入吉尔吉斯斯坦加盟共和国基础教育体系中，此后一直以第二语言课程在中小学1—11年级开设，课程名称为"东干语言文学"，每周3课时，其他科目的课程均以俄语进行教学。吉尔吉斯斯坦独立后，吉尔吉斯语地位上升，"东干语言文学"课缩减到每周2课时。2012年吉尔吉斯斯坦实施中小学课程改革，东干语课程再次调整为2—11年级每周1课时，但仍存在于吉尔吉斯斯坦的国民基础教育体系中。迄今为止，吉尔吉斯斯坦楚河州、伊塞克湖州仍有12所中小学进行东干语教学。如表3所示：

表3　　　　　吉尔吉斯斯坦东干语教学分布情况

序号	学校名称	所在村庄	教师数量
1	Среднеобразовательная школа имени ЮсуфаХазрета	Ирдык	2
2	СОШимени Мансуза Ванахун	Милянфан	2
3	СОШ № 1имени Ясыра Шиваза	Александровка	4
4	СОШ №2имени Арли Арбуду	Александровка	3
5	СОШ № 3имени Арзи Исмаева	Александровка	1
6	Школа названа в честь Искра	Искра	2
7	СОШ №10имени Юнуса Дунларова	Токмок	3
8	СОШим. Мирошниченко	Садовое	3

---

① 王晓燕：《中亚东干人的语言、教育与文化传承关系略论》，《当代教育与文化》2013年第4期。

续表

序号	学校名称	所在村庄	教师数量
9	Школа названа в честь бердик	Бирдик	1
10	Школа была названа в честь хунчи	Хунчи	2
11	СОШимени Лойлиева	Кен-Булунь	2
12	СОШим. В. И. Ленина	Гидростроитель	1

资料来源：该数据由吉尔吉斯国家科学院东干研究与汉学中心提供，数据截至2022年3月。

2. 东干语教学的困境

（1）教材短缺

《回族语言》《识字课》是东干语语言课的教材，《回族文学》《父母文学》《咱们的文学》等为文学课教材，教材大多是苏联时期出版的。吉尔吉斯斯坦独立已有三十多年，由于失去了以往的经济帮扶，教材内容无法更新，教材出版基本处于停滞状态。东干语课堂教学的现状，正如Александровка（亚历山德罗夫卡）村一位61岁的东干语教师所说："有教科书，但是很少。对，比如说，一个年级，我们有五个或者六个班，最多有十本课本，关于什么，什么，他们如何阅读，那他们怎么……"近些年在东干教育工作者和知识分子的努力下，筹集了一定的教育资金，出版了一批新的书籍，但数量远远不能满足东干语教学的需求。目前小学教材还勉强够用，但是初中、高中阶段教材严重不足。因为教材稀缺，教师在上课时才发放教材，下课收走，课下学生完全没有学习材料，更不用说作业和复习，有些年级甚至连教师也没有教材。新版教材也只能提供给个别年级，且每个班也仅有10—15本，远远不能满足在校东干语学习者的需求。科学院东干学部的一名科研人员在我们的采访中多次提到"我们需要资金，有了资金我们才能编写、出版课本，我们正在编写项目申请国家拨款，但这一切进行地很缓慢"。

（2）教材"双难"

东干语教材内容陈旧，以文学作品为主，多为古今（故事）、诗歌、曲子等传统文学作品，脱离当下东干人的生活实际，语句晦涩难懂，学生不易理解，有些内容直接从俄语文学作品翻译而来，更增加了教师的教学难度。为了降低难度，教师常借助俄语媒介进行翻译教学，将语言课变成了翻译课，枯燥无味，不能引起东干青少年的学习兴趣，严重影响到东干语的传承和发展。此外，一些新出版的教学材料，因借用了其他语言或者写法独特，连东干语教师都认为很难理解。

（3）教学法问题

东干语教学仅仅局限在东干人聚居的乡庄学校，城市或者远离聚居区的东干人没有学习祖语的机会。东干人大都重视教育，一些家长更愿意将孩子送往教学质量较好的学校，而这些学校基本都是俄语或吉语教学，无东干语课程。由此可见，人口流动和求学等因素也是造成东干语传承断裂的原因。根据2012—2013年吉尔吉斯斯坦教育部教学计划，东干族学生除了学习吉语、俄语和一门外语之外，从二年级开始，东干语课程每周1学时，45分钟①。1学时的课程，教什么、怎么教成了东干语教师们的困惑。缩减后的教学时间根本无法保障能有好的教学效果，无法传授东干人的民族历史文化，学生不了解自己民族的发展，也激发不了像老一辈东干人的热爱情怀，这也是导致东干语学习动机减弱的原因。一名东干语教师说："在学校，作为一名老师，我可以说，一个学时是不算什么，更何况是一门语言，学语言的一个学时，孩子们无法明白这个课程，连老师所教的题目，都无法掌握。"有东干学生更是认为一周只有一学时的东干语课，学习的内容很快就被遗忘了。为了解决课时量不足的问题，有东干语教师还提出应该借鉴英语、法语、德语、汉语（普通话）的教学方式，搭建东干语网络学习平台，让东干青少年不受课堂的约束随时参与学习。然而技术人才、资金问题

---

① 王辉：《"一带一路"国家语言状况与语言政策》，第Ⅰ卷，社会科学文献出版社2015年版，第11页。

依旧是阻碍这一策略实施的绊脚石。

（4）教师问题

师资不足也成为影响东干语教学的主要原因之一，表2-3显示，吉尔吉斯斯坦全国持有教育部证书的东干语教师仅有26人。Арли Арбуду（阿尔利·阿布杜）东干学校的一名东干语教师说："学校大概有1400多名学生，仅有三名东干语教师，今年51岁的她除了教东干语以外还担任数学、化学、物理等课程的教学任务，教师少且没有专业培训，是现在最大的困难。"苏联时期，东干语教师在岗培训工作受到重视，每年举办一个月左右的教师培训，由科学院东干学部的专家、教授和研究人员负责讲授东干语的语音、词汇、语法、教学法等各方面的知识内容，但近十多年培训几乎被取消。仅在2015年科学院东干学部争取到一笔经费，组织了一次中小学东干语教师培训，培训人员需要自己解决交通、住宿等费用，因经费问题导致部分东干语教师未参加培训。受访教师们认为东干语教师不足，专业培训和教学监督不够，教学中个人主观和随意性较大，教学方法不统一等是东干语教师面临的最主要问题。另外，还有许多家长认为幼儿园阶段的幼师或者保育员大多为俄罗斯族人，也不利于新生代东干语的学习。

（5）教育资金短缺

2010年，根据经济合作与发展组织分析，吉尔吉斯斯坦人均GDP在所有参与国际学生评估项目的65个国家中最低，约为1994美元。学前教育的覆盖率、青少年学生的平均支出、教师数量不足，教科书和基础设施缺乏，教师薪酬投入较低等成为主要问题。[①] 从国家财政看，吉尔吉斯斯坦教育系统的经费直接由财政部分配到村庄后再到学校，教育费用支出的监管和控制不能得到保障。据有关资料统计，每年用于更新学校基础设施、教学设备、图书馆和发展教学技术的经费支出约占14%，大部分学生家庭需自行承担大约

---

① 张德祥、李枭鹰：《教育政策法规》，大连理工大学出版社2020年版，第20页。

四分之一的学费。截至2020年2月，吉国常住人口登记数量为654.2万，有80多个民族，东干族占1.1%。[①] 作为人口排在第四位的东干族同样遇到国内生产总值整体偏低，国家教育经费投入不足、监管不当，家庭教育成本支出较高等困难。访谈中很多人认为国家经济预算不足，东干语教学资金紧缺，急需资助是主要因素。国家大环境如此，为了生存维持家庭生计，不少东干人不得不放弃对东干语的执着追求，有一部分爱族人士曾发起民间捐资，但是这部分经费被挪用建造清真寺和资助体育赛事等方面，而没有用于东干语教学。可见，国家经济不景气引起的教育资金紧缺和教育政策改变也是影响东干语传承的因素。

三　中亚中文国际传播现状

（一）中亚中文传播机构

中文在中亚地区主要通过各国高等院校的东方学系汉语言和国际关系等专业、民间中文培训机构、中小学中文教学和孔子学院等四个传播渠道进行传播。中亚各国高校的汉语言专业、民间中文培训机构和中小学的中文教学属于中亚国家的外语教育，是由其"内需"所产生；孔子学院是中国在海外建立的中文教学与传播机构，对于中文传播而言是一种"外力"的推动。张全生、郭卫东[②]对中亚10所孔院调查发现，2013年孔子学院在校学生人数达22270人，中文教师248名，其规模远远超过其他三个中文传播渠道。无论从学习中文的人数还是师资力量来看，孔子学院都是中亚中文教学与传播的主力军，而促进中文在中亚的传播也是孔子学院的主要职能之一。中亚孔子学院（课堂）分布情况如表4所示：

---

① 该数据参考依据为中国外交部官方网站《吉尔吉斯斯坦国家概况》，2020年5月，https://www.mfa.gov.cn/，2022年6月30日访问。
② 张全生、郭卫东：《中国与中亚的人文交流合作——以孔子学院为例》，《新疆师范大学学报》2014年第4期。

表 4　　　　　中亚五国孔子学院及孔子课堂分布情况

国家	吉尔吉斯斯坦	哈萨克斯坦	乌兹别克斯坦	塔吉克斯坦	土库曼斯坦
孔子学院数量（所）	4	5	2	2	0
孔子课堂数量（个）	20	0	0	2	0

资料来源：该数据来源于中国国际中文教育基金会官网，2022 年 5 月，https://www.cief.org.cn/kzxy，2022 年 6 月 30 日访问。

2005 年 5 月，乌兹别克斯坦塔什干东方学院建立了中亚首个孔子学院，此后吉尔吉斯斯坦、哈萨克斯坦、塔吉克斯坦高校与中国高校合作陆续建立了 13 所孔子学院，初具规模。目前土库曼斯坦依然没有孔子学院（课堂）。孔院下设的 22 个孔子课堂，有 20 个分布在吉尔吉斯斯坦，2 个在塔吉克斯坦（因疫情原因，1 个已停课）。从数量和分布来看，中亚孔子课堂发展速度与全球每国 7.3 个[①]的比率相比，还有一定的距离。由此可见，数量少，分布不均是中亚孔子学院（课堂）布局中存在的主要问题。

表 5　　　　　　　中亚孔子学院合作机构

国家	孔子学院	中方机构	时间
哈萨克斯坦	欧亚大学孔子学院	西安外国语大学	2007
	哈萨克斯坦国立民族大学孔子学院	兰州大学学	2009
	哈萨克阿克托别朱巴诺夫国立大学孔子学院	新疆财经大学	2011
	卡拉干达国立技术大学孔子学院	新疆石河子大学	2011
	阿布莱汗国际关系与外国语大学孔子学院	西南大学	2017

---

① 韩晓明：《"移民—扩散型"语言传播及其特征》，《民族教育研究》2021 年第 3 期。

续表

国家	孔子学院	中方机构	时间
吉尔吉斯斯坦	吉尔吉斯国立民族大学孔子学院	新疆师范大学	2007
	比什凯克人文大学孔子学院	新疆大学	2008
	奥什国立大学孔子学院	新疆师范大学	2013
	贾拉拉巴德国立大学孔子学院	新疆大学	2016
塔吉克斯坦	塔吉克国立民族大学	新疆师范大学	2009
	冶金学院孔子学院	中国石油大学	2015
乌兹别克斯坦	塔什干孔子学院	兰州大学	2005
	撒马尔罕国立外国语学院孔子学院	上海外国语大学	2014

资料来源：中国国际中文教育基金会官网，2022年5月，https：//www.cief.org.cn/kzxy，2022年6月30日访问。

哈萨克族、柯尔克孜族（吉尔吉斯族）、乌孜别克族（乌兹别克族）、塔吉克族、回族（东干族）等是我国西北五省和中亚国家共有的跨界民族。因地缘和人文资源相似，如表5所示，中亚13所孔子学院的中方合作院校中有10所均为西北陕西、甘肃、新疆的高校，这也为孔子学院在中亚的发展提供了不可取代的自然人文优势和亲缘情感优势。一般而言，海外孔子学院主要采取中外高等学校合作、中外高校联合跨国公司合作、外国政府与中国高校合作、外国社团机构与中国高校合作这4种办学模式①。表5显示，中亚各国的高等院校是孔子学院最主要的合作方。但合作机构类型单一，缺少当地政府的参与和政策支持，缺少企业参与与资金筹集等，也是阻碍中亚孔子学院发展和中文传播的原因。

（二）中亚中文国际传播的机遇

1. 中国—中亚经济合作新形式，推动中文国际传播的宏观需求

中亚是中国对外开放的通衢，"上海合作组织"和"一带一路"

---

① 周志刚、乔章凤：《海外孔子学院合作办学模式探析》，《江苏高教》2008年第5期。

倡议是中国和中亚各国开展合作与对话的机制与路径。目前，中国与中亚国家合作已提升到了一个新的水平，共同实施中国—中亚天然气管道、中哈石油管道、中哈霍尔果斯国际边境合作中心、中哈（连云港）物流合作基地、中欧班列、中吉乌国际公路、中乌铁路隧道、数字丝路、绿色丝路等涉及多个能源、经贸、交通、农业、高技术领域的合作共享项目。2021年，中国和中亚国家的贸易额已超过500亿美元，比1992年增长了100多倍。中国对中亚国家的投资额也从建交之初的近乎空白增至2021年的近400亿美元。[①] 目前，中国是中亚国家的主要贸易伙伴和第一大出口市场，也是中亚国家主要的投融资来源地。在2022年中亚五国建交30周年的视频峰会上，中国路桥吉尔吉斯斯坦办事处机料部工程师章内别克说："自2014年以来我参与了多个交通建设项目，道路的修复和建设促进了经济发展，提升了吉尔吉斯斯坦人民的生活水平。我相信，推动构建更加紧密的中亚—中国命运共同体，将为中亚国家人民带来更多实实在在的利益。"[②] 由此可见，政治经济的合作共建促进了双边经贸合作高质量可持续的发展，不光提高了中亚地区的经济增长水平，更是成为提高民众生活水平的不懈动力。

政治、经济层面的频繁互动是影响语言国际传播的主要因素[③]，中国与中亚国家的政治对话与互信，贸易往来的扩大和频繁，推动了中亚地区对中文的需求，提高了中文的传播价值。

[①] 李娟：《构建中国—中亚发展共同体开启经济合作新时代》，中国社会科学网，2022年3月3日，http://www.cssn.cn/mzx/sjmz/202202/t20220222_5395022.shtml，2022年6月30日访问。

[②] 周翰博等：《携手构建更加紧密的中国—中亚命运共同体》，人民日报网，2022年1月27日，http://world.people.com.cn/，2022年6月30日访问。

[③] 吴应辉：《国家硬实力是语言国际传播的决定性因素——联合国五种工作语言的国际化历程对汉语国际传播的启示》，《汉语国际传播研究》2011年第1期；李宇明：《什么力量在推动语言传播？》，《汉语国际传播研究》2011年第2期；王辉：《语言传播的理论探索》，《语言文字应用》2019年第2期；尹春梅：《汉语国际传播影响要素研究范式探讨》，《东北师范大学学报》2021年第3期。

2. 东干人语言传承的"溯源",拉动中文国际传播的民众需求

随着中国与中亚各国合作交流的深入给中亚国家带来的经济、教育、民生等各方面的实际利益,中文的经济价值也不断提升,东干人也认识到学习中文的重要性,再加上中文(汉语普通话)和东干语(汉语在海外的方言)"距离"(包括心理距离)很近,有着千丝万缕的联系和相似性,使得不少东干精英人士找到了"一举两得"的好办法,既可以通过溯源中文来解决语言传承问题,又可通过中文学习现实语言的经济价值需求,因此他们鼓励东干青少年学习中文。我们以 2021 年 9 月吉尔吉斯斯坦比什凯克中文培训班、69 中(学)、31 中、68 中以及吉尔吉斯斯坦国立民族大学中文系的中文课为样本,调查发现,每个学校均有学习中文的东干学生,虽受疫情影响,但课堂里的东干学生约可达到总人数的 10%。这足以证明中文已经受到了东干人的重视。笔者在对 Александровка(亚历山德罗夫卡)村的家长访谈中也发现,在外语的选择方面,家长们大都希望自己的孩子能够学习中文,很多家长已经让孩子在孔子学院(课堂)学习或者去中国高校留学。他们大都认为,学习中文一方面能成为子女谋求高薪职业的重要渠道,另一方面学中文对促进年青一代学习(继承)东干语也有帮助。一个东干孩子说:

> Дунганский язык и китайский, они очень похожи, поэтому преимущества именно в этом, я считаю, что даже если человек немного понимает дунганский, ему, возможно, изучить китайский будет тоже немного легче。(东干语和汉语很像,这是优势,我觉得,如果人人都知道一点点东干语,对他,可能学习中文就没有那么难了)

还有些孩子觉得现在东干语里有很多中文借词,因此中文比其他外语更容易掌握。可见,中亚东干人语言传承的溯源意识正在慢慢增长,这不仅会加大学习中文的需求,也可能在本国的中文传播方面起到拉动或"中介"作用。东干语与中文学习的互动与促进有可能形成祖语传承和中文传播的双赢。

3. 中亚中文国际传播发展面临的挑战

中亚孔子学院作为中文传播的主要机构，在中亚已经有十七年的发展历程，中文教学方面也逐渐形成了特色的办学模式①。2013年，吉尔吉斯斯坦比什凯克人文大学孔子学院设立了汉语师范专业；同年，吉尔吉斯斯坦奥什国立大学孔子学院开设了汉语言本科（中国学、翻译学）专业；2015年塔吉克斯坦冶金学院孔子学院不仅进行汉语教学，还开设了冶金方面的专业课程。中亚孔子学院的中文教育在学历化、专业化、职业化方面虽然取得了一些突破，但"本土化"不足一直是教学方面最突出的问题。

此外，英语、土耳其语、韩语、日语教育教学在中亚国家竞争激烈。例如，从2007年起哈萨克斯坦将英语纳入国民教育体系中，将英语、俄语、哈萨克语视为同等地位；土耳其在中亚不仅与高等教育合作开办学校，开展学术研讨，还进行了初中等教育合作以及资助研究机构；韩国实施的"韩国语世界化促进计划"对中亚国家也有较大影响；日本的"丝绸之路外交"战略等，都加大了孔子学院的发展难度，给中文在中亚的传播带来挑战。

笔者在访谈中也注意到，在面对外语学习时，东干人选择将"英语"作为第一外语的人数高于"汉语"，问其原因时，一名中学生认为：

> Если бы мне дали возможность выбрать для изучения какой-нибудь язык, во-первых, я бы хотела выбрать английский, потому что, думаю, он пригодится везде, а вторым бы я выбрала китайский, потому что так как я знаю

---

① 邓新、张全生：《一带一路视域下中亚地区孔子学院可持续发展的机遇与挑战》，《国际汉语教育（中英文）》2019年第3期。

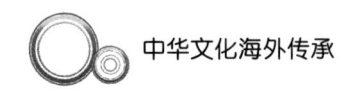

дунганский, думаю, мне будет намного легче выучить китайский язык（如果有机会学习某种语言，首先，我还是会选择英语。因为，我认为，英语任何地方都可以用。可第二语言，还是会选择中文，因为我知道东干语，所以我觉得，对我来说，学习中文不是太难的事情）

可见，面对英语的强势，中文传播还有漫长的路要走，还有许多努力要做。

四 东干语传承对华文教育和中文国际传播的启示

（一）家庭祖语维系与代际传承是海外华文教育"培根铸魂"的关键

从世界华人迁徙历史来看，早期华人大都持不同方言移居国外，东干语可以说是汉语西北方言的海外分支，某种意义上说，就如同世界各地粤语、闽南话、客家话在华人家庭与社群中存在是一样的。东干语教学既属于汉语的海外方言教学（祖语国的视角），也属于吉尔吉斯斯坦的民族语教学（所在国的视角）。由于社会变革、经济发展、科技进步、民族融合、语言接触等多种因素影响，我们可以看到，目前东干人家庭的语言图景已经发生了重大的变化，尤其是青少年一代，语言转用（比如转用俄语）已经非常明显。是维系传承还是放弃转用是海外华人家庭语言规划所不得不面临的选择与抉择，也是华文教育教学工作者面临的挑战。在华人家庭的语言规划中，需要有机平衡祖语传承与所在国语言掌握之间的关系，一旦家庭放弃祖语（无论是主动还是被动），就必然会形成代际传承的断裂，最终"身份"的印记就会淡化，甚至消失。东干语教育教学也是华文教育的一个有机组成部分，经验教训可资借鉴。"培根铸魂"的关键之一是家庭祖语的维系，使其绵延不断。

（二）华文教育教学在巩固发展华校的基础上，应该尽量与主流教育体系接轨，获其支持与扶持。

东干语教学在苏联时期，由于纳入了国民基础教育体系，因此得到了政策资金的有力支持和保障。吉国独立后，由于语言政策的调整，东干语教学虽在体制内，但逐渐式微。如何重获政府的政策和资金支持，是摆在东干人面前的一道难题。在这方面，吉尔吉斯国家科学院东干研究与汉学中心以及东干社群可以发挥重要的作用，祖籍国也可以给予适当的支持与帮助。华文教育在与主流教育体系接轨方面，澳大利亚新金山中文学校（孙浩良校长）与意大利中意国际学校（李雪梅校长）是典范，经验可供分享。

（三）保持与维护和东干人的联系，发挥其可能的中文传播主体作用

东干人虽已入籍吉尔吉斯斯坦国，但仍是华人。东干语传承，不仅蕴涵了他们对祖语的情感，也是其联系祖籍国的精神文化纽带。如果东干语在代际间得以有效传承，对他们习得汉语普通话就是一种便利与资源，语言与文化的认同，也使得他们可以成为非政府层面的中文传播主体之一，毕竟在当今社会中文的价值已经日益凸显，尤其是经济和科技价值，华侨华人可以助力中文国际传播与应用。

（四）加强国内中小学与海外华校，乃至主流学校的交流合作，促进华文教育的发展

就中亚而言，在尊重东干人语言文化现实的前提下，需要加强国内尤其是西北地区的中小学与有东干语教学的中小学之间的交流合作（目前这方面还很薄弱），孔子学院（课堂）也是一个平台，这可以充分发挥国内中小学在中文教学方面的优势。比如在"三教"方面实施合作与共同研究，以逐步实现教学与传播的良性循环。这也是从娃娃抓起的有效手段。加强国内中小学与海外华校，

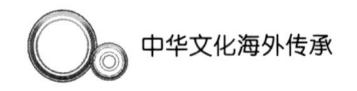

乃至当地主流学校的交流合作，无论是对华文教育还是中文国际传播都具有重要的意义。

（五）着力培养海外华文师资，构建华文教育人才资源库

海外华文师资也是所在国的本土师资，华文教育也是国际中文教育的重要组成部分。目前中亚还未有一所华文学校，自2001年起，国家统战部在中央民族大学、西北师范大学、新疆师范大学三所高校建立了"华文教育"基地，生源主要来自中亚、西亚等国家的少数民族华裔青少年，其中也包括东干青少年。东干青少年除了可以在孔子学院（课堂）学习中文以外，还可以来祖籍国学习。从2015年起，国家统战部批准将国内这三所高校两年制的中文短期培训项目变为四年制的中文学历教育，更加激发了东干青少年的中文学习热情，近年来，更有不少东干人自费来祖籍国学习中文。这为中亚本土教师的培养逐步蓄积了力量，东干青少年将会成为未来中亚中文教学的一支生力军。当前，大力培养海外华文教育师资，尤其是高质量的人才，构建华文教育人才资源库，是华文教育与中文国际传播的重要任务。

除此之外，还要提升培养目标内涵，从仅仅是中文能力的培养过渡到"中文+"的专业能力和职业能力的培养（比如在国外中小学从事中文教学通常需要能同时具有教授其他一两门学科的专业能力），将中亚少数民族华裔青少年的培养纳入国家"人才强国战略"。借鉴发达国家跨国人才资源开发理念和模式，创新培养海外精英人才。

华裔新生代是祖语能否传承的关键，也是未来中文国际传播的重要力量。

The Implications of the Language Inheritance of Donggan People on the International Communication of Chinese

WU Yong-yi, YAN Li

Abstract: On the basis of discussing the relationship between immigrant language inheritance and language transmission, this paper uses self-built corpus to investigate the current situation of the language inheritance of Donggan people in Kyrgyzstan from different aspects, analyzes the existing problems, and combines with the current situation of the international communication of Chinese in Central Asia, puts forward the enlightenment of language inheritance on Chinese language education and international communication of Chinese. The article points out that the new generation of Chinese is the key to the inheritance of the ancestral language, and is also an important force for the international communication of Chinese in the future.

Keywords: Donggan Language; Inheritance; Chinese Language Education; International Chinese Education; Chinese Language International Communication

家庭语言政策视角下的法国汉语方言背景华二代语言身份建构

——以巴黎温州裔华二代为例

朱淑婷*

摘要：作为出生并生活在一个以法语为主导的多语言国家，以温州方言为背景的华二代群体的语言身份建构及其对语言学习的影响值得关注。本文基于法国温州华人语言使用问卷调查（N = 320），以五位在巴黎的温州裔"华二代"的中文学习经历为例，通过语言身份自画像，半结构化访谈及作文文本分析的方法，以 Spolsky 的家庭语言政策为分析框架，研究这五名汉语方言背景的中文学习者独特的语言学习路径，家庭语言政策对中文学习的影响及多重语言身份的建构。本文发现，首先，五名受调查者的家庭对中文学习有一定的语言规划及实践意识，同时影响个体语言学习成效则更多与受调查者的个人能动性与社交网络有关。其次，受调查的语言学习经历表现出了明显的语言元宇宙化特征，即语言平权向语言霸权的"自愿性"集中。最后，法国温州裔语言身份的建构过程既具有长期性，又具有流动性，处于不断建立解构重建的状态，随着个人经历，场合与社会的变化而变化，具有浓厚的后现代主义特点。

关键词：家庭语言政策；语言身份建构；法国温州华裔；汉语

---

* 【作者简介】朱淑婷，女，法国诺欧商务孔子学院中文教师。

家庭语言政策视角下的法国汉语方言背景华二代语言身份建构

方言背景；语言身份自画像

一 引言

法国温州人作为法国华人社会中规模最大的华人群体，其移民史可以追溯到19世纪初，在20世纪末期达到移民高潮。温州人出于不同的原因离开祖籍国，以各种方式进入法国并落地生根，形成以温州方言为背景的多语言移民社区。然而，随着元宇宙时代的到来，作为法国华人社会的第二代移民潮中的温州移民，处在第一代来自前法属东南亚华人移民、第三代东北移民及第四代新生代技术移民带来的语言影响之中，经历着语言的转换与保留，而这种变化具有深刻的社会语言学意义，对法国温州华人家庭的语言教育理念及实践产生影响。

在针对法国温州华人群体的语言研究中，Boutet[①]对巴黎温州籍华人的移民史进行梳理，并对温州籍青年华裔的语言库实践进行调查，展示了华裔青年如何利用中文普通话、法语及温州方言重组语言库，并从这三种语言（方言）的概念，表现形式及社会功能阐释法国温州华裔青年群体中的多语现象及社会身份重构问题。Saillard[②]通过对2000年与2010年收集到的巴黎温州华裔语料库信息进行分析对比，发现温州方言尽管存在着家庭情感价值，然而在家庭和朋友交际领域逐渐失去地位。作为中国的官方语言，普通话在法国华裔青少年和儿童语料库中的发展现象预示着普通话将成为法国华人移民的中国族裔标志。以上研究通过问卷及访谈的形式对法国温州华裔语言使用、转换、保留、融入等方面进行了多角度的研究，但是，缺乏对温州华裔多语言生活及其多重语言身份建构的深入观察与了解。本文通过探索性的研究，运用案例分

---

① Boutet, Josiane, "De l'inégalité dans l'accès au français scolaire", *Le français aujourd'hui*, Vol. 141, No. 2, 2003, pp. 12–20.

② Saillard, Claire, "Shifting repertoires: migration and Chinese languages in France", *Darnioji Daugiakalbystè*, Vol. 9, 2016, pp. 50–76.

析的方法，在认识论的事实基础上，从宏观至微观及多元主义的角度抓住本研究参与者独特的生活轨迹来展示法国温州华裔多重语言身份建构中的"真相"与"现实"。

同时，对于研究法国温州华人二代继承语的现状来说，家庭语言政策是一个重要的研究领域，因为它解释了语言是如何传承的，以及在什么条件下保持或丧失①。家庭语言政策指的是在家庭中调节语言使用和识字实践的明确或隐蔽的策略②，它借鉴了语言政策、语言社会化、识字研究和儿童语言习得的理论框架③④。Spolsky 的家庭语言政策包括三个部分：语言实践是指"人们做什么，使用者在自己可操用语言变体中进行选择的惯用模式"⑤，语言意识形态是指"关于语言和语言使用的信念"⑥，而语言管理是指"通过任何语言干预、规划或管理的方法来修改和影响这种语言实践的所有努力"⑦。

近年来，语言身份自画像（language portrait silhouette）也成为语言教育者和语言研究者使用的方法之一⑧。参与研究的被调查者

---

① Fishman, Joshua A., "Language Maintenance, Language Shift, and Reversing Language Shift", *The Handbook of Bilingualism*, Vol. 46, 2004, p. 406.

② Spolsky, B., "Family language policy – the critical domain", *Journal of multilingual and multicultural development*, Vol. 33, No. 1, 2012, pp. 3–11.

③ King, Kendall A., Lyn Fogle, and Aubrey Logan‐Terry, "Family language policy", *Language and Linguistics Compass*, Vol. 2, No. 5, 2008, pp. 907–922.

④ Smith-Christmas, Cassie, "What Is Family Language Policy?", in *Family language policy: Maintaining an Endangered language in the home*, London: Palgrave Pivot, 2016, pp. 1–19.

⑤ Lanza, Elizabeth, and R. Lomeu Gomes, "Family language policy: Foundations, theoretical perspectives and critical approaches", in Andrea C. Schalley and Susana A. Eisenchlas, eds., *Handbook of home language maintenance and development*, New York: De Gruyter Mouton, 2020, pp. 153–173.

⑥ Curdt-Christiansen, Xiao Lan, "Family language policy", in James W. Tollefson, and Miguel Pérez-Milans, eds., *The Oxford Handbook of Language Policy and Planning*, London: Sage, 2018, pp. 420–441.

⑦ Mui, Selina, and Jim Anderson, "At home with the Johars: Another look at family literacy", *The Reading Teacher*, Vol. 62, No. 3, 2008, pp. 234–243.

⑧ Soares, Camila Tabaro, Joana Duarte, and Mirjam Günther-van der Meij. "'Red is the colour of the heart': Making young children's multilingualism visible through language portraits", *Language and education* Vol. 35, No. 1, 2020, pp. 22–41.

用不同的颜色来表示不同的语言、口音或他们已经或正在学习的语言资源，来描绘身体轮廓。通过语言使用者对语言自画像的范围、位置、颜色的选择以及附带的书面或口头评论，研究者可以获得语言使用者对语言资源的感知，因此，由个人创造的语言画像可以给语言研究者关于语言使用者语言学习/习得经验带来启示。通过对巴黎温州华二代创作的语言自画像及附带的书面或口头评论的观察研究，可以从微观的角度更加深入地了解到温州华二代对语言及个人语言身份的感知，并为后续的多语言教育及个人语言身份认知提供借鉴及思路。

二 巴黎温州籍华二代基本情况及语言身份建构案例分析

（一）调查对象基本情况：

表1　　　　　　　调查对象教育及语言背景一览

姓名	性别	祖籍	家庭语言	华校经历	教育水平	语言背景
H	女	温州	温州话、普通话、法语	8年	大学在读	中文、英文、日文、法文
L	女	温州	温州话、普通话、法语	8年	大学在读	中文、法文、英文
E	男	温州	温州话、普通话、法语	4年	大学在读	中文、法文、英文
S	男	温州	温州话、普通话、法语	4年	大学在读	中文、法文、英文
V	女	温州	温州话、普通话、法语	无	大学在读	中文、法文、西班牙文、英文

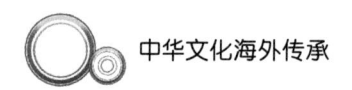

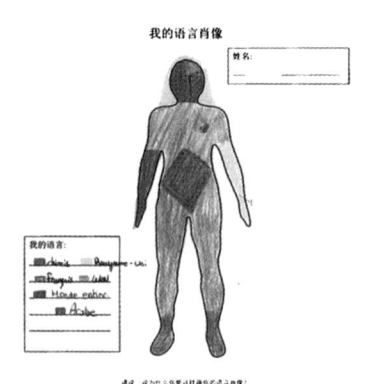

表2　　　　　　　　　　调查对象的 HSK 成绩一览

姓名	级别	总分	听力	阅读	写作
H	HSK5	251	92	94	65
L	HSK5	287	92	100	95
E	HSK4	205	81	89	35
S	HSK4	264	90	89	85
V	HSK4	154	67	49	38

（二）作文文本及语言自画像分析：

1. 案例一：H

图1　H 的中文学习历程　　　　图2　H 的语言肖像

（1）作文文本分析：

受调查者通过打字的方式完成作文，通篇使用简体字，文章总共有12段，其中有4段的段落是法文段落书写格式，存在部分内容从网页上复制粘贴的痕迹。从文章的结构来看，行文逻辑比较清晰，且有使用承接语，对比等写作技法。在标点使用上，存在着长句子比较多的情况。

从文章内容来看，文章包括四个部分：为什么学习语言、父母对学习中文的影响、如何学习中文及对中文的态度。在为什么学习中文的板块中，受调查者运用了大量的例子阐述学习语言的重要性，并运用对比的方式表现语言学习目的变化，从而表达了自己是出于"为了找好工作，跟别的国家做生意"，"去中国要和爷爷奶奶外公外婆交流"，"传递强大祖国的语言"而学习语言的目的，并讲述了她的多语学习经历，尤其是学习英语的过程及表达英语带给她的压力。在父母对学习中文的影响这一板块，可以看到受调查者使用了"自家母语""我们强大祖国"的表述，表明了受调查者对中国的国家认同感及自身中国人身份的认同感，受调查者还使用了"传递我们强大祖国的语言"，表现出了受调查者及其家庭将中文标准语作为继承语传承的家庭语言意识。同时，受调查者从小就被父母送到中文学校读书，体现出了家长的在家庭语言政策中对将中文标准语作为继承语的语言实践采取了行动，并对受调查者的中文学习产生了积极的影响。在如何学习中文的板块中，受调查者认为，"学汉语的那几年我可以说是我最快乐的时候了"，对中文学习的过程态度积极，具体表现为她对中文学校有很好的印象，有良好的"同伴效应"（Peer Learning）①，学习中文时间较早，来自主流学校的课业压力较小，另外，教师态度友善，同学关系和睦，这些外在的动机都对受调查者的中文学习产生了的正面影响。在对中文的态度方面，受调查者表示中文具备的商业价值属性，对中文的实用性和潜力表达了乐观态度。

---

① Núñez-Andrés, M. Amparo, et al., "The impact of peer learning on student performance in an architectural sustainability course", *International Journal of Sustainability in Higher Education*, Vol. 23, No. 1, 2022, pp. 159–176.

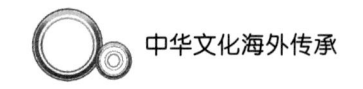

(2) 语言身份自画像分析:

J'ai un visage de chinois (yeux bridés, un teint jaune...) avec une mentalité chinoise française. J'aimerais maîtriser l'anglais le chinois le français et surtout le Wen. Un estomac de chinois, je réagis comme une Française parfois avec une mentalité d'une chinoise. Les pieds en violet car j'aimerais voyager dans le monde entier. Le reste du corps car je réagis la plupart du temps comme une arabe. [我有一张中国人的脸(细长眼,黄皮肤……),有一种法国中国人的心态。我想掌握英语、中文、法语,尤其是温州话。一个中国人的胃,我的反应有时就像一个法国女人,带有中国人的心态。我的脚是紫色的,因为我想环游世界。身体的其他部分,因为我大部分时间的反应像个阿拉伯人]

受调查者对语言自画像的书面评论使用了法文,其中语体风格较口语化,并存在着部分表达缺乏动词及未恰当使用标点的问题。受调查者认为自己的语言身份是由中文、英文、法语、温州话、世界语及阿拉伯语组成的。受调查者分别使用红色代表中文,黄色代表英文,蓝色代表法文,粉红色代表温州话,紫色代表世界语,咖啡色代表阿拉伯语。在受调查者的作文文本中提及其语言库中的日语储备,但未在语言身份自画像中体现,而在语言背景访谈及作文文本中都未提到的阿拉伯语却在语言自画像中占据了较大比重,体现出了受调查者语言身份建构与语言储备的不对等性。受调查者使用红色、蓝色和黄色来描画头部,因为她认为自己长着一张中国人的脸,细长眼,黄皮肤,她觉得自己的想法像一个法国人,但是更倾向于中国人。她想要学习英文、中文、法文,尤其是温州话。在手的部分,她先涂成了黄色,但是,后来要求改为代表法语的蓝色。受调查者将身体涂成咖啡色是因为她从小在阿拉伯人聚集区长大,认为自己的性格和身形和阿拉伯人很像。她用红色、粉红色和

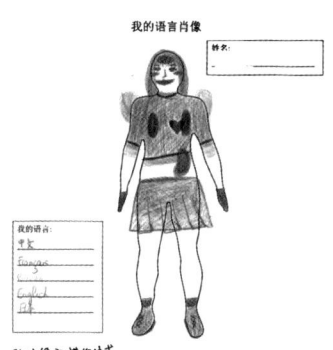

蓝色画了一颗心，代表着中国、温州和法国在她心中的分量。她将左手涂成红色的，将右手涂成黄色（后改为代表法语的蓝色），是因为她认为自己的行为像是法国人，但是，心理上更像中国人。她将胃部涂成红色是因为她有一个中国胃。她将脚涂成紫色的，是因为她想去全球旅行。

2. 案例二：L

图3　L的中文学习历程　　　　　图4　L的语言肖像

（1）作文文本分析：

受调查者的作文文本通过打字的方式完成，文章使用简体字，共6段，结构整齐、规整，逻辑清晰，标点使用较规范，遣词造句较好，写作语言相对丰富，书面性较强。

文章分为三个部分：学习中文的经历、家庭对学习中文的影响及中文对自己的影响。在学习中文的经历板块，受调查者表示自己通过去中文学校，看中文电视节目，在中国参加中文拼音班及在法国中文国际班学习中文，对于提及的学习经历，受调查者的态度都是比较积极的，认为学习中文很容易。在去中文学校的经历中，可以看见，受调查者去中文学校学习的一个原因是"我们刚搬家也没有什么朋友"，通过认识朋友来排除无聊感而参加了中文学校。同时也可以发现中文影视作品对来自温州方言家庭的受调查者学习中文产生了重要的影响，受调查者通过看中文字幕学习汉字及锻炼听力，而这样长期的熏陶效果也在她的中文水平考试中有所体现，这一点也与其他四位受调查者的中文学习经历不同。在后期访谈中，受调查者表示她有一个很好的会说中文的朋友，两个人经常在一起学习，因此她认为，朋友对她的中文学习起到了重要的影响，这与前一位受调查者 H 的中文学习经历相似。在家庭对中文学习的影响方面，可以看到受调查者家庭的语言实践比较积极，包括送受调查者去中文学校学习，回国参加拼音班，让受调查者在中国访亲期间充当"语言中介者"（Language broker）[①]的角色，以及鼓励受调查者报名参加法国中文国际班，这些语言实践及规划都属于家庭语言政策方面的一部分。最后，在学习中文对自己的影响这一板块，受调查者表示中文可以给她带来学业上的好处，认识更多的朋友。

（2）语言身份自画像分析：

她的思维很符合在法国长大的中国小孩，就像看待世界的方式。她的五官和外貌就是中国人的长相。她的妆容就是在中国的女生在化的那种。她的发型比较日系，有的衣服很韩系，小时候穿搭很法式，也有来自国内的服装。鞋子大部分是美国的牌子还有几双来自国内的。她的字很像法国人在写字。她会讲中文、法语、英语，但她的笑点和中国人比较一致。她一直都在法国，呼吸的空气也是法国的。她心中的人（关系好的人）大部分都是中国人，虽然也有的是外国人。她爱吃中餐和韩餐，也会常吃日餐，然后偶尔的法餐、快餐还有其他国家的美食。

[①] Sim, Lester, et al. "Role-based identity development in Latinx adolescents from immigrant families: The development of language broker role identity", *Re/formation and identity: The intersectionality of development, culture, and immigration*, 2022, pp. 159–180.

家庭语言政策视角下的法国汉语方言背景华二代语言身份建构

受调查者用中文书写语言自画像的书面评注,选择性地使用了中文、英文和法文标注不同的语言,这一点与其他四位受调查者不同,同时也反映出了该受调查者的语言使用倾向。她认为,自己的身份是由中文、法语、韩语、英语、日语组成的。在受调查者的语言背景访谈及作文文本中未提及韩语和日语,这两种语言对受调查者语言身份建构产生影响是因为自身喜爱这两种在法国相当流行的亚洲文化,非系统性地学习过韩语和日语。她认为,自己的思维方式很符合在法国长大的中国小孩,因此,她用代表中国的红色和代表法国的蓝色杂糅在一起,画了脑子的部分,同样,她认为她看待世界的方式也是如此,因此,她将眼睛涂成红色和蓝色的。她认为,自己的五官和外貌就是中国人的长相,妆容也是中国系的,因此,用红色画了眉毛、腮红、嘴唇。她用红色画了心,因为她认为自己心中的人(关系好的人)大部分是中国人,虽然也有的是外国人。受调查者出生且居住在法国却把法国人称为"外国人",表明了受调查者对自己中国人身份认同的同时与法国主流社会之间具有一定的隔阂感。她把胃涂成红色和蓝色和代表韩国的橙色,是因为她最爱吃中餐和韩餐,也常吃日餐,偶尔吃法餐、快餐和其他国家的美食。她把裙子画成红色的,用蓝色、橙色杂糅涂出上衣,是因为她认为自己小时候的穿搭比较法式,现在有的衣服很韩系,也有来自国内的服装。她将脚涂成绿色和红色的,并画出鞋子的形状,是因为她认为自己大部分的鞋子是美国的牌子,还有几双是来自国内的。她把手画成蓝色的,是因为她认为自己的字体很像法国人写字,她也将自己的双肺画成蓝色的是因为她认为自己一直在法国,呼吸的空气也是法国的。最后,她把嘴巴涂成红色,蓝色,绿色,但是红色占的比重最大,法语次之,英文最少,是因为她认为自己会讲中文、法语和英语,但她的笑点和中国人比较一致。

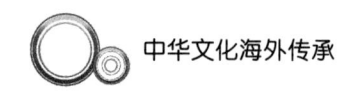

3. 案例三：E

图5　E的中文学习历程

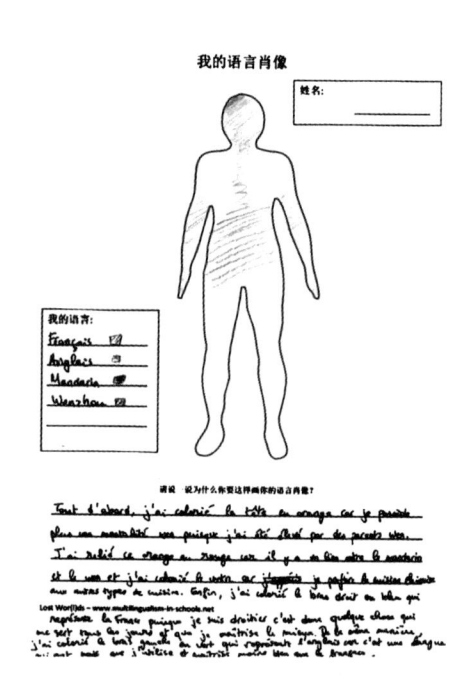

图6　E的语言肖像

（1）作文文本分析：

这篇文章，受调查者手写完成，使用了简体字，语言表达较口语化，语法使用轻微受到法文的负迁移影响，全文共五个句子，标点与段落意识不是很强，没有写出标题，出现个别错别字。

受调查者的文章可以分成三个部分：家庭对中文学习的影响，中文学习经历及中文对现在生活的影响。受调查者开篇就提到学习中文是出于父母的意愿，因此使用了"让、把"等被动表达，这里既揭示了在家庭语言政策中父母对受调查者的中文学习是有规划且具有行动力的，但同时也解释了为什么受调查者年幼时对去中文学校学习从开始就有抵触情绪的原因。同时，受调查者的父母对中文学习十分重视，从送被调查者去中文学校到请私人中文家教，这些都反映了该调查者家庭具有强烈的语言意识及语言实践。在中文学习经历的板块，受调查者对过往经历评价比较消极，比如"老师很坏，作业特别多，考试得到了一百分中的八分"等，从中可以推断出受调查者的中文学校学习经历给他留下了一定的心灵创伤，这也再一次导致了之后即使他有私人中文教师，他对中文学习依旧提不起兴趣。在第三个板块，受调查者表示自己因为曾经没有好好学习中文而感到后悔，并将自己和姐姐的中文成绩做对比，用正反例子强调差异，在后期的访谈中得知他所在的中法交换项目可以在通过HSK5级考试后免修预科班，这也是他希望自己曾经认真学习中文的原因。

（2）语言身份自画像：

Tout d'abord, j'ai colorié la tête en orange car je possède plus une mentalité Wen puisque j'ai été élevé par des parents Wen. J'ai relié cet orange au rouge car il y a un lien entre le mandarin et le Wen et j'ai colorié le ventre car je préfère la cuisine chinoise aux autres types de cuisine. Enfin, j'ai colorié le bras droit en bleu qui représente la France puisque je suis droitier. C'est donc quelque chose qui me sert tous les jours et que je maîtrise le mieux. De la même manière, j'ai colorié le bras gauche en vert qui représente l'anglais car c'est une langue qui sert mais que j'utilise et maîtrise moins bien que le français.（首先，我把头部涂成橙色，因为我有更多的温州人的心态，因为我是由我的温州父母养大的。我把橙色和红色联系起来，因为普通话和温州话之间有联系，我给肚子涂成红色，因为我喜欢中国菜而不是其他类型的食物。最后，我把右臂涂成蓝色，因为我是右撇子，代表法语。因为这是我每天都在使用的东西，我对它感到最舒服。同样，我把左臂涂成绿色，代表英语，因为这是一种有用的语言，但我使用和掌握的程度不如法语）

受调查者使用法文对语言身份自画像进行评论，通篇结构及语法使用无误。在语言身份自画像中，受调查者选择了橙色、红色、蓝色和绿色，分别代表温州话、中文、法语和英语。受调查者用橙色把头涂成橙色，是因为他认为自己的思维和父母一样是温州人式的，脑子里总是在想做生意的事。他将头部的橙色和腹部的代表中文的红色连接起来，是因为他认为温州话和中文之间具有一定的联系。此外，他认为，自己喜欢中餐，因此将腹部涂成红色的。他将右手和左手分别涂成紫色和绿色，是因为他每天都在使用法语和英语。他认为，自己的法语使用的频率更高一些，因此，他将法语放在右手的位置，而英语说得没有法语好，因此将英语放在左手的位置。

在后期的访谈中，受调查者认为，自己会说温州话有助于中文的学习，这一观点和郭熙[①]提出的"孩子如果能够在关键期在不知不觉中掌握母语的语音和语法系统，哪怕是语音不那么标准，甚至是方言，在学校的主要任务就转向了读书识字，会事半功倍"的建议相吻合，虽然受调查者的中文水平中等，在语法表达上稍受法文文法结构影响，但与之后案例中不会说温州话，但是，中文水平相对较高些的受调查者 S 相比，语法运用更倾向"中式"表达，在后期的中文学习过程中进步更快。

4. 案例四：S

（1）作文文本分析

受调查者的这篇文章手写完成，使用了简体字和拼音，写了标题，但是没有按照写作规则写在空格中。与前一位受调查者相似，这位受调查者的文章没有段落，标点使用较为混乱，全文共 20 个句子，存在个别错别字。语言表达比较口语化，而且表现出明显的法文逻辑，有刻意使用较高阶词汇的意图，例如"倘若""佩服"等。

[①] 郭熙：《服务海外华语传承之思考》，载任弘、周静琬《华教播种者——纪念董鹏程先生文集》，世界华语文教育学会 2021 年版，第 119—130 页。

图7　S的中文学习历程　　　　图8　S的语言肖像

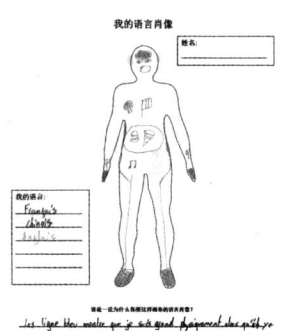

  文章内容可以分为四个部分：为什么学习中文、学习中文的经历、家人对中文学习的影响以及对中文的态度。在为什么学习中文的板块中，受调查者表示自己刚开始学习中文是出于父母的安排，而自身是带有抵触情绪的。在中文学习经历的板块中，受调查者详细描绘了学习中文的场景，包括教室、教师、作业、考试、中文学校和私人家教等方面，在表述学习环境的时候特别强调是"每个星期六"和"不同年龄的学生学习一个半小时"，对于老师的评价用了"严格和凶"这样的褒义和贬义混合词汇，对于老师留作业的部分还特意举了例子。受调查者对于中文学校的作业的态度表现很消极，认为非常"累人和有压力"。在记录考试的时候特意强调了"已经多次重复一个等级"（留级）的经历，并认为其中一次考八十五分的经历令自己十分高兴。在家庭对学习中文的影响方面，受调查者表示自己父母的方言背景和在家说温州话的环境以及母亲会说中文却没有太多时间与他交流，对他的中文学习没有太大帮助，

"把方言看作华语学习的负担和障碍"①。在此可以看到受调查者父母对孩子的中文学习具有一定的规划及经济上的支持,而在实际生活中由于个人能力及时间安排的限制而无法从家庭语言环境的角度帮助孩子,这也是为什么受调查者十分羡慕其他的有中文语言家庭环境的孩子可以在家庭中自然习得中文,但也感谢父母坚持送他去中文学校的举动。同时,虽然在汉语方言背景家庭中长大,受调查者的温州话处在只能听懂却不会说的水平,而且对温州方言持有消极的态度,与前一位受调查者的态度迥异,反映出了华裔中文学习者对汉语方言作用的态度的复杂性。在对中文态度的板块,受调查者对中文的积极态度更多是出于中文的商品属性可以帮助未来从事相关商业工作的需求,因此也可以看出,该受调查者对于多语的态度以实用性为主。

(2) 语言身份自画像分析:

> Les lignes bleues montrent que je suis grand physiquement alors qu'il n'y a pas beaucoup de grands chinois. J'ai mis les pieds en bleu car je suis resté à Paris depuis petit, les mains bleues car j'utilise des fourchettes chez moi. Ma pensée et rouge car je suis réservé ce qui montrent qu'une caractéristique de la Chine. J'aime manger des plats français. L'oreille en jaune car j'aime écouter de la musique américaine et la guitare pour jouer des chansons. (蓝线表示我身材高大,而中国人高大的人不多。我的脚是蓝色的,因为我从小就在巴黎,我的手是蓝色的,因为我在家里使用叉子。我的思想是红色的,因为我很矜持,这是中国人的一个特点。我喜欢吃法国菜。我的耳朵是黄色的,因为我喜欢听美国音乐,喜欢用吉他弹奏歌曲)

---

① 郭熙:《新时代的海外华文教育与中国国家语言能力的提升》,《语言文字应用》2020年第4期。

受调查者使用法文评论语言自画像，其中法文表达存在着单复数，动词混淆，及口语化问题。受调查者认为，自己的身体是由法语、中文和英文三种语言构成的，从前面的文章中可以看出他的家庭语言是温州话，但是，他认为，温州话是包含在中文里面的，因此没有单独分开。他用蓝色代表法语，因为他认为自己的身高比一般在法国的中国人要高很多，因此，他用蓝色的线勾画了腿和腰部。他把脚涂成蓝色是因为他认为自己从小生活在巴黎，他把手也涂成蓝色并在左右手画了两把叉子是因为他在家中使用刀叉吃饭。另外，在他的胃部，他用蓝色画了一个圈，里面有披萨和汉堡，是因为他认为自己喜欢吃法餐。他用蓝色在胸部画了法国国旗是因为他认为自己没有去过别的国家，一直在法国生活。他用蓝色画了嘴巴，是因为他一直使用法语说话。他使用红色代表中文，是因为他认为自己比较内向，而内向往往被视为中国人的特征。他在头部涂上红色，是因为他认为自己的思维是中国人式的，他看问题的方式也是中国人式的。他在胸前画了一把乒乓球拍，是因为他认为自己喜欢打乒乓球是受中国的影响。另外，他在下腹的位置用红色画了一个音符，是因为他认为自己喜欢听中文的歌曲。最后，他用黄色代表英语，他把耳朵涂成了黄色，因为他喜欢听美国的歌曲，他在下腹用黄色画了一把吉他代表英语歌曲。

5. **案例五：V**

（1）作文文本分析

受调查者使用简体中文手写完作文，字迹工整，采用法文的段落写作格式，没有文章标题也没有分段，语言表达比较口语化且有谷歌翻译的痕迹。

受调查者的文章可以分成四个部分：为什么学中文？如何学习中文？家庭对学中文的作用？及学中文对自身发展的影响。在为什么学中文部分，受调查者使用了"母语"和"中国人"这两个词语，体现出了对中文及中国人身份的认同感，同时也表示自己学习中文是迫于外界对"中国人必须会说中文"的刻板看法而产生学习动力；在阐述学习中文的故事时，受调查者表示自己中文学习起步较晚，在中文学习过程面临中文教师的"贬低"而对中文学习经历产生负面情绪；在家庭语言规划方面，受调查者没有得到来自家庭方面对于中文学习的支持，并表达了对父母的埋怨，在后期的访谈中了解到受调查者的父母由于工作的原因极少有时间与孩子交流，从而孩子没有机会可以和父母用中文沟通；在学习中文对自身的影响方面，受调查者表示学习中文帮助她重新认识自己的身份，增强了自信心，从而进一步激发了自身对中文学习的兴趣。

图9　V的中文学习历程　　　　　图10　V的语言肖像

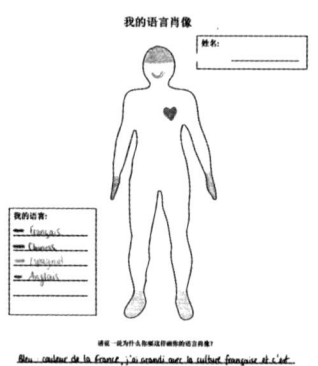

（2）语言身份自画像分析：

Bleu：couleur de la France，j'ai grandi avec la culture française et c'est la langue que je pratique le plus. Je pense，parle et agis comme une française.

Rouge carc'est la couleur du drapeau chinois et du communisme et du sang.

Le rouge aune forme de cœur car malgré que j'ai grandi avec la culture française je n'oublie pas mes origines qui resteront dans mon cœur et mon sang. Jaune pour l'Espagne car ce pays me rappelle le soleil et le sable des plages j'ai colorié les pieds en jaune car si je pouvais retourner dans un pays à pied, ce serait l'Espagne pour sa langue, sa culture et les paysages. J'ai dessiné une 2e bouche en jaune car je parle espagnol lorsque je bois trop et pareil pour l'anglais.

(蓝色:法国的颜色,我在法国文化中长大,它是我使用最多的语言。我的思维、语言和行为都像一个法国女人。

红色是因为它是中国国旗的颜色,也是共产主义和血的颜色。

红色的心形,代表着虽然我在法国文化中长大,但我不会忘记我的中国人的出身,它将留在我的心中和血液中。黄色代表西班牙,因为这个国家让我想起了阳光和海滩的沙子。我把脚涂成黄色,因为如果我可以到一个国家,那就是西班牙,因为它的语言、文化和风景。我用黄色画了第二张嘴,因为我喝多了就说西班牙语和英语)

受调查者使用法文对语言自画像进行注释,在文章中较多使用et(和)作为连词。受调查者认为自己的身体是由法语、中文、西班牙文和英文组成的。她认为,蓝色是法国的象征。她认为,自己在法国文化中长大,她思维是法式的,因此,她把头部涂成蓝色,她也表示自己的想法和父母时常有冲突。另外,她认为,法语是自己最常使用的语言,她认为自己的行为和说话都像法国人一样。她选择红色代表中国,是因为红色会让她联想到中国国旗和共产主义,她将红色画成心形,是因为她认为即使自己是在法国文化中长大,但她不会忘记自己的根在中国,中国留在她的心和血液里。她选择黄色代表西班牙语,因为西班牙让她想起了阳光和沙滩。她把脚涂成黄色,是因为如果她想去一个国家,那就是去西班牙,因为她喜欢西班牙语、文化和那里的风景。她用蓝色,棕色和黄色画了嘴巴,是因为她会说法语,而在喝醉酒的时候喜欢用西班牙语和英语说话。

三　方言背景华二代语言身份建构分析研究结果

根据以上的分析可以看出,五名受调查者的家庭中父母对受调查者的语言学习,尤其是中文学习有一定的语言规划及实践意识,同时影响个体语言学习的成效更多与受调查者的语言学习体验、个人能动性与社交网络有关,反映出了个体语言及身份建构的多样性与复杂性。在上述的案例分析中,可以看到受调查者在幼年的中文学习体验及感受的不同,进一步强化或弱化了受调查者对中文学习的动力及积极态度。在受调查者对于语言学习经历的描述中,可以看到语言程度较高的两名受调查者分别提到了"闺蜜""朋友""表姐"等社会网络关系,而其他三位受调查者都未提及身边的朋友为他们的中文学习所带来的积极影响,因此在语言学习过程中通过"同伴效应"将有效提升语言学习者的学习兴趣及学习效果。

其次,受调查的语言身份构建呈现出了明显的语言元宇宙化特征,即语言平权向语言霸权的"自愿性"集中。在语言自画像的分析中,可以看到多数受调查者的语言身份的构建元素中主流语言占比较大,例如:法语、英语、中文、阿拉伯语、西班牙语、日语、韩语,两位受调查者主动在自画像中提到了温州话,而仅有一位会说流利的温州方言。作为以温州方言为背景的华二代,在家庭语言还有温州话的情况下忽略温州话在自身语言身份建构中的存在,体现出了温州方言作为一门在家庭内部使用的语言,在受调查者自身的语言意识及语言实践中所占比重较少，也体现出了"在海外华语传承中，人们似乎把注意力完全集中在中文标准语的教学和推广上，对方言在海外华人社会维系和中华文化传承的作用没有予以足够的重视"①，同时，忽略了方言作为语言传承工具，情感纽带功能与文化价值。受调查者们多语身份建构中主流/霸权语言占优势的现象正是语言元宇宙化的特征之一，个人的"语言平权"会带来大语种的进一步"语言霸权"。人类使用的语种将更加集中于英语、汉语等少数几个语种②，受调查者语言使用及语言库中的语言储备有意无意间呈现出了"被动"与"自愿"的流动性变化，语言多样性随着霸权语言的流行而逐渐式微。

最后，多语使用者语言身份的建构具有长期性，又具有"流动性"，随着个人经历，场合与社会的变化而变化。在语言学习经历的描述中，可以看到部分受调查者对于自身语言身份的认识具有流动性，从对语言的不喜欢到喜欢，对自身语言身份的不认可到认可经历了整个童年到青年阶段，而这样的变化并不会停滞或者固化，而是随着个人经历的发展而不断变化发展，难以定义或简单归类。同时，语言身份的构建也被周遭的大环境、社会网络、家庭语言政策及个人喜好而影响着；反之也能影响家庭语言政策的制定和实践，个人语言学习动机等。

四　结语

从家庭语言政策的角度出发分析受调查者的语言学习经历及语言身份自画像，可以发现法国巴黎温州华二代语言身份的建构存在着多元性、流动性、元宇宙性的特征，这些特性丰富了语言学习者的语言库及个人多重身份的认知，以更开阔的视野和心态认识自身

---

① 郭熙：《新时代的海外华文教育与中国国家语言能力的提升》，《语言文字应用》2020年第4期。
② 沈阳：《元宇宙时代的语言变化》，《语言战略研究》2022年第2期。

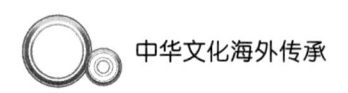

身份的塑造及改变。同时,通过语言自画像及案例分析的方法,可以帮助中文教学者了解海外华裔语言学习过程中的语言身份建构,从而以更开放及理性的态度对待海外华裔中文学习者,尤其是以方言为背景的海外华裔中文学习者,最终帮助海外华裔中文者的语言学习实现多元可持续发展。

The Construction of Linguistic Identities of Second-generation French Wenzhounese in the Context of Family Language Policy
——The Case of the Second Generation of French Wenzhounese in Paris

ZHU Shu – ting

Abstract: Identifying how linguistic identity is constructed, and how it affects language learning, is important for second-generation French Wenzhounese who was raised in a multilingual Francophone environment. This paper examines the Chinese language learning experiences of five second-generation French Wenzhounese students in Paris on the basis of the French Wenzhounese Language Use Questionnaire (N = 320), using language portrait silhouette, semi-structured interviews, text analysis and Spolsky's family language policy as a framework. Our study examines the unique language learning trajectories of these five dialectal Chinese learners, the influence of family language policies on Chinese language learning, and the construction of multiple language identities within these five Chinese learners. According to this paper, the families of the five respondents have an understanding of the importance of language planning and practice in Chinese language learning. However, personal motivation and social networks significantly influence individual learning outcomes. Second, the respondents' language learning experiences are metaverse, affirming the language hegemony voluntarily. Finally, French Wenzhounese linguistic identity construction is continuous and fluid, in a constant state of reconstruction and deconstruction according to individual, contextual and societal experiences.

Keywords: Family Language Policy; Linguistic Identity Construction; French Wenzhounese; Chinese Dialect background; Language Portrait Silhouette

温州籍海外新移民后代语言使用与文化认同研究*

鲍 蕊　周捷慧　金梦唯**

摘要：本文考察了温州籍新移民后代语言使用与文化认同现状、语言使用与文化认同的相关性及其影响因素。研究结果显示，温州籍海外新移民后代呈现多语使用样态，其中以汉语和居住国语言为主，方言和英语使用较少。他们对中国整体文化认同感较强，且高于对祖籍地温州的文化认同。就语言使用与文化认同的关系来看，在家庭、学校、休闲活动场合，汉语使用与文化认同均呈现正相关，且休闲活动场合的相关性最强。此外，访谈数据分析显示，海外新移民后代语言使用主要影响因素是家庭环境和中文学校教育，还受族群归属、语言态度和社交网络的影响。本文对提高温州籍海外新移民后代的语言使用与文化认同具有一定的启示与借鉴。

关键词：温州；新移民后代；语言使用；文化认同

---

* 【基金项目】本研究为大学生科技创新活动计划（新苗人才计划）"留根铸魂圆梦：欧美华裔新生代文化认同的调查及对策建议"项目的阶段性成果之一。

** 【作者简介】鲍蕊，女，浙江师范大学国际文化与教育学院副教授；周捷慧，女，浙江师范大学国际文化与教育学院硕士研究生；金梦唯，浙江师范大学国际文化与教育学院本科生。

一 引言

海外新移民后代是指改革开放以后,从中国移居到国外且拥有中国国籍或者居住国国籍的中国人的后裔。[①] 这些新移民后代大多出生、成长于居住国,接受现居国国民教育,在一定程度上已经融入居住国。然而,不同于其祖辈父辈,华裔新生代中大部分没有受过系统的中华文化熏陶,缺少对祖籍国的基本感知和了解,故土情结远比其父祖辈淡薄。[②] 因此,随着他们逐渐开始成为海外华人社会的主体力量,新移民后代语言使用和文化认同问题受到学者们高度关注。

二 文献综述

学界关于语言使用与文化认同关系研究成果颇丰。有些研究发现,海外新移民后代的语言使用和中华文化认同具有正相关,[③] 但不同代际间的语言转用和文化认同都呈现动态性,[④] 主要表现为与祖父辈相比,新生代汉语水平和祖籍地文化认同都呈现一定的减弱趋势,且读写能力都弱于听说能力。[⑤] 然而,有些研究发现,语言使用与文化认同的关系并非同步,即说好汉语并不代表接受中国文

[①] 宋全成:《欧洲的中国新移民:规模及特征的社会学分析》,《山东大学学报(哲学社会科学版)》2011年第2期。

[②] 沈玲:《东南亚新生代华裔文化认同的国别比较研究》,《民族教育研究》2017年第6期。

[③] 何佩瑶、祝家丰、周芳萍:《语言使用与华裔族群认同》,《华人研究国际学报》2017年第1期;王洪霞:《菲律宾华裔青少年语言使用情况与文化认同调查研究》,硕士学位论文,华侨大学,2019年。

[④] 魏岩军、王建勤、魏惠琳:《美国华裔母语保持与转用调查研究》,《华文教学与研究》2013年第1期;沈玲:《东南亚新生代华裔文化认同的国别比较研究》,《民族教育研究》2017年第6期。

[⑤] 郭熙、李春风:《东南亚华人的语言使用特征及其发展趋势》,《双语教育研究》2016年第2期。

化，语言上的延续使用也并不等同于相关文化的延续认同。①

此外，有些研究关注语言使用的影响因素，发现父母的教导、家庭文化传播、家庭语言政策、语言自然代际传承等家庭因素对海外新移民后代的语言选择有着重要影响，② 海外华文学校教育也影响海外新移民后代的语言选择。③ 更有趣的是，一些研究发现，语言使用也受移民年龄、来华时间，④ 以及学习动机⑤等个体差异影响。因此可以说，新移民后代的语言使用和文化认同是一个复杂的现象，可能受个体、家庭、社会等多方面因素影响，不能一概而论。然而，现有研究大多集中在东南亚国家，对祖籍地海外新移民后代语言使用与文化认同研究十分有限。

温州是中国重点侨乡之一，拥有海外华侨华人、港澳同胞68.89万人，尤以改革开放后的新移民为主，占侨胞总人数85%以上。⑥ 探究温州籍海外新移民后代的语言使用与文化认同情况对新时期侨务工作具有重大的指导价值和现实意义。鉴于此，本文旨在考察温州籍海外新移民后代语言使用与文化认同现状，探究二者之间的相关性及影响语言使用的相关因素，具体研究问题如下：

---

① 刘媛媛：《从文化认同的角度探析多语环境下的语言选择》，《黑龙江教育学院学报》2009年第1期；刘娟、朱耀顺：《多语言接触下的文化认同——以加拿大温哥华华人语言使用和文化认同为例看汉语国际传播》，《赤峰学院学报（汉文哲学社会科学版）》2017年第38卷第10期。

② 康晓娟：《海外华裔儿童华语学习、使用及其家庭语言规划调查研究——以马来西亚3—6岁华裔儿童家庭为例》，《语言文字应用》2015年第2期；陈丽梅：《从语言态度与语言使用看缅甸华人的身份认同——以曼德勒、东枝、腊戌学员为例》，《八桂侨刊》2021年第2期；

③ 严晓鹏、包含丽、郑婷等：《意大利华文教育研究——以旅意温州人创办的华文学校为例》，浙江大学出版社2015年版，第107—113页；原鑫：《华裔学生继承语水平影响因素研究》，《语言文字应用》2020年第3期。

④ 魏岩军、王建勤、魏惠琳等：《影响美国华裔母语保持的个体及社会心理因素》，《语言教学与研究》2012年第1期；

⑤ 张欢欢：《印尼青年华人中华文化认同与汉语学习动机相关性研究》，硕士学位论文，浙江科技学院，2021年。

⑥ 中国侨网：《解读浙江省侨情报告：温州华侨、侨社、华媒最多》，2014年11月06日，http://www.chinaqw.com/gqqj/2015/01-08/33044.shtml，2021年6月8日访问。

（一）温州籍海外新移民后代语言使用和文化认同现状如何？

（二）温州籍海外新移民后代语言使用和文化认同之间的关系如何？

（三）影响温州籍海外新移民后代语言使用的因素有哪些？

三　研究设计

（一）研究对象

本研究聚焦温州籍海外新移民后代，他们主要来自意大利佛罗伦萨中文学校、2020年"亲情中华·为你讲故事"网上夏令营温州瓯海分营和鹿城分营二期、2021年瓯智侨营温州侨联营员群和2021年"海外华裔精英青少年江苏大运河文化线上体验活动"，共计244名（详见表1），其中，男生94位，女生150位，年龄在9—23岁之间。他们主要居住在意大利和西班牙两个国家，大部分（88.1%）出生在现居国，但大多（83.6%）保留了中国国籍。他们绝大多数（94.7%）来过中国，只有少数（5.3%）从未来过。就他们在现居国居住环境来看，超过一半新移民后代（60.7%）居住在现居国社区，只有一小部分（12.3%）居住在现居国的中国人社区。

表1　　　　　　　　调查对象背景信息

项目	类别	人数	百分比（%）
性别	男	94	38.5
	女	150	61.5
年龄跨度	9—18岁	240	98.3
	19—23岁	4	1.6
居住地	意大利	176	72.1
	西班牙	31	12.7
	其他	37	15.2

续表

项目	类别	人数	百分比（%）
出生地	中国	24	9.8
	居住国	215	88.1
	其他	5	2
国籍	中国	204	83.6
	居住国	40	16.4
移民情况	出生前移民	202	82.8
	出生后移民	42	17.2

（二）数据收集

1. 问卷调查

本研究采用问卷调查和访谈两种方法收集数据。问卷有三部分，共37道题。第一部分为个人背景信息，包括性别、年龄、现居住国、出生地、国籍、移民情况等；第二部分语言使用调查，主要参考郑军和王洪霞的研究成果，[①] 包括语言能力（汉语普通话、温州方言、居住国语言、英语）和语言使用场合（家庭、学校、公共场合和休闲环境）两个维度，共5题；第三部分是文化认同调查，主要参考魏岩军等人和陈默的问卷，[②] 包括文化认知（6题）、文化情感（7题）和文化行为（7题）三个维度，共20题。问卷第二、第三部分采用里克特五度量表（1 = 非常不同意，5 = 非常同意），题目呈现方式均为积极表述。为确保样本质量，我们先对70名温州籍海外新移民后代进行测试，信效度分析结果显示，问卷的克隆巴赫

[①] 郑军：《印尼棉兰华裔青少年语言使用状况调查》，《海外华文教育》2016年第4期；王洪霞：《菲律宾华裔青少年语言使用情况与文化认同调查研究》，硕士学位论文，华侨大学，2019年。

[②] 魏岩军、王建勤、魏惠琳等：《影响美国华裔母语保持的个体及社会心理因素》，《语言教学与研究》2012年第1期；陈默：《第二语言学习中的认同研究进展述评》，《语言教学与研究》2018年第1期；陈默：《认同对汉语二语学习者口语复杂度、准确度和流利度的影响》，《语言教学与研究》2020年第1期。

系数（Cronbach's alpha）为0.919，说明该问卷具有很高的可靠性。随后通过问卷星正式发放问卷，回收有效问卷244份，回收率较高（91.4%），可作为后期研究的数据基础。

2. 访谈

为进一步探究影响海外新移民后代语言使用的因素，我们随机选取20名新移民后代进行半结构式访谈。访谈以一对一形式，通过微信语音电话，访谈内容主要围绕受访者学习汉语的原因、使用汉语（包括温州方言）的情况和原因、对中华文化（包括祖籍地文化）的态度等相关问题。访谈全程使用汉语，每个访谈时间为0.5—1个小时，并进行录音，录音由本文第二作者转写成文本用于分析，受访者编号为S1到S20。表2为访谈对象具体信息：

表2　　　　　　　　访谈对象背景信息

项目	类别	人数
性别	男	7
	女	13
教育程度	小学	4
	初中	10
	高中	6
居住地	意大利	13
	法国	3
	德国	2
	荷兰	1
	西班牙	1
国籍	中国	19
	居住国	1

3. **数据分析**

针对研究问题（一），本研究利用SPSS20.0统计分析软件对问卷数据进行描述性统计分析，通过百分数、均值和标准差呈现温州

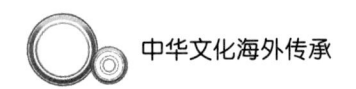

籍海外新移民后代的语言使用和文化认同情况。针对研究问题（二），利用皮尔森相关系数来分析语言使用与文化认同的关系如何。针对研究问题（三），借助质性归纳方法对访谈数据进行分析。首先，仔细阅读访谈转写文本，根据研究问题，对文本进行开放式编码，再通过主轴式编码，对相关编码建立类属，然后再反复阅读文本和所建立的编码与类属，凝练成主题作为影响海外新移民后代语言使用的因素。本研究问卷数据与访谈数据相互关照，相互印证，以提高研究结果的信效度。

四 研究发现

（一）温州籍海外新移民后代语言使用与文化认同现状

1. 语言使用

本文主要从语言能力（汉语普通话、温州方言、居住国语言、英语）和语言使用场合（家庭、学校、公共场合和休闲环境）来考察温州籍海外新移民后代的语言使用现状。问卷调查结果显示，温州籍新移民后代的语言使用具有多元性，其汉语普通话使用最为熟练，居住国语言使用比较好，但较少使用温州方言。

就具体语言使用能力来看（见图1），绝大多数新移民后代（90%）能流利地使用汉语交流，一大部分（76%）也能够使用居住国语言进行交流，但只有一小部分新移民后代（23%）可以使用温州方言进行口头交流。在听力能力方面，绝大多数新移民后代（93%）能基本听懂汉语，大部分新移民后代（76%）能听懂居住国语言，但只有少部分（39%）可以听懂温州方言。就阅读能力而言，能读懂汉语文章和居住国语言文章的新移民后代数量差不多，前者为75%，后者占71%。与其他能力相比，写作能力整体偏弱，超过一半的新移民后代能较熟练使用汉语和居住国语言进行写作。可以看出，新移民后代汉语听说读写能力高于居住国语言能力，其中听说能力较强，读写能力偏弱，而写作能力最弱。

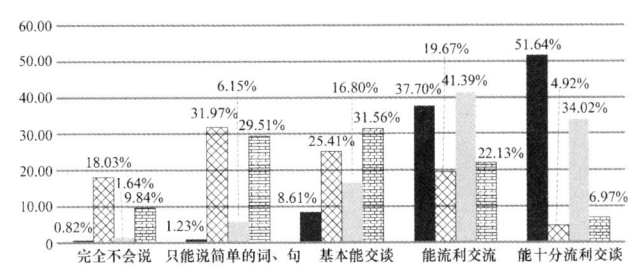

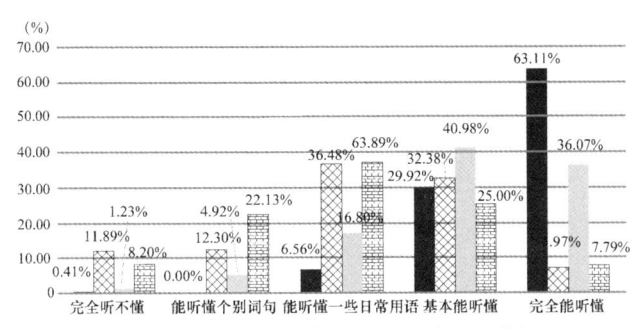

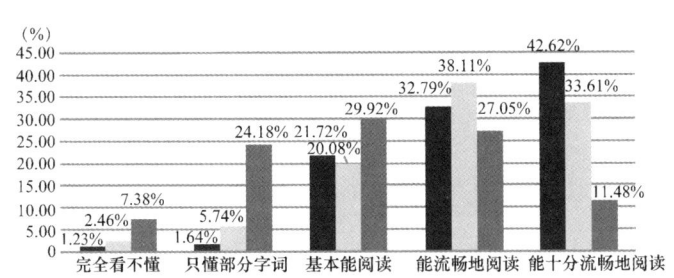

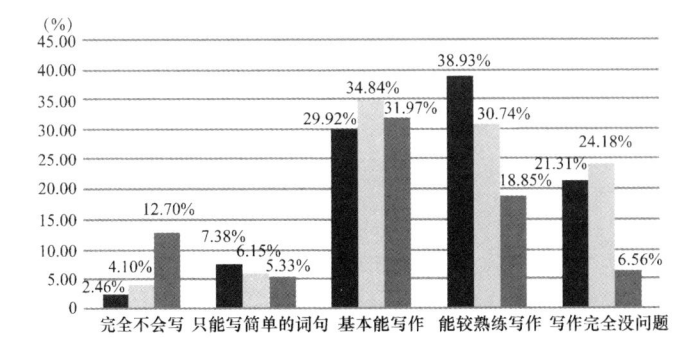

图1 新移民后代语言能力

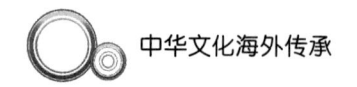

就语言使用场合来看,绝大多数新移民后代(超过90%)主要使用汉语普通话和温州话与长辈交流,兄弟姐妹之间主要使用居住国语言交流(81%),但与祖父母之间的交流则很少使用居住国语言,只有27%。在中文学校中,绝大多数新移民后代(超过90%)使用汉语普通话与老师和同学交流,但在课上和课后与同学之间也使用居住国语言,而且课后使用居住国语言的比例大。在公共场合中,新移民后代(84%)主要使用居住国语言,也有一大部分(68%)使用汉语普通话。在休闲活动中,绝大多数(超过90%)新移民后代主要使用汉语普通话,使用居住国语言也比较多,特别是上网查资料(88.93%)和书籍阅读(77.05%)。

2. 文化认同

就文化认同而言,问卷调查结果显示,温州籍海外新移民后代对中国文化整体认同度较为强烈,其中,文化认知的认同度最高($M=4.54$),情感认同次之($M=4.50$),而行为认同度最低($M=4.26$)。在文化认知方面,"中国是一个历史悠久的文明古国"($M=4.77$)和"我知道一些中国传统的节日和习俗"($M=4.75$)这两个问题上的认同较高,而对祖籍地温州的文化认知各选项均值虽然大于4但都小于总体均值,似乎说明他们对祖籍地的文化认知感也比较强,但整体上弱于对中国文化的认知。在情感认同方面,"我对自己是中国人感到开心和自豪"的均值最高($M=4.72$),说明新移民后代对自己的中国人身份有强烈的归属感,同时对自己是温州人的情感认知也比较高($M=4.55$),但对温州方言的情感认同略低($M=4.12$),这可能与他们所处的语言环境有关。在行为认同方面,"我经常参与和中国有关的文化习俗活动、体验中国的流行事物"等的均值最高($M=4.5$),但对学习祖籍地温州文化的兴趣则偏低($M=3.60$)。

(二)温州籍海外新移民后代语言使用和文化认同相关性

1. 语言能力与文化认同关系

利用SPSS软件对问卷数据进行皮尔森相关性分析结果显示

(见表3)，温州籍海外新移民后代的汉语听、说、读、写四项语言能力与文化认同之间存在正相关，即汉语水平越高，海外新移民后代的文化认同感越强；反之则较弱。值得一提的是，相较于其他三项能力，汉语口语能力与文化认同的相关性最强，这在一定程度上说明海外新移民后代使用汉语越多，越能增强他们的文化认同。

表3　　　　　　　　语言能力和文化认同相关性

	听力	口语	阅读	写作
认知	.227**	.265**	.173**	.165*
情感	.213**	.285**	.256**	.235**
行为	.211**	.302**	.238**	.227**

**. 在0.01水平（双侧）上显著相关。

*. 在0.05水平（双侧）上显著相关。

2. 语言使用场合与文化认同关系

就语言使用场合与文化认同关系，问卷调查结果显示，除公共场合外，家庭、学校、休闲场所的语言使用与文化认同均存在正相关（见表4）。在家庭环境中，海外新移民后代与父母和兄弟姐妹之间的汉语交流与文化认同均具有相关性，且与父母的汉语交流对文化认同的影响最大，这在一定程度上说明父母对新移民后代语言能力和文化认同的重要影响。在中文学校中，除与汉语老师交流外，无论是在课上还是课下，新移民后代和同学使用汉语交流时与文化认同之间均呈现相关性，说明同伴之间语言使用加强了新移民后代对中国文化的认同感。就休闲活动场合而言，其语言使用与文化认同的相关性最强，其中又以看书、上网查资料和上网聊天的显著性最明显。

表4　　　　　　　各语言使用场合和文化认同相关性

	各语言使用场合	认知	情感	行为
家庭	和爷爷奶奶/外公外婆交流	.007	.067	.011
	和父母交流	.249**	.223**	.154*
	和兄弟姐妹交流	.127	.227**	.175**
学校	和汉语老师交流	.075	.094	.010
	汉语课上，和同学们交流	.134*	.190**	.150*
	汉语课后，和同学们交流	.096	.200**	.177**
公共场合	在公园	.045	.047	.052
	去餐厅	-.005	.050	.093
	在购物	-.050	.017	.036
休闲活动场合	看小说、漫画书、杂志等书籍	.135*	.269**	.281**
	看电视节目、电影等	.141*	.246**	.231**
	玩电子游戏	.146*	.145*	.146*
	听歌和唱歌	.145*	.247**	.192**
	上网查资料	.167**	.308**	.272**
	上网聊天	.160*	.250**	.252**

**. 在0.01水平（双侧）上显著相关　*. 在0.05水平（双侧）上显著相关。

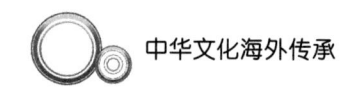

（三）影响温州籍海外新移民后代语言使用的因素

从访谈文本数据分析得知，温州籍海外新移民后代语言使用的影响因素主要有族群归属、语言态度和社交网络（家庭、学校、同伴）。

1. 族群归属

就族群归属而言，主要体现在两个方面：一是身份认同，所有受访者（n=20）对自己是中国人身份都有清晰的认识。二是族群融入，14位受访者表达对融入中国社会的渴望。一方面为了与国内家人更好地沟通以及回国求学游玩等多种原因；另一方面是近年来中国国际地位提升、综合国力增强，海外新移民后代认为学好汉语是融入中国社会的必要条件。如一名受访者说：

> 因为我是中国人，中文很重要，长大后也想在中国工作，觉得中国学校氛围会更好点。而且我的爷爷奶奶也在中国，把汉语学好了可以更好地和他们沟通，回国后也可以更好地融入。（S15）

2. 语言态度

就语言态度而言，所有受访者（n=20）都表达了对汉语的重视和喜爱，绝大多数受访者（n=16）谈到了使用汉语进行交流的意愿和传承汉语的使命感。如一名受访者说：

> 我觉得汉语很有意思，汉文化很有魅力。而且中文越来越重要了，很多人都在学习中文，以后工作也会需要的，可以用中文交更多的朋友。（S5）

然而，4位受访者因个人学业生涯发展需要，倾向于使用英语或者居住国语言，如其中一位谈道：

> 我更喜欢使用英语，因为它是世界通用语，方便沟通，更实用些。而且还可以增加自己的知识，为以后留学做准备。（S16）

这似乎说明语言使用可能也受新移民后代个体未来不同的学业发展规划影响。

3. 社交网络

社交网络影响主要体现在家庭环境、学校和同伴三个方面。就家庭环境而言，主要是家庭语言环境和家人对新移民后代的语言期待。20名受访者都提及家庭环境对自己汉语使用有较大影响，如一

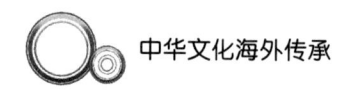

名受访者说：

> 妈妈要求我学好汉语，家里特别强调要学好自己的母语，不能忘记。也希望我能学好方言，奶奶也希望，让我回国后能和亲戚还有奶奶交流。（S4）

然而，大多数受访者（n=15）表示在家里使用多语交流，其中与兄弟姐妹之间以居住国语言使用最多，与父母主要使用汉语，如：

> 我和爸妈是用汉语的，但是和妹妹用法语，习惯性啦。（S2）

新移民后代与家庭成员使用不同语言进行交流说明语言使用的代际差异。除家庭环境外，中文学校不但给新移民后代提供了系统性的汉语教育，也是他们使用汉语的一个重要语言环境，几乎所有学生在中文学校都以汉语为主，如：

> 在中文学校必须使用汉语呀，我们在这里学的就是中文，当然要说汉语，要写汉字啦！我自己就很喜欢学中文，觉得比意大利的简单多了。（S18）

然而，学生群体间存在使用多种语言进行交流的现象，这在一定程度上说明居住国大环境对新移民后代语言使用的导向作用，如其中一位受访者谈道：

> 我在中文学校都是使用汉语的，但是我的一些同学他们会使用意大利语，有些是中文和意大利混用。主要是替代想不起来的词语，我觉得这很正常。毕竟我们在国外接受的语言是多样的。（S1）

就同伴因素而言,绝大多数(n=17)的海外新移民后代倾向于与中国朋友一起玩,其原因大多是因为同属一个社会圈子,彼此间有很多共同话题,且容易进行深层次沟通交流,产生共情,如:

我比较喜欢和中国孩子玩,更聊得来,而且微信、抖音的梗比意大利潮流,有些意大利语也翻译不过来。(S10)

五 讨论

本研究结果显示,温州籍海外新移民后代大多为多语使用者,以汉语和居住国语言为主,较少使用温州方言和英语,这不同于郭熙、李春风的研究结果。[1] 此外,温州籍新移民后代对中国文化认同较强,其中文化认知感最强,这也不同于张欢欢的研究结果。[2] 造成这种不同结果的原因可能有两个:一是研究对象不同。本研究对象为青少年,他们的生活环境和学习环境主要以家庭和学校,使他们有更多机会使用汉语,但郭、李一文中的研究对象以成人为主,他们的职业与社会工作环境迫使他们更多使用居住国语言。此外,本研究中的这些青少年从小就受家庭文化影响,在耳濡目染中学习了很多与中国有关的知识,但张欢欢的研究对象是经历过印尼文化解禁期的青年华人,这就导致他们对中国缺乏一定的认知,而更多靠情感维系与祖籍国的关系。二是移民地区不同。一般认为,地缘距离越近,代表其共享的文化背景也越多,也更容易获得相对应的文化认同,包括能更好地保存方言、拉近情感距离。郭、李[3]

---

[1] 郭熙、李春风:《东南亚华人的语言使用特征及其发展趋势》,《双语教育研究》2016年第2期。
[2] 张欢欢:《印尼青年华人中华文化认同与汉语学习动机相关性研究》,硕士学位论文,浙江科技学院,2021年。
[3] 郭熙、李春风:《东南亚华人的语言使用特征及其发展趋势》,《双语教育研究》2016年第2期。

和张[①]的研究对象聚焦东南亚地区，而本研究对象主要集中在欧洲地区。欧洲相比东南亚地区与中国的空间距离更远，文化差异大，情感距离也会更远。因此，方言保存度也较低。另外，温州人虽然曾因为经商、地缘、血缘和方言等关系形成一定的小聚居局面，但目前许多家庭大多融入居住国当地社区，小聚居的局面已经被打破，导致语言使用也随之发生一定变化，比如父母对方言传承的淡化，而对子女学好汉语的要求越来越高。

此外，除公共场合外，温州籍海外新移民后代汉语使用场合与文化认同都有相关性，特别是休闲活动场合，这与何佩瑶等人的研究结果一致。在家庭中，与祖辈的汉语交流与文化认同无关，但与父母和兄弟姐妹之间的汉语交流都与文化认同具有相关性。这可能和代际间语言习惯及语言环境差异有关。祖辈基本上只会说温州方言，但新移民后代生长在海外，没有方言环境，对方言的认同感低，进而无法产生相应的文化认同。在中文学校中，新移民后代在和同学使用汉语交流时，也会增加文化认同，说明具有相同背景的同伴群体在汉语使用过程中强化了他们对祖籍国的文化认同。

从访谈数据分析得知，影响海外新移民后代语言使用的主要因素是家庭环境、华校教育，这再次验证了已有研究发现，[②] 即家庭是海外华语启蒙和文化传承的最主要的场所，也是增强其身份认同的一个重要因素。不言而喻，中文学校教育也对新移民后代汉语使用、汉语能力的提高也发挥着不可忽视的作用，因此，要加强海外华校办学，提高华校办学质量，使其成为海外新移民后代语言使用和文化传承的重要渠道。此外，新移民后代的语言使用还与他们个

---

① 张欢欢：《印尼青年华人中华文化认同与汉语学习动机相关性研究》，硕士学位论文，浙江科技学院，2021年。
② 康晓娟：《海外华裔儿童华语学习、使用及其家庭语言规划调查研究——以马来西亚3~6岁华裔儿童家庭为例》，《语言文字应用》2015年第2期；陈丽梅：《从语言态度与语言使用看缅甸华人的身份认同——以曼德勒、东枝、腊戌学员为例》，《八桂侨刊》2021年第2期。

人学业发展规划、语言态度、族群归属和社交网络有关，这似乎也说明新移民后代的语言使用可能受多种因素影响，要加以正确引导，以提高汉语传承和中国文化认同。

六　结　论

本研究考察了温州籍新移民后代语言使用与文化认同现状、语言使用与文化认同的相关性及其影响因素。研究结果显示，温州籍海外新移民后代呈现多语使用样态，其中以汉语和居住国语言为主，方言和英语使用较少。就文化认同来看，他们对中国整体文化认同感较强，且高于对祖籍地温州的文化认同。此外，就语言使用与文化认同的关系来看，除了公共场合以外，在家庭、学校、休闲活动场合，汉语使用与文化认同均呈现正相关，而休闲活动场合的相关性最强。就语言使用的影响因素来看，访谈数据分析显示，影响海外新移民后代语言使用主要因素是家庭环境和中文学校教育。此外，还受族群归属、语言态度和社交网络的影响。本研究结果对提高温州籍海外新移民后代的语言使用与文化认同具有一定的启示与借鉴。

然而，本研究还存在一些不足。首先，问卷数据结果的可靠性。虽秉持"题数应精简适宜、表述应简明易懂"的原则设计问卷，且做了预调查，但仍无法保证每个青少年都能完全理解，并认真作答。其次，研究不够深入。因受疫情影响，作者无法深入细致观察受访者的语言使用情况，对访谈数据的分析阐释可能不够全面。最后，忽视了研究对象之间的差异性。本研究对象主要来自意大利和西班牙，各国移民政策和文化环境的不同是否对新移民后代语言使用和文化认同产生影响也值得深入探讨。未来研究需进一步弥补这些不足，以更全面、更深入地解读海外新移民后代的语言使用与文化认同。

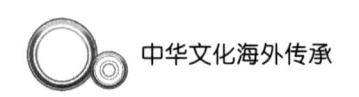

A Study on Language Use and Cultural Identity Among the Descendants of New Immigrants from Wenzhou

BAO Rui, ZHOU Jie – hui, JIN Meng – wei

Abstract: This study investigates the status quo of language use and cultural identity of the descendants of new immigrants from Wen Zhou, the correlation between language use and cultural identity and the factors impacting on language use. Drawing on the method of quantitative questionnaire and qualitative interview, the results show that the descendants of Wen Zhou immigrants mostly use Mandarin Chinese, followed by the official language of the country where they live currently but Wenzhou dialect and English are seldom used Meanwhile, they hold a strong sense for Chinese cultural identity, which is stronger than that for Wen Zhou, their ancestral place. In addition, there is a positive correlation between cultural identity and language used at home, school, and public entertainment places, especially in terms of public entertainment places Analysis of the interview data demonstrate that family and Chinese school education are the main factors influencing language use of the descendants of new immigrants. Moreover, ethic belonging, language attitude and social network also contribute to their language use. This study casts some light on the ways in improving language use and cultural identity of new immigrant's descendants from Wen Zhou.

Keywords: Wenzhou; Descendants of New Immigrants; Language Use; Cultural Identity

立足海外，根植中华：融媒体时代"中国故事"海外传播之路[*]

王 莹[**]

摘要：中华文化源远流长，博大精深，如何充分发挥侨胞海外传播的优势，将"中国故事"放在融媒体的时代背景下进行多平台多角度多形式地探索研究，实为时代所需。围绕中华传统文化的核心价值观，提炼中国故事的内核本质与传播范式；围绕融媒体时代的视频传播特点，探寻侨胞通过海外媒体平台多渠道呈现中国故事的市场规律和路径策略；在"润物细无声"式的中国故事讲述中，传播中华文化、讲述中国故事、塑造中国形象，积极探寻当代"中国故事"海外传播之路，无疑具有重要的理论价值和特殊的现实意义。

关键词：融媒体；中国故事；海外传播

一 "中国故事"对外传播的必要性

挖掘中华优秀传统文化的思想观念、人文精神、道德规范，把

---

[*]【基金项目】本文系 2021 年度浙江传媒学院党建与思想政治教育研究会专项科研创作课题 "立足海外、根植中华：融媒体时代高校侨胞讲好'中国故事'的优势分析及路径研究"（项目编号：Z431B21504）的科研成果。

[**]【作者简介】王莹，女，浙江传媒学院助理研究员。

艺术创造力和中华文化价值融合起来，讲好中国故事、传播好中国声音是每个人重要的历史使命。海外侨胞既熟悉中国和住在国的情况，又有国内外人脉资源和丰富的国际交流经验，他们是讲述中国故事、传播中国声音，向世界解读中国最为理想的"民间大使"。

（一）讲好"中国故事"面临的形势背景

从国际看，当今世界国际关系、利益格局都处在深度构建和重塑中。随着中国综合国力和世界地位的显著提升，在意识形态领域斗争日益尖锐复杂，特别是在抗击新冠肺炎疫情过程中，部分西方政客、媒体出于政治目的，不断对我国进行唱衰、抹黑甚至转嫁责任等。

从国内看，当前我国已经全面建成小康社会，全国各族人民正为实现中国梦而努力奋斗，这个伟大事业是包括国内国外所有中华儿女的共同心愿，离不开海外侨胞的支持和奋斗，这也对中国对外传播提出了更高的要求。

随着全球化加深，很多新理念、新思想深入人心，很多工作方式需要加以变革。正所谓"世异则事异，事异则备变"，如何采取最直接、最有效、最科学的方法增进与海外侨胞感情，形成"最大公约数"，是我们要思考的一个问题。我们应正确认识当今时代潮流和变局，统筹国际、国内两个大势，讲好中国故事、传播中国声音、树立中国形象，对于国际传播工作的重要意义。

（二）讲好"中国故事"的传播主体以及对象

中华传统文化是中华民族在五千多年的社会实践中形成的思想理念、传统美德和人文精神的集合，我们要科学辨析传统文化中的精华与糟粕，实现优秀传统文化的创造性转化和创新性发展。我们应以"是否有利于坚持和发展中国特色社会主义"为根本标准，以"是否与马克思主义意识形态相融合""是否与中国和时代发展进步要求相适应""是否体现人文性与科学性的辩证统一"为具体标准，将优秀的文化成果和价值理念从传统文化中甄别、遴选出来，打造

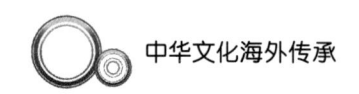

具有代表性的品牌文化IP，进而通过优秀传统文化的创造性转化创新性发展，让优秀传统文化通过艺术创作的形式更好地呈现出来，传播出去，从而为海外侨胞提供精神滋养，更好地为社会主义现代化提供文化支撑，为当今世界发展贡献精神力量。

在世界政治多极化和经济全球化的历史巨变时期，华侨华人既是传播主体也是传播受众，他们在"中国故事"海外传播之路上扮演着重要角色，讲好"中国故事"有助于增强华侨华人及其新生代的民族认同感、自豪感、凝聚力、向心力，为促进祖国统一作贡献；弘扬爱国精神，鼓励华侨华人更好地支援中国现代化建设，为实现中华民族的伟大复兴而共同奋斗；促进华侨华人更好地融入住在国主流社会，起到沟通中西文化、增进相互了解与信任，推动和谐世界建设的桥梁和纽带作用等。

利用朝气蓬勃、充满自信的华侨华人来宣扬中华文化，彰显了中国的软实力，改善了外部舆论环境，在宣介"中国梦"的过程中起着不可替代的具有很强的穿透力、影响力和亲和力。

二　立足海外发挥侨胞讲"中国故事"的优势

（一）培养新时代传播人才

1. 教育培养专业化人才

高校教育工作者作为新时代"讲好中国故事"的践行者、中国文化的传播者，要充分认识到"讲好中国故事"的重要性，不断创新教育发展理念与方式，在汇聚侨心、凝聚侨力等方面发挥重要作用。高校教育者要充分发挥独特的桥梁纽带作用，推动地方侨联与高校侨联建立常态化、长效化合作机制，实现资源共享、优势互补，并发挥专业教师的特长与优势。

高校培养人才过程中应重视重回历史现场、立足全球实践和面向共同价值的观念。能力面向，要把握好对人才的业务技能与基础素养、技术技巧与人文追求、专业水平与复合能力等能力的关键构成要项的平衡与培养；价值面向，在现代性引发各种问题与危机的时代中，应培养新时代国际传播人才具备坚定的政治立场、厚植的家国情怀和夯实的马克思主义新闻观，并向新一代的海内外学子解释好国家与个人、中国与世界之间的价值关系。

2. 双重身份打造"网红品牌"

利用海外华人社团、海外华文学校和海外华商等传播人员，发挥他们的主观能动作用，打造属于他们个人的账号，这些人员的身份具有双重性，他们本身就在海外生活，了解海外受众以及侨胞们的阅读偏好，同时他们身上烙印着不可磨灭的中国印记，让他们成为新时代联通中外的"网红"，使他们成为外网的意见领袖，在海外社交媒体上形成以中文账号为主、英文账号为辅的传播矩阵，在西方主流平台唱响中国声音。

让专业内容以更亲民的方式与受众互动，在境内外社交平台集中推出了一批有料、有趣、有情、有理的视频节目，用创新方式讲述可信、可爱、可敬的中国，用年轻语态圈粉年轻受众，形成较好的舆论效果。

（二）搭建多样化媒体平台

海外华文媒体是国际传播的重要渠道，现在已有1000多家海外华文媒体是传播和树立中国国家形象的重要载体，它们的触角可以触及到世界上任何有中国人的地方，是讲好中国故事的神经末梢。同样随着新媒体技术的发展，除了传统的文字表达、图画展示、声音传输、影像传播之外，"5G + 人工智能 + VR/AR"的传播模式正在不断延伸着人们的视觉和听觉感知，以更为丰富的传播形式助力我国国际传播，为讲好中国故事提供了多元化路径和手段。其中中新社通过为海外华文媒体提供入驻平台，并为其融合转型提供了"一键转换"式技术解决方案，目前已有70多家华文媒体入驻中新网客户端，另有13家华媒借由中新网客户端技术支持系统"新萌"定制了属于自己的客户端，此举有助于维护一个覆盖广泛的海外华

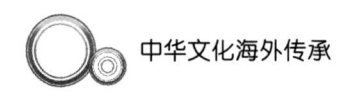

文新媒体圈层；通过提供多元化新闻产品、开展品牌活动形成长期联系的服务对象媒体。

根据相关数据，WeTV海外用户规模超过1000万，并成为马来西亚头部网络视听平台；芒果TV国际版海外业务服务覆盖全球超过195个国家和地区，海外用户数超过3100万；爱奇艺海外付费用户超过100万。这些视听新媒体的国际平台正是海外侨胞了解中国文化的一大渠道，也在国际舆论场中增加内容的大量供给。

（三）打造特色化内容矩阵

传播中华文化，讲好中国故事就要考虑到不同民族国家之间的文化宗教、思想观念、表达方式和理解方式之间的不同，并由此来对传播内容的表达方式和传播方法进行适当的调整。将中国的文化特色、思维范式和表达习惯跨越国度、跨越时空联系起来，用最真实的思想情感，以受众喜闻乐见的、最容易接受和理解的方式讲述中国的故事，让他们在深层次、多样化的故事情感交流中感受中国，提升海内外学生对中国的认同度、理解度和喜爱度，提升中国故事在海外传播过程中的传播效率和传播效果。

面对"中国声音"在海外"有理说不出，说了传不开"的困境，内容发布应以民间面目，淡化政治色彩，用富有"亲和力"和"人情味"的报道方式向广大海外侨胞传递来自"家乡故土"的消息，并通过他们"告诉世界一个真实可爱的中国"。这种"家书"式的新闻品格海味十足、侨情更浓，赢得了广大侨胞和海外媒体客户的欢迎和信赖。

三 根植中华挖掘本土文化内涵

（一）精选故事彰显中国风采

海外侨胞常年居住在异国他乡，他们对中国快速发展后的现状缺乏深入的了解，但他们的身份代表着对中国文化存在天然的亲近感以及一定的认同感，这种认知和情感的矛盾冲突受到当前复杂的国际舆论环境的冲突变得愈加强烈。要澄清海外侨胞的思想误区，满足海外侨胞的认知需求，就必须坚持说理和传情相结合，在中华五千年的历史文化中选择合适的故事，一方面，要用故事把中国特色社会主义的制度、文化等社会根本问题讲透彻。另一方面，要在"润物细无声"式的中国故事讲述中，传播中华文化、讲述中国故事、塑造中国形象。可选取中国故事中的经典，以点带面做重点研究，进而在大量的中国故事中选择适合创作的经典剧本是讲好中国故事的前提，深度挖掘传统文化中的社会主义核心价值观，尽力探寻中国梦与人民梦想连接的契合点，用更多更好的故事解读中国理念和中国文化。

1. "中国故事"源远流长

在对外宣传时，选择的"中国故事"应注重发掘中华民族深厚的文化软实力，努力展示真实、立体、全面的中国，让可信、可爱的中国更加可敬。报道内容中选取的故事应展现一个有着五千年文明史的既古老又年轻，既传统又现代的中国；一个遵守世界规则，捍卫全球化、负责任、有担当的中国；一个坚持改革开放，为世界经济带来强劲增长动力的中国；一个致力于文明交融、和谐共处、和合共进的中国国家形象。

除了用故事来讲明道理之外，还需要"因地制宜"，从海外侨胞的情感诉求出发，寻求讲述者和接受者的诉求契合点和情感共鸣点，少讲官话、套话和大话，多讲真话、实话，尽可能用故事来感染人。要围绕融媒体时代的视频传播特点，整理和梳理优秀的"中国名著"和"民间故事"，通过对民间故事和中国名著的重点研究，结合国外受众的理解与体验，选择适合融媒体时代影像与视频传播的故事剧本，通过融媒体平台多渠道呈现中国故事。

2. "中国故事"与时俱进

"中国故事"更要紧跟形势。题材要紧密结合当前我国在世界舞台的表现，让海外侨胞知晓全世界都感受到了中国情谊、中国

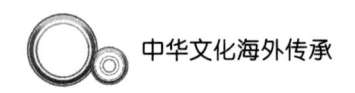

担当。要重新发现并光大传统文化中那些仍然具有现实意义与生命力的方法论形态、基本范畴、价值观，吸纳并融汇那些与我国有益、能够解决现实问题的文明成果，实现创造性转化与创新性发展，从而构建具有民族文化传统、适应时代要求、具有现实针对性的文化形态与价值体系。

（二）搭建桥梁促进国际交流

1. 国际化教学活动

目前，教育部支持批准本科以上中外合作办学项目，加强国际交流，依托国内学校现有的办学平台与优势专业基础，融合国际大学的人才培养体系和雄厚的科教实力，通过引进教师、教材等合作方式，实现中外课程体系的融合。旨在培养具有较强对外沟通能力和跨文化传播意识，系统掌握现代传播理论，具备融媒体传播的基本技能，有志从事国际新闻编译与传播、影视国际传播、网络传播等方面职业的高素质人才。

2. 数字化线上活动

近年来，疫情和数字化发展的双重影响，使得各种线上教学和线上活动多彩纷呈，如各种网上夏令营、冬令营等。这些活动是了解中国、接触中华文化的宝贵机会，有了无线网络的牵线搭桥，即使远在海外的中华侨胞和国际友人也能因为热爱中华文化而彼此相聚在一起。跨越时空的云端线上活动不仅是学习中华文化知识的好平台，更是提高自身素质、展示自我的好机会。虽然学员们身处异国，但身上都有鲜明的中华文化烙印，这是中华儿女共同的精神基因。

3. 专业化交流平台

在国内打造专业化的国际文化传播研究中心，从会讲中国故事到讲好中国故事，为塑造可信、可爱、可敬的中国形象作出贡献。这些平台承担着加强同国内外高校、智库、媒体互动，引智借力，做大做强的责任。新形势下，顺势而为，努力促进人文交流，双向多维拓宽民心相交渠道，培养更多兼具跨文化视野与能力的莘莘学子。鼓励这些学生当好国际交流的使者,既能面向国际讲好中国故事,也能面向中国解读国际优秀文化成果,孜孜不倦地提升彼此认知,为国内外关系健康稳定发展夯基垒台。

四 结语

如何围绕中华传统文化的核心价值观,提炼中国故事的内核本质与传播范式,重新发现并光大传统文化中那些仍然具有现实意义与生命力的方法论形态、基本范畴、价值观,吸纳并融汇那些能够解决现实问题的文明成果,实现创造性转化与创新性发展,从而构建具有民族文化传统、适应时代要求、具有现实针对性的文化形态与价值体系,是我们不可回避的历史使命。

Based on Overseas and Rooted in China: The Way of Overseas Dissemination of "Chinese Stories" in the Era of Convergence Media

WANG Ying

Abstract: Chinese culture is well-established, broad and profound. In a series of important speeches, President Xi Jinping has repeatedly mentioned the need to tell China's story well and spread China's voice well. It is the need of our time to give full play to the advantages of overseas Chinese communication, and explore "China story" on multiple platforms, from multiple angles and in various forms under the background of the era of convergence media. We need to focus on the core values of traditional Chinese culture and refine the core nature and communication paradigm of Chinese stories, on the characteristics of video communication in the era of Convergence media and explore the market rules and strategies for overseas Chinese to present Chinese stories through multiple channels on overseas media platforms. In the "moisten things silently" style of Chinese story-telling, spreading Chinese culture, telling Chinese stories, shaping Chinese image, and actively exploring the way of overseas dissemination of contemporary "Chinese stories" undoubtedly have important theoretical value and special practical significance.

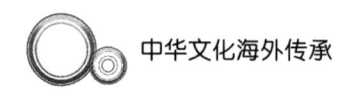

Keywords: Integrated Media; China Story; Overseas Dissemination

华侨华人与国际移民

旅意华侨华人在中意两国双边合作中的重要贡献与动因*

包含丽　夏培根**

摘要：旅意华侨华人是中意双边深度合作的桥梁纽带和"民间大使"。中意建交五十余载以来中意两国外交关系发展可分为意大利华人社会三大支柱的桥梁作用初步显现（1970—2003年）、双边合作全面对接（2004—2019年）、"一带一路"联合抗疫（2020—2023）三个阶段，并对各阶段内旅意华侨华人参与双边合作的重要贡献予以梳理。旅意华侨华人身份的"双重性"与其家庭构成的"两栖"特征是促使该群体长期参与中意双边合作的主要因素，中意两国外交关系的不断深化则为旅意华侨华人创造大显身手的契机，使其与祖籍国、住在国紧密相连。

关键词：旅意华侨华人；中意外交关系；贡献与动因

一　研究缘起

1964年11月30日，中意两国代表于意大利首都罗马就互

---

* 【基金项目】本文为中国侨联项目编号：（2022—2024年度）重点课题"疫情冲击下海外华文教育生态环境变化与应对实践研究（22AZQK206）"阶段性研究成果。

** 【作者简介】包含丽，女，温州大学华侨学院/华侨华人研究院院长，研究员；夏培根，男，新加坡国立大学文学暨社会科学院博士研究生。

设民间商务代表处相关事项签订协议，双方于隔年即互派商务代表。1970年11月6日，中华人民共和国与意大利正式建交。20世纪70年代末，中国政府开始实践"改革开放"政策，着手规范海外移民相关事宜。与此同时，由于受到东南亚部分国家"政变"与"排华"等事件的影响，大量东南亚华人流入欧洲。在此国际形势下，规模庞大的旅欧移民潮逐渐形成，随着这股移民浪潮，以浙江温州、丽水为主的移民长途跋涉至意大利，开启在意大利的侨居生活。2004年，中意两国缔结全面战略伙伴关系。在此伙伴关系基础上，不论是中意官方交流还是民间往来均日益频繁，两国间的合作亦从以往的核心领域——经济贸易，逐步扩及至文化、教育、科技、司法、环境、旅游等方面。[①] 2019年3月23日，中意两国正式签署《中意关于共同推进丝绸之路经济带和21世纪海上丝绸之路建设的谅解备忘录》，意大利成为七国集团（The Group of Seven，简称"G7"）中首个加入中国"一带一路"倡议的成员国。在迄今五十余载的中意双边合作关系中，旅意华侨华人参与双边合作所做的贡献与两国外交关系快速发展同频共振。值此中意签署"一带一路"倡议谅解备忘录4周年之际，笔者试图总结、回顾中意建交五十余年来的历史贡献，并深入分析旅意华侨华人群体长期参与中意双边合作、付诸大量精力与财力推动中意双边合作发展的主要动因。

相较于拥有悠久移民历史且已普遍融入住在国社会的东南亚华侨华人群体以及英美德等国的华侨华人群体，旅意华侨华人具有其"新移民"的独特性[②]。其一是经贸贡献尤为突出，旅意华侨华人在中意两国

---

① 中华人民共和国外交部：《中国同意大利的关系》，2022年10月，https：//www.fmprc.gov.cn/web/gjhdq_676201/gj_676203/oz_678770/1206_679882/sbgx_679886/，2023年2月11日访问。

② 有关"新移民"概念之界定，可参见李其荣《华人新移民研究评析》，《东南亚研究》2007年第5期。

间所搭建的华商网络，促进双边贸易来往。① 其二是意大利华人社会正值新老交替的阶段，即在一个移民家庭中长辈多保留中国国籍，并有强烈的"落叶归根"意愿，而晚辈则在成年后为是否加入意大利国籍而犹豫。② 作为时代下华人新移民群体的主力军，且住在国是唯一的加入"一带一路"合作倡议的 G7 成员国，旅意华侨华人之研究价值不宜被忽视。迄今为止，国内华侨华人学界缺乏有关旅意华侨华人参与中意双边合作的历史性研究，而将华侨华人自身发展与国家双边外交进程相结合的研究亦尚待填补。鉴于此，探讨中意外交关系发展对旅意华侨华人自身行为活动的阶段性影响，以及该群体长年累月对双边合作所做出的重要贡献及其动因，具有一定的历史意义和现实价值。

二 旅意华侨华人参与双边合作的重要贡献

新中国成立后，意大利并未立即承认中华人民共和国的国际地位，甚至还于朝鲜战争爆发后对中国采取限制航运的手段以配合美国所主导的经济封锁政策。中意两国之所以能在 1970 年顺利建交，其原因有四，即中苏关系恶化、西方国家对中政策改善、中意经贸往来逐渐升温及意大利左翼政党对新中国的支持。③ 可见，在中意两国建交之前，以华侨华人为代表的民间群体已在经贸方面奠定合作基础，并促成中意两国正式建交。随着中意建交以来两国政府不断制定、完善双边外交政策，旅意华侨华人亦在经贸、科技、文化等领域开展实践，逐渐形成多元双边合作成果。旅意华侨华人在中

---

① 有关旅意华商之研究，可参见高如、秦烨臻《族裔中心与跨国经营：意大利新华商经营模式分析》，《八桂侨刊》2022 年第 4 期；张一昕：《意大利华商群体的起源、发展与特征》，《八桂侨刊》2019 年第 4 期。

② 有关旅意华人社会之研究，可参见包含丽、夏培根《中意建交以来意大利华侨华人社会的变迁——以国家在场理论为中心的分析》，《华侨华人历史研究》2022 年第 2 期；拉菲尔—欧利阿尼、李卡多—斯达亚诺：《不死的中国人》，邓京红译，社会科学文献出版社2011 年版；徐华炳《意大利普拉托的中国移民社会调查》，《八桂侨刊》2009 年第 2 期。

③ 李华：《新中国与意大利关系正常化的历史考察》，《当代中国史研究》2020 年第 1 期。

意双边合作中长期发挥桥梁作用。Joel S. Migdal、Atul Kohli 与 Vivienne Shue 认为，国家在效力方面的差异是基于其与社会的联系，而国家与其他社会力量之间可能是互相赋能（empowering）的。① 此观念旨在呼吁学界正视国家与社会间的双向互动，进而消解偏狭的传统视角，即国家单向地、"自上而下"地影响社会。而包含丽、夏培根亦揭示中意两国国家在场对意大利华侨华人参与双边合作的影响。② 因此，下文将以中意两国外交关系之发展进程为时间线，梳理旅意华侨华人在各阶段内所做之重要贡献。

（一）意大利华人社会三大支柱的桥梁作用初步显现（1970—2003 年）

20 世纪 90 年代之前，旅意华侨华人整体实力较为薄弱，且生活条件普遍恶劣。受益于中意两国正式建交与中国改革开放后的出入境政策，前往意大利的中国移民数量 20 世纪 80 年代前后呈现出明显的上升趋势，即从 1975 年占总移民人口数 0.2% 的四百多人扩大到 1993 年占总移民人口数 2.3% 的两万余人，且人口增长速率远高于亚洲其他移民群体。③ 不过，此项数据亦可揭示，在意大利国内人口总量中，旅意华侨华人总人口数量于此阶段仍居于少数。此外，多数人处于意大利下层社会的劳工群体或以非法移民身份入境的"弱势"群体，极少掌握高新技术或拥有大量财富，具有"社会融入程度较低"④ 的特征。

由于受文化水平较低、专业知识不足及语言交际能力缺乏等直接影响生计问题的困扰，旅意华侨华人在移民初期不得不将更多精

---

① Joel S. Migdal, Atul Kohli and Vivienne Shue (eds.), *State power and social forces: Domination and transformation in the Third World*, New York: Cambridge University Press, 1994, pp. 2 – 4.

② 包含丽、夏培根：《中意建交以来意大利华侨华人社会的变迁——以国家在场理论为中心的分析》，《华侨华人历史研究》2022 年第 2 期。

③ Gregor Benton and Frank N. Pieke, *The Chinese in Europe*, New York: St. Martin's Press, 1998, pp. 262 – 265.

④ 张一昕：《意大利华商群体的起源、发展与特征》，《八桂侨刊》2019 年第 4 期。

力付诸解决自身温饱,而非投资建设住在国、祖籍国。此种局面直至20世纪90年代以后方见明显的转变。这一方面是由于中意正式建交以来两国日益密切的经贸合作关系(见图1)使部分旅意华侨华人在进入90年代时已赚到丰厚财富,进而摆脱生存困境。

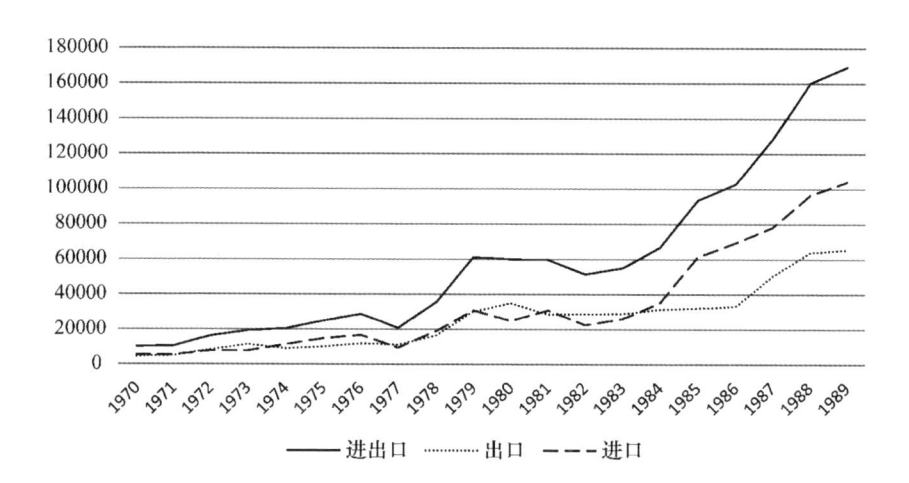

图1 中国对意大利贸易进出口总值表(1970—1989) *

单位:万美元

* 资料来源:中华人民共和国对外经济贸易部编《对外贸易统计资料汇编(1950—1989)》,1990年版,第100页。

另一方面,则是中意两国政府在20世纪90年代所达成的一系列合作协定激发了旅意华侨华人对住在国、祖籍国投资建设的积极性。例如,《中意经济合作协定》于1991年5月正式签订,这不仅象征中意两国的合作愈加密切,还标志着当时以美国为中心的西方势力所建立之对中国的经贸封锁出现突破口。又如,在1999年举办于美国西雅图的世贸组织部长级会议上,意大利外交部长Lamberto Din与外贸部长Piero Fassino赞成重新接纳(readmitting)中国成为世界贸易组织的成员。[①]

---

① Valter Coralluzzo, "Italy's Foreign Policy toward China: Missed Opportunity and New Chances", *Journal of Modern Italian Studies*, Vol. 13, No. 1, 2008, pp. 6-24.

自20世纪90年代起,旅意华侨华人在意大利华人社会中利用此前赚取的资本建设众多华人社团、华文学校及华文媒体,即"华人社会三大支柱"①。这些彰显桥梁作用的社会组织不仅壮大华人社会整体规模、凝聚广大华侨华人群体、稳固中华文化代际传承与联络中意两国政府,还为中意双边合作的长远发展提供裨益。

1. 以地缘为主的华人社团逐步成立,对接主流社会并发挥双边贸易作用

旅意华侨华人利用中意两国多领域资源建设华人社团,开辟与中意政府沟通的渠道。据统计,至1995年,意大利华人社团数量达20个,而这项数据在此后的时间里不断上升。② 关于华人社团分类,李明欢曾将海外华人社团分作地缘社团、血缘社团、业缘社团、文化社团、慈善社团与综合性社团六类,并认为,关于华侨华人社团的分类,可以运用不同的标准,做多种划分。③ 吴晓生根据社团功能与人员结构将华侨华人社团分作专业社团、综合社团、华商组织、文化社团四大类。④ 赵红英、宁一将华侨华人社团以亲缘、地缘、神缘、业缘和物缘五类文化内涵作划分。⑤ 本文依循李明欢所提出的社团分类方法。由于该阶段旅意华侨华人移民历史并不长久,规模也还不是很庞大,致使东南亚甚为常见的血缘宗亲社团在彼时意大利华人社会中极为缺乏。⑥ 此外,由于旅意华侨华人所从事之行业较为集中,故业缘社团亦是意大利华人社团的重要组成部

---

① 此概念最初被用于理解南洋华人社群,现今已扩及欧美华人社群的研究。参见周敏、刘宏《海外华人跨国主义实践的模式及其差异——基于美国与新加坡的比较分析》,《华侨华人历史研究》2013年第1期;严晓鹏、郑婷《中国语言文化在海外华侨华人社会中的传播研究——基于对意大利华侨华人社会的考察》,浙江工商大学出版社2018年版。
② 李明欢:《欧洲华侨华人史》,暨南大学出版社2019年版,第728页。
③ 李明欢:《当代海外华人社团研究》,厦门大学出版社1995年版,第331—332页;李明欢:《欧洲华侨华人史》,暨南大学出版社2019年版,第731—769页。
④ 吴晓生:《华侨华人社团机构名录》,广东华侨华人研究会2007年版。
⑤ 赵红英、宁一:《五缘性华侨华人社团研究》,同济大学出版社2013年版。
⑥ 李明欢:《欧洲华侨华人史》,暨南大学出版社2019年版,第739页。

分。例如，米兰华侨华人工商会（前身是成立于1956年的意大利北部华侨华人工商会）、意大利罗马华侨华人贸易总会（成立于1997年）等。不论是何种社团分类，华商群体都是意大利华人社团的核心力量。华商群体尝试搭建与住在国政府沟通以维护当地华商合法权益的平台。正如宋全成所说："欧洲国家的华人社团的迅速发展，是欧洲华人社会与政治需求的产物，华人社团的广泛存在，发挥了维系祖国情感、传播中国文化、沟通华人网络、维护合法权益的重要的社会功能。"① 这些旅意华侨华人通过建立华人社团对接中意两国政府，能更有效地把握移民、涉侨政策，进而为住在国华人社会乃至祖籍国侨乡的发展做出贡献。

2. 华文学校出现办学热，成为中意文化交流的重要载体

随着意大利华人社会的发展，旅意华侨华人逐渐意识到华文教育对子女身心成长的重要性，并希望通过华文学校为子女生活增添更多中华文化元素，拉近代际间对中华文化认同差距。1997年，意大利普拉托华人华侨联谊会在成立后不久创办了普拉托华人华侨联谊会中文学校。此种将华人社团与华文学校相联结有效地增加华人社会内部的凝聚力，弥合老少华侨华人之间的距离。毕竟对于老一辈旅意华侨华人而言，中华文化是其离开祖籍国后的精神寄托与社会人际网络建立的媒介，其在维系自身文化认同时，亦希望其后代能借由华文学校这一文化空间谙熟汉语，并对中华文化之传承有所接获。除了依靠华人社会中的内在自发性，一些意大利华文学校的建立还有赖于中意两国政府的外部支持。20世纪90年代华人社会中出现的"办学热"，一方面反映华侨华人群体内部对后代文化认同偏移的焦虑，另一方面则揭示中意两国政府对华文教育的重视。旅意华侨华人借助华文学校让华裔新生代了解长辈们在"他者"世界中所蕴藏的"自我"世界的模样，并认知自身所具有的双重文化背景。

---

① 宋全成：《欧洲的中国新移民：规模及特征的社会学分析》，《山东大学学报（哲学社会科学版）》2011年第2期。

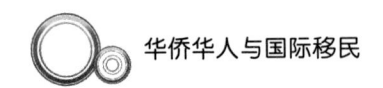

3. 华文媒体快速发展，为凝聚提供了重要平台

由于移民初期的旅意华侨华人主要将精力投入劳务工作，并多以社会中的"他者"自处，故缺乏及时掌握当地要闻或国际时事的媒介。至20世纪90年代，随着自身财富的积累及中意两国外交关系日益密切，旅意华侨华人意识到媒体行业的价值。截至2014年，意大利当地主流华文报社有6家，其中多是华侨华人于20世纪90年代所建立的，如《新华周末时报》（创办于1990年）、《欧华联合时报》（创办于1997年）、《欧洲侨报》（创办于2001年）等。[①] 此类华文媒体不仅整合国际政经要闻在华人社会中传播，还创设附有中意政府部门网站链接的官网及论坛在华侨华人群体中建立议政渠道。随着中意两国实时要闻通过华文媒体不断输入旅意华侨华人的日常生活，越来越多的华侨华人意识到参政、议政是将自身融入当地社会的重要途径。华文媒体为旅意华侨华人文化传承、启迪民智以及凝聚族群意识提供了重要平台，其跨文化传播意义，成为华侨华人与住在国主流社会、中国与住在国主流社会沟通的桥梁，也是制衡国际舆论的重要力量，是塑造中国形象的重要参与者。华文媒体在华人社会与中意两国政府之间扮演的角色，不仅帮助华侨华人融入意大利社会，还为华侨华人了解中意双边合作进程提供渠道。

（二）双边合作全面对接（2004—2019年）

2004年5月9日，中意两国政府就"建立稳定、友好、长期、持续发展的中意全面战略伙伴关系"发表联合声明，并强调两国将"在文化、科技、教育、环保、旅游、卫生、司法、信息和其他相互感兴趣的领域开展更多的合作"[②]。在此之前，中意两国政府主要聚焦于经贸领域的合作，而未将中意多元领域合作提升至国家战略

[①] 尧雪莲：《意大利华文报纸发展的现状与改进策略》，《传媒》2014年第12期。
[②] 中华人民共和国外交部：《中意两国政府发表联合公报》，2004年5月9日，https://www.fmprc.gov.cn/web/gjhdq_676201/gj_676203/oz_678770/1206_679882/1207_679894/200405/t20040509_9352363.shtml，2023年2月11日访问。

合作层面。门洪飞与江朋飞将中意全面战略伙伴关系的建立视作两国合作步入制度化轨道的标志。① 在中意全面战略伙伴关系缔结之后，两国形成更为紧密的多元领域合作关系。例如，中国于欧债危机爆发后不论是与意大利共同推进国际货币体系改革，还是与意大利围绕贸易投资、环保、创新、财政及文化交流等领域开展合作，皆展现这份伙伴关系的重要价值。② Giovanni Andornino 认为，国际金融危机背景下中国在增加国内市场需求与扩大境外投资方面的努力让中意战略伙伴关系走出了此前 20 年不对称竞争（asymmetrical competition）与异步性机会（asynchrony of opportunities）的循环特点，为意大利创造出口机遇。③ 鉴于两国在多元领域所取得的丰硕成果，意大利总理蒙蒂（Mario Monti）在出席 2012 年博鳌亚洲论坛年会时，向时任国务院副总理李克强表达关于中国支持意大利及欧盟国家应对欧债危机的谢意。④ 随着中意两国政府不断推动全面合作的伙伴关系，我们看到旅意华侨华人在经贸、文化及公共外交等领域所累积的多元贡献。

1. 旅意华侨华人在经贸领域的贡献

旅意华侨华人将两国贸易往来所涉猎的领域不断扩展，在造福中意人民日常需求的同时，助力中意高新技术领域发展。在中意关系进入新发展阶段后，旅意华侨华人在中意两国经贸领域发挥更明显的作用。该群体一方面加速拓展住在国市场，另一方面扩大对中

---

① 门洪华、江朋飞：《中意全面战略伙伴关系的历史演进与深化路径》，《国际展望》2020 年第 5 期。
② 中华人民共和国外交部驻香港特别行政区特派员公署：《杨洁篪外长谈胡锦涛主席访问意大利成果》，2009 年 7 月 8 日，http：//www.fmcoprc.gov.hk/chn/jb/szyw/200907/t20090708_7271185.htm，2023 年 2 月 11 日访问；中华人民共和国外交部：《温家宝与意大利总理贝卢斯科尼举行会谈》，2010 年 10 月 8 日，https：//www.mfa.gov.cn/web/zyxw/201010/t20101008_310065.shtml，2023 年 2 月 11 日访问。
③ Giovanni Andornino, "The Political Economy of Italy's Relations with China", The International Spectator, Vol. 47, No. 2, 2012, p. 96.
④ 中国政府网：《李克强在博鳌分别会见蒙蒂、吉拉尼和马西莫夫》，2012 年 4 月 1 日，http：//www.gov.cn/ldhd/2012-04-01/content_2105533.htm，2023 年 2 月 11 日访问。

国市场的投资,与中方商界人士展开合作。作为托斯卡纳大区中的"华人城",普拉托市在此阶段已凭借当地华侨华人群体自上世纪末以来所奠定的贸易基础成为中意双边合作重镇。可见,旅意华侨华人在发展推进意大利经济建设的同时,也带动了中意两国的经贸往来。不过,随着华商群体不断壮大,其与意大利其他族裔存在的竞争与冲突亦有所增加。① 这种源于经贸领域的竞争与冲突除了揭示族裔之间的文化差异,还反映出意大利华商影响力于中意两国建立全面战略伙伴关系后在意大利国内市场中的迅速扩大,进而打破原有的市场格局。如意大利华商总会会长王家厚所言:"整条街都变成华人经营的服装商店,而与当地居民生活息息相关的日用品商店、咖啡厅、面包店等都慢慢消失了。"②

2. 旅意华侨华人在民间文化交流方面的贡献

旅意华侨华人作为中意两国文化交流的使者,借助文化媒介维系两国人民情谊做出了突出贡献。意大利国际广播传媒有限责任公司(IIRM)监管运营人孙运之搭建了覆盖意大利八大区共计受众2200万人口的广播电台网络,他表示:"我们的电台有两套体系,一是意大利语电台调频系统,在罗马、米兰、都灵等15个城市开播,介绍中国文化,播发中国新闻;二是华夏之声中文电台调频系统,在米兰、普拉托和佛罗伦萨3个华人聚居城市开播,为华侨华人提供国际和中国资讯。"③ 可见,旅意华侨华人在推动中华文化海外传播方面发挥巨大作用。此外,华侨华人还将意大利本土文化资源向中国社会传递,如来自浙江玉壶镇的意大利华侨将意大利餐饮

---

① 李梅:《普拉托温州人快时尚产业集群网络的演化分析》,硕士学位论文,温州大学,2017年;李梅:《普拉托华人移民与族裔经济的研究综述》,《当代经济》2018年第11期。

② 王莉莉:《意大利华商总会会长王家厚:为华侨搭建投资平台》,《中国对外贸易》2010年第1期。

③ 《意大利华商孙运之:"中国发展带给我巨大机遇"》,2019年7月4日,http://ydyl.people.com.cn/n1/2019/0704/c411837-31213131.html,2023年2月11日访问。

文化引入侨乡，使当地人民了解异域文化。①

3. 旅意华侨华人在公共外交方面的贡献

旅意华侨华人作为中意两国公共外交领域的代表，在对政府部门献计献策、对社会大众宣传政策以及对华人群体自身能力建设等方面都作出极大贡献。进入21世纪后，华二代、华三代及新华侨群体逐渐融入意大利社会。这些华裔新生代具有较强组织管理能力和服务公益的社会责任感，深谙中意两国国情、法律，熟知中国及意大利两国的历史文化背景，形成了以青年企业家、律师及学者为代表的精英群体。他们从凝聚族群意识出发，与祖籍国同频共振，反独促统，促进中意两国公共外交事业的发展。例如，意大利华人华侨民族事业联协会于2004年8月正式成立。这个以意大利佩斯卡拉大区温州籍华商为主体的社团奉行"热爱祖国，关心祖国建设发展，坚决拥护祖国和平统一，努力为促进和平统一作贡献；积极促进意中两国人民的友好相处和民族团结；为意中两国的友谊作贡献，为意中两国的经济发展作贡献"等宗旨。② 又如，2011年2月，旅意华侨华人通过成立意大利和平统一促进会，来表达自身对祖国和平统一、海峡两岸灾害消弭的期盼。2017年，在意大利佛罗伦萨，意大利和平统一促进会主办所主办的"全球华侨华人促进中国和平统一大会"正式召开，会上重申九二共识。③

三 旅意华侨华人参与双边合作动因分析

旅意华侨华人自中意建交以来所累积的贡献与两国外交关系的

---

① 《玉壶镇：侨韵悠悠满壶山（新时代·新侨乡）》，2019年11月22日，http://www.chinaql.org/n1/2019/1122/c419650-31469151.html，2023年2月11日访问。
② 《华侨社团》，http://www.66wz.com/html/qw/hqst-ouzhou.htm#ydl，2023年2月11日访问。
③ 《全球华侨华人促进中国和平统一大会通过"佛罗伦萨宣言"》，2017年7月28日，http://www.zhongguotongcuhui.org.cn/hnwtchdt/201707/t20170728_11824970.html，2023年2月11日访问。

阶段性发展形成共振关系。笔者认为，旅意华侨华人所维系的两栖家庭模式是该群体长期参与中意双边合作的主要影响因素。

旅意华侨华人经历数十年的自身发展已组建成千上万的大小家庭，并扎根于当地华人社会。这些移民家庭普遍存在两个明显的特征。第一个特征是加入意大利国籍的比例不高，家庭成员存在国籍分化。老一代华侨落叶归根的思想较强，一般不太愿意入籍，华裔新生代入籍较多，融入主流社会意识较强。[1] 意大利多种族研究促进基金会（ISMU）的研究成果亦指出来自中国的移民更趋向于保留原国籍而不愿加入意大利国籍。[2] 由于意大利华人社会之发展主要依赖20世纪70年代以后的移民群体，故移民社会的建设历程较法国、东南亚等具有悠久华人移民史的地区更短，融入当地社会的程度更为有限，进而存在一个家庭中长辈仍持有中国国籍、晚辈加入意大利国籍的普遍状况。据统计，截至2014年1月1日，持有意大利合法居留证的中国籍合法居民人数为320794人[3]，即便此项数据在2017年下降至309110人[4]，中国籍公民在意大利华人社会中的数量仍非常庞大。第二个特征是旅意华侨华人所建立的家庭存在内部成员分住在国与祖籍国两地的生活模式。如年轻的父母将其子女托付给侨乡长辈抚养，而自己则在意大利务工。张巧宏、王汉卫及张金桥在其研究中指出，"33.1%的学生小学前居住时间最长的地方是中国，这是意大利华二代的特别之处"[5]。昂翁绒波在关于成都市藏族移民生活的研究

---

[1] 《意大利米兰地区侨情概况》，2009年，http://qwgzyj.gqb.gov.cn/hwzh/147/1395.shtml，2023年2月11日访问。

[2] 《近十年入籍移民数涨幅接近五倍 华人多保原籍》，2017年10月30日，https://m.juwai.com/news/233615，2023年2月11日访问。

[3] Istat, I CITTADINI NON COMUNITARI REGOLARMENTE SOGGIORNANTI, (2022), https://www.istat.it/it/archivio/129854，2023年2月11日访问。

[4] Istat, NON-EU CITIZENS: PRESENCE, NEW INFLOWS AND ACQUISITION OF CITIZENSHIP2022, (2022), https://www.istat.it/en/archivio/224319，2023年2月11日访问。

[5] 张巧宏、王汉卫、张金桥：《意大利华二代祖语保持研究》，《华文教学与研究》2021年第2期。

中使用"两栖"一词来描述"个人与群体因经济需求、政策导向等诸多因素前往其他民族聚居地区工作与生活,尝试进入当地社会。与此同时,其与所属民族及故乡仍有联系,仍在当地社会有其地位与作用"的现象,并揭示藏族移民群体在移出地与移居地之间的多元困境。① 相似地,这种"两栖"生活模式亦能被用于描述意大利华人社会中的移民家庭。一方面是尝试融入住在国,建设意大利华人赖以生存的移民空间;另一方面是随时准备回归祖籍国,反哺侨乡区域经济、文化等领域的繁荣。旅意华侨华人在以家庭为单位谋求生存与发展的过程中做出上述看似矛盾的行为活动,实则是其在中意两国之间寻求身份、文化认同之平衡的结果。

对祖(籍)国深深地眷恋与散布于中国境内的侨乡是旅意华侨华人家国情怀的依托。自中意建交以来,旅意华侨华人以华人社团为载体向意大利社会输入来自中国侨乡的文化象征,分享给当地非华族居民富有家国特色的文化符号。著名意大利侨领缪友谊在访谈中表示:"我们在意大利就是中国的象征与标识,意大利人把你和中国统一起来,中国发生灾难的时候,身边的意大利朋友会对你表示慰问,而中国强大有好事的时候,他们会对你表示祝贺。"② 与此同时,旅意华侨华人亦通过华人社团所建立的贸易纽带将意大利优质的产品输往侨乡与国内城市,丰富桑梓人民的生活。家国情怀时刻影响旅意华侨华人,并促使其对民间交流渠道之维系予以重视,助推中意两国公共外交合作的发展。

作为常住居民的旅意华侨华人同时也深深爱恋中脚下的这片土地,在意大利在场关系中的华侨华人在经济得到一定发展之后,特别是华侨意大利社会内部存在的族群竞争与华人社会的自身封闭性特征等都唤醒着旅意华侨华人的参政意识。随着旅意华侨华人在当

---

① 昂翁绒波:《"两栖"生活的塑造》,硕士学位论文,吉林大学,2020年。
② 笔者于2022年2月11日在温州对缪友谊进行的访谈。

地社会之影响力逐渐壮大，其尝试获取政治资本以推动中意两国的友好往来，改善华侨华人群体在当地的生存状况，为该群体争取更多的权益。2019 年 6 月，祖籍为中国浙江的两位意大利籍华人王小波（Marco Wong）与林诗炫（Teresa Lin）成为意大利普拉托市新晋议员，其中，王小波呼吁"华人社区需有自己的话语权"①。

四　结　语

旅意华侨华人身份的"双重性"与其家庭构成的"两栖"特征决定了旅意华侨华人频繁往来中意两国推动中意双边关系发展的积极性，而中意两国外交关系的不断深化则为旅意华侨华人创造大显身手的契机。在本文所划分的中意两国外交关系发展的三个阶段中，可见旅意华侨华人从建设华人社会支柱，到全面开展双边合作交流，再至竭力维护民心相通的历程，是华侨华人筚路蓝缕、营生海外、辛勤致富的动人案例。不断深化的外交关系为旅意华侨华人群体创造机遇与财富，与此同时，来自意大利华人社会的华侨华人群体亦通过自身所累积的贡献为中意两国外交关系的深化提供裨益。正如乔尔·S. 米格代尔所言："社会中的权威和自治力对国家的塑造不亚于或是超过了国家对它们的塑造。"② 从旅意华侨华人的案例中可见，海外华人社会不仅与住在国形成互动关系，还与祖籍国之间保持稳定的联系，最终在两国双边合作中发挥桥梁作用。在未来，这一群体将继续推动中意关系乃至中欧关系向和平友好的方向发展，并在"一带一路"倡议、人类命运共同体理念框架及新发展格局等方面实现其价值。

---

① 中国侨网：《两位浙江籍华人获选意大利普拉托市议员》，2019 年 6 月 11 日，www. chinaqw. com/hqhr/2019/06-11/224514. shtml，2023 年 2 月 11 日访问。

② Joel S. Migdal, Atul Kohli and Vivienne Shue (eds.), *State power and social forces: Domination and transformation in the Third World*, New York: Cambridge University Press, 1994, p. 20.

Contribution and Motivation of Overseas Chinese in Sino-Italian Bilateral Cooperation

BAO Han – li, XIA Pei – gen

Abstract: Overseas Chinese in Italy serve as a bridge and civil Ambassador for in-depth cooperation between China and Italy. In this paper, the development of China-Italy diplomatic relations since the establishment of diplomatic ties more than 50 years ago is divided into three stages: the initial appearance of the bridge function of the three pillars of overseas Chinese society in Italy (1970 – 2003), the comprehensive connection of bilateral cooperation (2004 – 2019), and the joint anti-epidemic partnership basing on the Belt and Road Initiative (2020 – 2023). The vital contribution of overseas Chinese in Italy to the bilateral collaboration in each stage is also reviewed. The paper holds that the "duality" of the identity of overseas Chinese in Italy and the "amphibious" characteristics of their families are the main factors that promote their long-term participation in the bilateral cooperation between China and Italy. The continuous deepening of Sino-Italian diplomatic relations creates opportunities for overseas Chinese in Italy to give full play to their skills and connect them closely with their ancestral and living country.

Keywords: Overseas Chinese in Italy; Sino-Italian Diplomatic Relations; Contribution and Motivation

中东欧华侨华人发展及其研究概略*

徐 刚**

摘要： 中国人移居中东欧的规模小、历史短。学术研究也大抵如此。如果欧洲华侨华人研究整体上比起东南亚、非洲、美洲等其他地区来说仍显不足的话，那么，中东欧华侨华人研究更是处于边缘地带，涉猎者屈指可数。颇具意外的是，即使在为数不多的学术研究中，国外学界比中国学界对中东欧华侨华人的研究更早、更多。作为"一带一路"的开拓者、联络者和建设者，中东欧华侨华人在推进中国与相关国家的关系中扮演重要作用，他们自身也是中国海外利益安全的组成部分。因此，在政府部门加大政策投入的同时，学界也应增加关注，拓展和深化中东欧华侨华人研究，为维护中东欧华侨华人利益积极建言献策。

关键词： 中东欧；华侨华人；一带一路；百年变局；海外利益

一 引 言

相比东南亚、非洲等地区，中国人移民欧洲的历史起步晚、发展慢、规模小。有研究表明，直到19世纪末20世纪初，中国移民

---

* 【基金项目】本研究是中国侨联重点课题"中东欧地区华侨华人史研究"（项目编号：19AZQK205）阶段性成果。
** 【作者简介】徐刚，男，中国社会科学院俄罗斯东欧中亚研究所研究员，中国社会科学院"一带一路"研究中心副秘书长。

才开始作为一个来自遥远国度的异族小群体若隐若现于欧洲社会中。① 中国人移居中东欧②的规模则更小、历史更短。学术研究也大抵如此。如果欧洲华侨华人③研究整体上比起东南亚、非洲、美洲等其他地区来说仍显不足的话，那么，中东欧华侨华人研究更是处于边缘地带，涉猎者屈指可数。显然，这种现象与中国发展和对外战略的现实极不相符。众所周知，在新中国对外关系史上，中东欧国家是一个较为特殊的群体。首批与新中国建交的国家多是东欧国家。2012 年开启的中国—中东欧国家合作平台成为 2013 年"一带一路"倡议实践的先锋。在此过程中，民心相通对于增进双方关系发挥着显著的作用，同时也涌现出诸多的暖心人物和暖人故事。概言之，作为"一带一路"的开拓者、联络者和建设者，中东欧华侨华人在推进中国与相关国家的关系中扮演重要作用，他们自身也是中国海外利益安全的组成部分。从这个意义上讲，梳理中东欧地区华侨华人发展历程并对其研究进行系统总结具有十分重要的学术价值和应用价值。在学术上，第一，有助于拓展华侨华人的研究版图；第二，有助于中国海外利益安全理论与实践的丰富；第三，有助于完善"人类命运共同体"的理论构建。在实践上，第一，有助

---

① 李明欢：《欧洲华侨华人史（增订版）》（上卷），暨南大学出版社 2019 年版，第 25 页。

② 东欧是一个高度不稳定、概念极其复杂的术语，至少包括文化、地缘政治和地理等层面的界定。在文化上，东欧指中欧和西亚之间受拜占庭、东正教和奥斯曼影响的地区。在地理上，它指的包括俄罗斯、乌克兰和前东欧社会主义国家等欧洲东部地域。在政治上，它指冷战期间包括在历史上和地理上属于中欧和东南欧的社会主义国家。政局剧变之后，随着"回归欧洲"进程的展开，以前被称为"东欧"的国家纷纷抛弃这一称谓，自称"中欧"或"中东欧"，其数量也在不断变化中。在国际政治学文献中，人们更多使用"中东欧"或"东中欧"来称谓原"东欧"国家。因此，本文大体以东欧剧变为界，前称东欧，后称中东欧，而未作区分时统一使用（中）东欧。朱晓中：《"东欧"概念的嬗变及其界定困境》，《区域与全球发展》2019 年第 3 期；徐刚：《改革开放 40 年来的中国（中）东欧研究：基于学科建设的初步思考》，《俄罗斯东欧中亚研究》2020 年第 1 期。

③ 国内学界对华侨、华人、华裔有较为确切的定义。华侨指的是定居在中国之外国家的中国公民，华人指已加入外国国籍的原中国公民，华裔则为在中国之外国家出生的华侨华人的后裔。本文若无特别说明，统一使用"华侨华人"的称谓。

于国内决策部门完善侨务政策、推进侨务工作，有助于使领馆更好地开展领事服务和保护工作；第二，有助于推动和引导华侨华人参与中国—中东欧国家合作和"一带一路"倡议，有助于推动构建人类命运共同体；第三，有助于帮助中国公民深入了解所在国国情、社情和民情，塑造中国公民走出去的文明水平和规范意识，进而从另一个层面推进中国与中东欧国家的关系与交往。

二　中国人移居中东欧的历程

尽管中国人移民世界各地的情况大不相同，但新中国的成立是一个重要的分水岭。对于中东欧地区来说，这种对比的情况在新中国成立前后也十分明显。

（一）新中国成立前中国人移居东欧的历史

清代以前，中国人移民或定居东欧的历史几不可考。出现这个现象大体有两个原因：一是古代中国人惯常"东南飞"，前往东南亚地区寻找商机并落地生根，经陆上丝绸之路辗转至东欧地区的商人虽也有不少，但选择定居的不多，要么生意结束后返回家乡，要么客死他乡。二是东欧地区在19世纪中叶前基本是奥匈帝国、奥斯曼帝国的地盘，民族国家的独立进程相对滞后，所谓海外人群移居东欧的概念并不成立。19世纪末开始特别是"一战"结束后，东欧国家纷纷独立，我们认识和研究的东欧才成为独立的对象。于是，一个颇具意味的现象出现了，在很长一段时间特别是新中国成立前，作为人口大国的中国人移居中东欧的反而比中东欧人侨居中国的少。[1]

---

[1] 参见彭裕超《南部斯拉夫人游记中的中国形象（1616—1945）》，博士学位论文，北京外国语大学，2020年；叶柏川：《俄国来华使团研究（1618—1807）》，社会科学文献出版社2010年版；[法]荣振华：《在华耶稣会士列传及书目补编》，耿昇译，中华书局1995年版；[波兰]约瑟夫·弗沃达尔斯基：《波兰人意识中的中华帝国》，赵刚译，《欧洲语言文化研究》2008年第4辑；Olga Bakich, *Harbin Russian Imprints: Bibliography as History, 1896-1961: Materials for a Definitive Bibliography*, New York: Norman Ross Publishing Inc., 2002.

晚清时期，曾纪泽、容宏、郭连城、康有为、梁启超等仁人志士走出国门，游历欧美，他们记录的日记、写就的游记等作品不仅帮助国人了解当时的世界面貌，也客观上成为早期华侨华人史研究的组成。其中，康有为特别值得一提。从1898年9月28日离境到1913年12月1日回国，康有为16年的漫游历经40多个国家和地区，其中东欧国家就有匈牙利（当时应为奥匈帝国）、保加利亚、罗马尼亚和塞尔维亚等。康有为写作的《欧洲十一国游记》中专列匈牙利一篇。① 梁启超也曾游历欧洲，虽未曾到过东欧国家，但对塞尔维亚等国家给予了较大关注。② 此外，有两个青田商人值得一提。第一个是林培中。1906年，林培中偕乡人越西伯利亚经莫斯科到达波兰等欧洲国家，但是具体哪一年抵达波兰，停留了多久等信息暂无史料考证。另一个是朱耀奎，他于1909年抵达塞尔维亚是目前发现唯一一条并非转道或途径而以东欧地区为明确目的地的出国记录。遗憾的是，关于朱耀奎后来在塞尔维亚的记载或是没有，或是失传。③

"一战"前后以及军阀混战时期，大量的中国工人外出寻觅生计，一部分人主要经俄国辗转到达东欧地区。"华工"不仅在东南亚和俄国，也在欧洲及其他地区成为中外交流的桥梁。与此同时，也有一些人自愿前往海外谋求发展。现有记载的人物并不多，王岩郎是其中之一。1919年9月，温州人王岩郎离开家乡前往欧洲谋生。他从温州乘海轮去上海，同月下旬乘外轮从上海启程，途经32天抵达法国马赛，再从马赛到达巴黎。④ 王岩郎在西欧的法国、西

---

① 康有为：《欧洲十一国游记》，中国文史出版社2019年版。
② 梁启超在给旧韩末期知识分子沧江金泽荣的《丽韩十家文抄》一书作序时提出了新的亡国论并以欧洲塞尔维亚为例论述了一个国家民族文化传统的重要性，激励沧江的事业。
③ 青田华侨史编纂委员会：《青田华侨史》，浙江人民出版社2011年版，"大事记"第2页，第14页，转引自胡文静、张海燕、孔寒冰《浙江籍华侨华人在中东欧：起源、发展与特点》，《八桂侨刊》2021年第4期。
④ 《温州人海外奋斗史：筚路蓝缕 创业海外》，温州网，2012年10月29日，http://news.66wz.com/system/2012/10/29/103412157.shtml，2022年6月30日访问。

班牙、奥地利,以及东欧的捷克斯洛伐克、苏联、立陶宛等都待过,靠沿街贩卖小商品为生。1932 年,王岩郎最终选择定居在波兰,并用自己从事小贩 11 年省吃俭用的积蓄在波兰第二大城市罗兹开设了一家副食品商店,主要经销中国的火腿、香肠、大米、面粉、牛奶等。由于薄利多销、服务热情,他的生意一度颇为兴隆。然而,随着 1939 年 9 月第二次世界大战的爆发,波兰数十个大小市镇霎时间在德国法西斯的炮火下化为废墟,王岩郎多年的积蓄顿时化为乌有。德军战败后,波兰人民在战争中遭受的损失由政府酌情赔偿,但王岩郎因为是中国人而无缘获赔。① 这一时期波兰还有不少华侨。据王岩郎介绍,抗日战争打响后,欧洲华侨积极参与抗日救国运动。继英国、德国、法国、荷兰等国家的华侨抗日救国社团成立后,波兰华侨抗日救国联合会也于 1938 年秋成立,主要负责人是裘显南、吴流源、徐良波等。② 作为浙江人甚至是中国人在东欧较早成立的社团,该联合会积极响应和支持全欧华侨抗日救国联合会的活动,为抗日战争贡献了自己的力量。王岩郎本人则担任联合会的经济委员,主要任务是向华侨宣传抗日救国思想,筹集经费支援祖国抗日战争。王岩郎积极奔走,动员广大华侨捐款,本人慷慨捐献 500 斤铁(折合国币 125 元)。③

另一位旅欧侨胞陈里特和一位旅捷侨胞朱祥需要提及。陈里特系浙江永康人,他于 1927 年赴法国留学,其间专门对波兰、苏联、德国等国家进行了游历考察。陈里特不仅是一名华侨,而且成为一名早期的华侨华人研究者。他在 1933 年出版的《欧洲华侨生活》一书成为研究欧洲早期华侨华人史的重要文献。据陈里特的研究,在 1930 年前后捷克斯洛伐克、波兰、匈牙利、保加利亚、罗马尼亚

---

① 参见章志诚《飘泊欧洲三十载:记百岁旅波归侨王岩郎》,温州市政协文史资料委员会编:《温州文史资料》(第七辑),浙江人民出版社 1991 年版,第 127—133 页。
② 参见李明欢《欧洲华侨华人史(增订版)》(上卷),暨南大学出版社 2019 年版,第 267 页。
③ 参见章志诚《温州华侨史》,今日中国出版社 1999 年版,第 84 页。

和南斯拉夫的华侨华人数分别为 250 人、139 人、49 人、37 人、7 人和 4 人。① 可见，那个时候捷克斯洛伐克的华侨华人最多，他们多以小贩为生。这里要提到的另一位就是旅居捷克斯洛伐克的青田华侨朱祥。有关朱祥生平介绍的资料不多，只知道他在 1938 年受"中国留德学生抗战后援会"之托油印《抗战报》，及时散发给侨胞。同时，朱祥还积极参与募捐筹款，抵制日货。后来他去意大利，和同乡孙耀光及文成华侨胡志贤一起奔走于意国华侨之中，踊跃参加各种抗日爱国运动。②

东欧国家进入社会主义阶段后，大规模的国有化运动开启，私有经济基础遭到摧毁，东欧各国的华侨小商贩被完全排斥在主流经济之外。这样，原本为数不多的中国侨民纷纷萌生去意，选择再流动：有的回归故土，有的则转道他国。王岩郎也告别他生活了数十年的波兰，于 1948 年返回中国。继续留在东欧国家的华侨华人虽然规模不大，但大体形成了后来中国人前往东欧国家的基本分布格局，成了早期在东欧国家的侨民。遗憾的是，有关他们的资料和研究均非常少。

（二）新中国成立后华侨华人移居中东欧的历史

新中国成立后到改革开放开启，随着中国和东欧国家外交关系的建立以及一段蜜月时期的出现，中国和东欧国家互派留学生。应当讲，在一段时期内，留学生成为中国人移居东欧的重要群体。

1950 年 9 月 6 日，中国政府从大学毕业生中遴选出 25 人分赴捷克斯洛伐克、波兰、罗马尼亚、匈牙利和保加利亚，每国 5 人。年底又从重工业部和燃料工业部推选 5 人去捷克斯洛伐克学兵工，5 人去波兰学煤矿专业。这 35 人开辟了新中国派遣出国留学生的先河。③ 此外，留学生人数日益增多。据统计，1950—1956 年，中国向民主

---

① 陈里特：《欧洲华侨生活》，海外月刊社 1933 年版，第 29—31 页。
② 朱礼：《文成华侨志》，中国华侨出版社 2002 年版，第 214 页。
③ 《出国留学六十年》，《文摘报》2011 年 3 月 10 日第 8 版。

德国、波兰、捷克斯洛伐克、匈牙利、保加利亚、罗马尼亚、阿尔巴尼亚、南斯拉夫等东欧国家共派出 985 名留学生。① 不少留学东欧的学子返回祖国后成为各行各业的领军人才。首批在东欧学习的留学生，或留在了驻在国的中国大使馆任职，或回到国内在外交部、大学工作。在中国与东欧各国党政高层交往中，他们中不少人承担着翻译任务，在中国与这些国家的双边关系发展中做出了贡献。他们中有些人后来成为大使、参赞，有的在其他岗位上做出突出贡献。比如在罗马尼亚留学的赵声振，原是清华大学化工系毕业生。他在为来罗马尼亚交流考察的中国石油工业代表团做翻译时，被石油系统的领导看中，转入石油领域，后来成为中国海洋石油天然气总公司副总经理。又如在保加利亚留学的杨燕杰，后来在中保两国文化交流中成绩斐然。他主持编写了中国第一部《保加利亚语汉语词典》，荣获保加利亚颁发的"基里尔和麦托迪"勋章，后来又荣获保加利亚共和国总统颁发的国家一级"马达尔骑士"勋章。② 后来留学保加利亚的马细谱研究员专注于保加利亚、南斯拉夫以及巴尔干历史研究，在巴尔干地区享有较高声望。70 岁寿辰时，保加利亚方面专门成立了马细谱生日纪念委员会并开展了系列活动。2014 年，保加利亚驻华使馆向马细谱先生转达保国民议会议长米哈伊尔·米科夫向其颁发的银质奖章和证书，以表彰其"多年来为发展保加利亚共和国和中华人民共和国友好关系所做出的贡献"。

同时，留在东欧或者经东欧移居其他西方国家的也有一些。其中最为著名的当数傅雷的大儿子傅聪。《傅雷家书》中有不少关于傅聪留学波兰时与傅雷及家人的通信。1954 年，傅聪受中国政府派遣，前往波兰学习。他在音乐上成绩斐然，于 1955 年在第五届肖邦国际钢琴比赛上获得了第三名的成绩，成为第一个在国际性钢琴比

---

① 苗丹国：《出国留学六十年——当代中国的出国留学政策与引导在外留学人员回国政策的形成、变革与发展》，中央文献出版社 2010 年版，第 74 页。
② 转引自王凡《新中国首批公派留学生在东欧求学的日子》，《党史博览》2011 年第 3 期。

赛中获奖的新中国音乐家。后来，傅聪的思想路线出了偏差，出走英国并加入了英国国籍。

进入20世纪60年代，尽管苏联的国力和地位是社会主义阵营内部最强的，但各国在意识形态上的立场取代和超越了对国家实力的认同。中苏大论战以及此后爆发的边境冲突是这种分歧的突出典型，这对中国与东欧国家关系产生了深远影响。在中苏分歧加深和论战全面化的进程中，东欧国家基于自身对于意识形态的理解和国家利益的需要在对华关系上出现大分化，分为跟随苏联疏华反华的"东欧五国"（民主德国、波兰、捷克斯洛伐克、保加利亚和匈牙利）、由爱及恨的阿尔巴尼亚、平稳发展的罗马尼亚和南斯拉夫。[①]一句话，经历初期的蜜月后，中国与东欧国家的关系进入大分化时期，且整体上走向恶化。受政治环境的影响，至20世纪60年代末，苏联境内的华侨社会基本悄无声息，东欧地区则几乎成为华侨分布图上的空白点。[②] 这种情形维持了较长时间。

进入20世纪80年代后期，东欧地区发生了翻天覆地的变化。此后短短数年时间，从中国奔涌朝向东欧地区的移民潮开启，东欧华侨华人社会的历史从此翻开了崭新一页。如果说改革开放以后出现的流向西欧的移民潮，是以战前定居西欧者为始发点而延续拓展的连锁迁移网络，那么，当代移民东欧的先导却是一批从事中苏之间长途贩运的"倒爷"，其最初移民构成以具有强烈经济意识的人群为主，其移民人流骤升骤降，进退突兀，显示出以经商开道的开拓性移民所具有的突出特征。

除了经俄罗斯入境东欧的"倒爷"现象外，中国和东欧国家间还上演了"匈牙利狂想曲"。这就是1988年10月"中匈互免签证协议"签署带动的大规模赴匈移民潮。据统计，此前到匈牙利"闯

[①] 参见朱晓中、徐刚《1949年以来的中国与（中）东欧关系》，《中国国际战略评论》2019年第1期。

[②] 李明欢：《欧洲华侨华人史（增订版）》（上卷），暨南大学出版社2019年版，第410页。

天下"的中国人大约有 200 人，多从布达佩斯的跳蚤市场起家。①互免签证协议生效后，移居的人数猛增。据匈牙利警方资料显示，1989—1990 年间，平均每月接到中国人的居留申请 3000 件，1990 年全年入境的中国人将近 1.2 万，1991 年又猛增到 27330 人，是前一年的两倍以上。②据中国学者综合一些数据估算，从 1989 年至 1992 年的三年时间里，进入匈牙利的中国新移民约 3 万人。③ 他们大多集中在四虎市场及其周边地段。随着 1992 年互免签证协议的失效，进入匈牙利的移民潮开始减退，并且不复再现。

需要提到的是，在 1991—1992 年期间，经匈牙利或者错路进入其他中东欧国家的中国移民也非常多。特别是进入罗马尼亚的中国人每年多达万人。其原因主要在于，罗马尼亚驻匈牙利大使馆开放赴罗马尼亚签证，只要随护照交 15 美元即可得到 30 天的罗马尼亚签证。④ 还有的则是因为"走错了路"。据一些罗马尼亚中国移民回忆："当初本想到匈牙利，由于乘错火车到了罗马尼亚"，"出国前根本没想过到罗马尼亚，当年阴差阳错来到这个国家"，"本想以罗马尼亚为跳板，前往西欧或其他国家，没想到却成了'旅罗华侨'"⑤。欧罗巴、尼罗、红龙、唐人街四个市场见证了罗马尼亚华商的风风雨雨。另外，还有不少中国移民以匈牙利为中转站和跳板，进入西欧国家（如德国和法国）、南欧国家（如意大利等）以及北欧国家。

在 20 世纪 90 年代初的"匈牙利热"中，中东欧华侨华人大体出现了匈牙利、罗马尼亚、捷克和斯洛伐克的分布格局，并涌现出了一批杰出的新侨。其中定居匈牙利的张曼新被称为"新一代的海

---

① 湘南：《严峻的转折，巨大的机会》，（匈牙利）《欧洲导报》1995 年 1 月 4 日。
② Pál Nyíri, *New Chinese Migrants in Europe: The Case of the Chinese Community in Hungary*, London: Routledge, 1999, p. 32.
③ 李明欢：《欧洲华侨华人史（增订版）》（下卷），暨南大学出版社 2019 年版，第 511 页。
④ 胡文静、张海燕、孔寒冰：《浙江籍华侨华人在中东欧：起源、发展与特点》，《八桂侨刊》2021 年第 4 期。
⑤ 李明欢：《欧洲华侨华人史（增订版）》（下卷），暨南大学出版社 2019 年版，第 514 页。

外侨界领袖"。初来乍到的张曼新也是以摆地摊起家，经过一段时间的积累后创办了"匈牙利长城有限责任公司"。仅仅两年，该公司跻身匈牙利华人企业"十佳公司"的行列，在捷克、斯洛伐克、波兰等国成立了分公司，并在中国的北京、广东、福建等地设立了办事机构。1993年12月，张曼新领导成立匈牙利第一家华侨华人社团"匈牙利华人联合总会"，并担任首任会长。1998年，张曼新被推举为欧洲华侨华人社团联合会第六届主席。同年，张曼新领导成立匈牙利中国和平统一促进会并任会长，积极推动德国、法国、意大利、奥地利等国成立中国和平统一促进会。1999年9月，欧洲中国和平统一促进会成立，张曼新任首任会长。在张曼新的倡议下，欧洲中国和平统一促进会于2000年8月在德国柏林主办首次"全球华侨华人推动中国和平统一大会"，大会发表发《告全球华侨华人书》和《大会共同声明》，影响很大。[①]

另外一位被誉为"中匈文化交流使者"的余泽民先生也颇具影响。1964年出生的余泽民在中国音乐学院获得硕士学位后随着20世纪90年代初的出国潮来到了匈牙利。然而，余泽民在匈牙利的生活并非一帆风顺，居无定所、地摊叫卖的日子过了数年。正是在这种艰难岁月中，余泽民爱上了文学、结识了匈牙利诸多作家，并开始进行文学创作和翻译。余泽民先后将2002年诺贝尔文学奖获得者、匈牙利作家凯尔泰斯·伊姆雷（Imre Kertész）及其他匈牙利著名文学家的数部作品译成中文出版，出版中篇小说集《匈牙利舞曲》。同时，余泽民还积极推动中国文化在匈牙利传播，将中国古典文化经典作品如《道德经》《易经》译成匈牙利文。鉴于这些成就，匈牙利政府2017年授予余泽民"匈牙利文化贡献奖"。有评论称，余泽民先生或是唯一有资格进入匈牙利历史的中国人。[②]

---

① 参见方雄普、李斌斌《俄罗斯及中亚东欧华侨华人史话》，广东教育出版社2019年版，第172—178页。
② 《唯一一个有资格写匈牙利历史的中国人》，2016年11月9日，https：//www.sohu.com/a/118552411_394566，2022年6月30日访问。

此外，在南斯拉夫解体战争特别是科索沃战争后，大量中国商人来到南斯拉夫地区，一度有近万人商人涌入。很大程度上讲，到 21 世纪初及头几年，中东欧地区华侨华人的数量达到最高峰，此后一些"攒足资本"的商人转移到西欧及周边国家，中东欧华侨华人数总体下降，到 2010 年前后基本稳定了下来。虽然后来在中国与中东欧国家关系不断深入以及"一带一路"倡议启动的进程中华侨华人有一些变动，但基本上形成了当前以中欧维谢格拉德国家、罗马尼亚、塞尔维亚等国为主、其他国家均有分布的格局，内部的移动以及数目变化并不大。从人数看，最多的仍是匈牙利，约 3 万人。波兰、罗马尼亚、斯洛伐克分别约有 1.2 万人、9000 人和 3000 人。捷克和塞尔维亚均约有 5000 人。克罗地亚、波黑、黑山、北马其顿、阿尔巴尼亚等国均不足千人。中东欧华侨华人的来源地主要是浙江、福建、广东、北京及东北三省等地，基本从事餐饮、批发零售、国际贸易、旅游等行业。

三 中东欧华侨华人研究概略

学术研究的历程与现状大体与华侨华人的实践相契合。真正对中东欧地区华侨华人开展研究是东欧剧变之后。同时，相比国外学界来说，国内学界的研究更少、更加缺乏系统性和连续性。

（一）国内学界的中东欧华侨华人研究

相比对世界特别是东南亚地区的华侨华人研究来说，国内学界的欧洲华侨华人研究起步晚、研究作品相对少。同样，由于华侨华人总体人数少、进入时间相对晚，中东欧华侨华人研究之于欧洲华侨华人研究现状的差距也是这样的。学术研究一般谨慎使用"空白"二字，但就中东欧华侨华人研究而言，这种概括是恰当的。如果康有为等人的游历纪实算不上是严格意义上的学术研究，那么清朝灭亡以前的相关研究可以说几乎没有。此后到新中国成立前，对于欧洲华侨华人史最重要的参考文献只有陈里特的《欧洲华侨生活》等作品。虽然这本书中对于东欧国家着墨不多,但作者在介绍写作动机时谈到了他在欧洲多国的田野调查经历,其中包括波兰。①

新中国成立到改革开放开启期间,以留学生为主要群体的华侨华人交往实践很多,但相关的研究非常少。有关中东欧华侨华人的研究大体始于20世纪90年代初,这与80年代末以后兴起的移民东欧潮息息相关。起初,公开的出版物主要是以"中国人在东欧或某一东欧国家"为主题的纪实性文学作品②,如李中强著《泪洒多瑙河:中国人在匈牙利》、茂春著《中国人在东欧:90年代新热潮出国淘金纪实》③、牟国量主编《情寄多瑙——九十年代中匈友好纪实》,等等。人数较多的匈牙利成为重点关注,一些介绍性作品陆续出现。④

真正在学术领域展开相关研究是在进入21世纪之后,并呈现两个特点:一是研究集中于讨论中国新移民或新侨。二是研究力量仍然分散,没有专门的研究人员。厦门大学李明欢教授是为数不多在对整个欧洲进行研究时涉及中东欧地区的华侨华人研究专家。

从时间节点上看,2003年是一个标志性年份。这一年,李明欢教授及其他中国学者与法国、德国等欧洲学者共同撰写一组关于"欧洲的中国移民"的文章,发表在法国国际移民信息与研究中心《移民社会》(法语双月刊,*Migrations Societe*)第5期专辑上,除了以法国中国新移民为研究重点外,还包括对德国、丹麦、意大利、西班牙、葡萄牙以及东欧的匈牙利、捷克、波兰、斯洛伐克中国新移民的研究。同年,李明欢教授在《世界民族》第3期发表了《东欧社会转型与新华商群体的形成》,该文从东欧开放与新华商入市、

---

① 陈里特:《欧洲华侨生活》,海外月刊社1933年版。
② 还有一些关于俄罗斯、德国的著作,此处不作列举。
③ 李中强:《泪洒多瑙河:中国人在匈牙利》,中国物资出版社1992年版;茂春:《中国人在东欧:90年代新热潮出国淘金纪实》,中国旅游出版社1992年版;牟国量:《情寄多瑙——九十年代中匈友好纪实》,多瑙国际文化艺术有限公司1996年版。
④ 比如聂保臻(又译聂保真)、琳达《匈牙利的华人社区》,《国际人才交流》1993年第9期;李震《中国人在匈牙利》,《东欧》1994年第2期;杨永前《今日匈牙利和旅匈华人》,《中国经贸导刊》1998年第20期;高峰《华人在匈牙利撑起一片天》,《华人时刊》2001年第7期。

东欧市场发育与新华商群体崛起、动荡的东欧与动荡的华商三个层面梳理东欧社会转型与新华商群体的形成过程,并在此基础上剖析当代东欧华商的群体特征及存在的问题。① 从发表时间看,这可能是国内较早刊发对中东欧地区华侨华人研究的期刊。

此后十年期间,一些有关中东欧华侨华人研究的作品陆续问世。2009 年,上海外国语大学晏卿的硕士学位论文对旅居匈牙利布达佩斯的华人文化适应和身份认同冲突进行了专门探讨。② 2010 年,同济大学杨烨教授对中东欧华侨华人现状进行了剖析,特别是对波兰和匈牙利的华侨华人以及华文媒体进行了研究。③ 同年,世界华文作家协会欧洲分会会员李永华对捷克华文文学写作的现状及特征进行了深入讨论。④ 有关罗马尼亚、匈牙利等华商市场以及斯洛伐克华侨华人的研究也陆续涌现。⑤ 有意思的是,整整过了十年,李明欢教授发表个人第二部关于中东欧华侨华人的研究作品,即《罗马尼亚中国新移民研究:新华商与新市场》。该文追溯了 20 多年来罗马尼亚中国新移民社群的形成和发展历程及其与先后在布加勒斯特兴建的欧罗巴、尼罗、红龙、新唐人街等四大华商市场的兴衰替代之间的密切关系,着重探讨罗马尼亚新华商与罗马尼亚新市场的互动、矛盾与调适。⑥

---

① 李明欢:《东欧社会转型与新华商群体的形成》,《世界民族》2003 年第 2 期。
② 晏卿:《旅居匈牙利布达佩斯华人的文化适应和身份认同冲突研究》,硕士学位论文,上海外国语大学,2009 年。
③ 杨烨:《中国新移民在中东欧现状》,《侨务工作研究》2010 年第 6 期;杨烨:《中国新移民在匈牙利的生存现状与华文媒体的发展》,载王晓萍、刘宏《欧洲华侨华人与当地社会关系:社会融合·经济发展·政治参与》,中山大学出版社 2011 年版,第 94—108 页。
④ 李永华:《捷克华文文学写作的现状与分析——兼论华人新区华文文学的特征》,《佛山科学技术学院学报(社会科学版)》2010 年第 2 期。
⑤ 李强:《华商市场:东欧已不再是天堂》,《世界博览》2010 年第 13 期;季岳普:《斯洛伐克华侨华人的发展与现状》,《国际话语体系中的海外华文媒体——第六届世界华文传媒论坛论文集》,2011 年 9 月 17 日。
⑥ 李明欢:《罗马尼亚中国新移民研究:新华商与新市场》,《华侨华人历史研究》2013 年第 4 期。

巧合的是，2013年无疑是中东欧华侨华人发展及其研究的一个重要节点。随着中国—中东欧国家合作平台的启动和"一带一路"倡议的提出，有关中东欧华侨华人的研究被置于"一带一路"的框架背景下。其中，既有从中东欧区域整体进行的研究①，也有对匈牙利、塞尔维亚、波兰和罗马尼亚等国所作的探讨②，还有对浙江籍华侨华人在中东欧进行的讨论③，另有对波兰华商进行的个案调查④。新冠疫情发生后，也有个别学者介绍了疫情下的中东欧国家华侨华人情况⑤。此外，中国华侨华人历史研究所自2019年起撰写的《世界侨情报告》（2019、2020、2021）均有专门对中欧、东欧国家侨情进行分析的篇章。

当然，不容回避的是，中东欧华侨华人在有关区域报告或课题选项中仍然处于边缘地位。中国华侨华人研究所自2011年起发布的《华侨华人研究报告》无一篇专门对中东欧地区或国家华侨华人的研究。另据中国侨联2011年启动的"中华全国归国华侨联合会课题"统计，迄今5次立项和2022年的第六次发布的

---

① 2018年6月，由中国社会科学院欧洲研究所刘作奎研究员等撰写的《中东欧国家华侨华人发展报告2018》（内部发行）是国内第一本系统介绍中东欧华侨华人情况的专题成果，也是第一本以中东欧华侨华人为主题的动态分析报告，具有较为重要的学术价值和应用价值。其他的研究成果有欧东《汇侨为桥：转型中的中东欧华侨华人》，《世界知识》2018年第15期；张祥熙《中东欧的"青田现象"：华侨华人遍布一带一路沿线》，《丽水日报》2018年6月21日；方雄普、李斌斌《俄罗斯及中亚东欧华侨华人史话》，广东教育出版社2019年版（该书虽然写的是史话，但是对中东欧的涵盖不完整，并停留在简要介绍层面）。

② 张行、董婧涓：《匈牙利华侨华人与"一带一路"建设》，《侨务工作研究》2016年第5期；张祥熙：《"一带一路"视阈下的塞尔维亚华侨华人》，《八桂侨刊》2018年第1期；张慧、Krzysztof Kardaszewicz：《"一带一路"与波兰中国移民的演变趋势研究》，《人口研究》2018年第3期；Feng Ping, "Chinese Migrations in Poland", *Polish Journal of Political Science*, Vol. 4, No. 1, 2018, pp. 162 – 178；张行《华侨华人如何参与"一带一路"建设系列：罗马尼亚篇》，《侨务工作研究》2017年第1期。《搭桥引路：华侨华人与"一带一路"》一书对中东欧各国华侨华人在双边往来中重要的桥梁纽带作用及前景进行了研究，参见陈琮渊、黄日涵《搭桥引路：华侨华人与"一带一路"》，社会科学文献出版社2016年版。

③ 胡文静、张海燕、孔寒冰：《浙江籍华侨华人在中东欧：起源、发展与特点》，《八桂侨刊》2021年第4期。

④ 王弘毅、许致军、徐刚：《波兰华商的发展历程与转型之困——基于华沙中国城的田野调查》，《华侨华人史研究》2022年第1期。

⑤ 阿心：《疫情下的匈牙利华人》，《清风》2020年第19期。

课题目录显示，唯独2019—2021年专门设置了中东欧地区华侨华人史选题指南，并有"中东欧地区华侨华人史研究"重点课题和"中东欧地区浙江籍华侨华人史研究"一般课题两项。国务院侨办于2000年启动"国侨办课题"，较少有中东欧地区或国别华侨华人研究涉猎。

（二）国外学界的（中）东欧华侨华人研究

有意思的是，与东欧人早期较多移居中国一样，国外学界对中东欧华侨华人的研究也比中国学界要早，也更加系统。

国外学界的相关研究主要有三大特点：

一是对整个欧洲地区的华侨华人研究中涉及中东欧国家，其中讨论最多的是匈牙利。1998年本东·格雷格尔（Benton Gregor）和皮克·弗兰克（Pieke Frank）的《欧洲的中国人》对捷克、匈牙利和罗马尼亚的华侨华人进行了专章研究[1]；2003年荷兰阿姆斯特丹大学著名华侨华人问题研究专家、汉学家聂保真（Pál Nyíri）对华侨华人移居东欧进行了专题讨论[2]；2003年克里斯坦·弗莱明（Christiansen Flemming）研究欧洲唐人街时提及了匈牙利中国城等[3]；2007年马尔塔·福罗普（Marta Fulop）对西班牙、匈牙利、德国和英国的华侨华人子女教育进行了研究[4]；2012年费利斯·章（Felix B. Chang）等对俄罗斯、中亚和东欧地区的华侨华人进行了整体研究。[5]此外，对波兰、捷克、塞尔维亚的华侨华人等也有不少

---

[1] Benton Gregor and Pieke Frank, eds, *The Chinese in Europe*, Basingstoke: Palgrave Macmillan, 1998.

[2] Pál Nyíri, "Chinese Migration to Eastern Europe", *International Migration*, Vol. 41, No. 3, 2003.

[3] Christiansen Flemming, *Chinatown Europe: An Exploration of Overseas Chinese Identity in the 1990s*, London: Routledge, 2003.

[4] Marta Fulop and Hector Grad, *Integration of Chinese Immigrant Children in Four Countries: Germany, Hungary, Spain and the UK*, London: CiCe Steering Group, 2007.

[5] Felix B. Chang and Sunnie T. Rucker-Chang, *Chinese Migrants in Russia, Central Asia, and Eastern Europe*, Abingdon, UK: Routledge, 2012.

研究出现①，新近还有学者探讨了罗马尼亚的少数民族华侨问题②。

二是对匈牙利华侨华人的专门研究。由于"匈牙利热"的原因，中国人移民匈牙利得到匈牙利及其他欧洲国家学者的关注。其中，聂保真值得提及，他对华侨华人进行了长期、系统的跟踪研究。1993年在《匈牙利观察》（*The Hungarian Observer*）发表的"匈牙利华人社群"（The Chinese in Hungary）一文是聂保真对华侨华人研究的"处女作"，剖析了当时刚刚引起社会关注之匈牙利华人社群的形成脉络、人口结构、经济活动及社团组织。此后至今，他撰写了匈牙利华人社会的个案研究、匈牙利与俄罗斯华侨华人、匈牙利华侨华人教育、匈牙利华侨华人社区、匈牙利华侨子女以及疫情下的匈牙利中国人等论著。③

三是对特定地区尤其是福建华侨华人、浙江华侨华人进行的研

---

① Joanna Wardęga, "Chińczycy w Polsce -niewidoczna mniejszość", *Studia Migracyjne-Przegląd Polonijny*, z. 2 (164), 2017, pp. 121 – 136; Krzysztof Kardaszewicz, "Migrant Ties and Integration—A Case of Chinese Community in Poland", Centre of Migration Research of Warsaw University, Working papers, March 2018, http://www.migracje.uw.edu.pl/, p. 12; Moore, M., and Tubilewicz, C., "Chinese Migrants in the Czech Republic: Perfect Strangers", *Asian Survey*, Vol. 41, No. 4, 2001; Todorovic, A., "Belgrade at Centre of New Chinese Influx", *The Times*, 20 June, 2000.

② Irena Mocanu, etal., "The Chinese Minority in Bucharest: A Case Study of Chinese Children Raised and Cared for by Romanian Nannies", *Geographia Polonica*, Vol. 94, No. 4, 2021.

③ Pál Nyíri, *New Chinese Migrants in Europe: The Case of the Chinese Community in Hungary*, London: Routledge, 1999; Pál Nyíri, "New Asian Migration to Eastern Europe: The Case of the Chinese in Hungary", Focaal, 2000; Pál Nyíri, "Chinese in Hungary and Their Significant Others: A Multi-Sited Approach to Transnational Practice and Discourse", *Identities Global Studies in Culture and Power*, Vol. 9, No. 1, 2002; Pál Nyíri, "Global Modernisers or Local Subalterns? Parallel Perceptions of Chinese Transnationals in Hungary", *Journal of Ethnic and Migration Studies*, Vol. 31, No. 4, 2005; Pál Nyíri, "The Nation-State, Public Education, and the Logic of Migration: Chinese Students in Hungary", *The Australian Journal of Anthropology*, Vol. 17, No. 1, 2006; Pál Nyíri, *Chinese in Eastern Europe and Russia: A Middleman Minority in a Transnational Era*, London: Routledge, 2007; Pál Nyíri, "Training for Transnationalism: Chinese Children in Hungary", *Ethnic and Racial Studies*, Vol. 37, No. 7, 2014; Pál Nyíri and Fanni Beck, "Pandemic Challenges for Chinese Migrants in Hungary", 2020, https://www.compas.ox.ac.uk/2020/pandemic-challenges-chinese-migrants-hungary/.

究。比如，国际移民组织 2002 年发布的《中国人移居欧洲的最新趋势：福建人的视角》研究报告、皮尔克等人 2004 年撰写的《跨国中国人：福建人在欧洲》等。这些研究中部分涉及在中东欧地区的情况①。2013 年费利斯·章等人对俄罗斯、中亚和东欧地区的华侨华人研究专门探讨了浙江人的情况。

总的看，无论是国外学界还是中国学界的（中）东欧华侨华人研究极其缺乏系统性和连续性，已有的研究大多热衷于追求热点和个案讨论。因此，从学术层面看，对中东欧区域和各国华侨华人发展史进行全面和系统梳理，并尽可能归纳出一般性和特殊性显得极为迫切。

四 结语

在新中国成立后至改革开放以前，中国人移居东欧的规模较小。学术研究的情况也大抵如此。从 20 世纪 80 年代后期起，随着东欧剧变的发生，短短数年间，从中国涌向东欧地区的移民潮开启，东欧华侨华人社会的历史从此翻开了崭新一页，有关学术研究也同步展开。通过对中东欧地区华侨华人发展的历史进程进行研究发现，虽然中国人移居这一地区的历史比较短暂、人数相对较少，但是在过去几十年的增长还是显而易见的。虽然中东欧地区华侨华人过去几十年中既有过移居高潮也有离散时刻，但总体的数量还是有所维持，更重要的是相对稳定的群体不断地融入所在国成为新侨中的第二代甚至第三代侨民了。随着中国与世界联系的深入、中国对外开放程度的深化、全球社会生活的深度融合，中国人移居世界包括中东欧地区的数量或将不断增多，"华"的要素在中东欧及世界其他

---

① International Organization for Migration, "Recent Trends in Chinese Migration to Europe: Fujianese Migration in Perspective", No. 6, March 2002; Pieke, F., Nyiri, P., Thuno, M., & Ceccagno, A., *Transnational Chinese: Fujianese Migrants in Europe*, Stanford: Stanford University Press, 2004.

地区也将更加显现。因此，政府部门在加大政策投入的同时，也要对中东欧华侨华人研究的选题立项加以倾斜。学界则应增加关注，在拓展和深化中东欧华侨华人研究，为维护中东欧华侨华人利益积极建言献策。一方面，尽可能做到中东欧各国华侨华人史研究的全覆盖，并在此基础上对中东欧以及次区域如维谢格拉德国家、巴尔干地区等情况加以综合；另一方面，对中东欧地区及国别的华侨华人社团、商城、侨资企业、侨乡、权益保护、少数民族群体等领域进行深化研究。

The Development of Overseas Chinese in Central and Eastern Europe and its Research Overview

XU Gang

Abstract：Chinese migration to Central and Eastern Europe is small in scale and short in history. The same is true for academic research. If the study of overseas Chinese in Europe is still insufficient compared with the study of other regions such as Southeast Asia, Africa, and America, then the study of overseas Chinese in Central and Eastern Europe is even more marginal, and there are only a few involved. Surprisingly, even in the few academic studies, foreign academics have studied overseas Chinese in Central and Eastern Europe earlier and more than Chinese scholars. As pioneers, liaisons and builders of the Belt and Road Initiative, overseas

Chinese in Central and Eastern Europe play an important role in promoting China's relations with relevant countries. They are an integral part of the security of China's overseas interests as well. In the context of the continuous spread of the coronavirus pandemic and the escalation of the Ukraine crisis accelerating the evolution of the Profound Changes Unseen in a Century, overseas Chinese, including those in the Central and Eastern Europe, are ushering in a difficult period. Therefore, while our government increases policy investment, academic circles should also increase their attention, expand and deepen the study of overseas Chinese in Central and Eastern Europe, and actively provide suggestions and suggestions for safeguarding the interests of overseas Chinese in Central and Eastern Europe.

Keywords: Central and Eastern Europe; Overseas Chinese; One Belt, One Road; Profound Changes Unseen in a Century; Overseas Interests

改革开放以来中国大陆新移民在英概况探析

——以国际人才流动态势为中心

许海君[①]

摘要：改革开放以来，中国大陆掀起了一股外出移民的浪潮，这波移民潮的主要组成大体可分为三种类型，即技术移民、留学移民和投资创业移民，并以高学历、高素质、高技术与高资金为英国华侨华人的数量素质，乃至整体的人口结构和特质带来了具体而深刻的改变，为英国社会把注新的动力元素。而英国作为世界上国际化程度最高，接纳移民最成功的国家之一，其移民政策是影响中国大陆新移民流向与规模的主要作用因素，英国政府也能因应社会需求和国际时局适时做出调整。本文旨在以国际人才流动态势为探讨中心，通过1978年中国大陆改革开放，20世纪90年代末经济全球化浪潮加速推进，2008年国际金融危机爆发，2016年英国"脱欧"公投这几个关键时间节点勾勒出英国不同时期移民政策的主要特点和基本路线，以及这三波重要的新移民群体在英国的起落和发展形态，揭示二者紧密关联、同频共振的发展变化关系。

关键词：中国大陆；新移民；改革开放；英国；国际人才流动

---

① 【作者简介】许海君，男，华侨大学国际关系学院政治学专业硕士研究生。

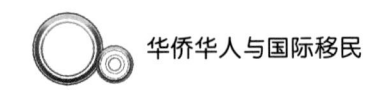

一 中国大陆新移民侨居英国的时代背景与历史概况

(一) 文献回顾

根据联合国经济与事务委员会人口部门所推出的全世界移民人数统计资料，21世纪世界各国的移民人口逐步攀升，呈现出全球性移动的特性，故将21世纪称之为国际移民的时代毫不为过，[①] 中国作为世界上人口最多的国家，改革开放后来自中国大陆的新移民自然是备受瞩目的族群。而英国作为华人人数较多，华人社会较为活跃的国家，近些年更成为国内外关注的焦点。然而关于来自中国大陆的"新移民"的名词解释，时至今日还没有严格意义上的意涵界定和指涉范围，国外学者孔飞力就认为，新移民指涉的是自1978年中国改革开放时期起的离开中国大陆者，是"新中国的产物"，是来自城市之受过良好教育、具有技术者。[②] 国内学者庄国土则认为新移民的类型，以出国时之申请名目，分为留学生、劳工、商务及劳务输出人员等。[③] 故需在此特别说明的是，本文所提及改革开放以来在英中国大陆新移民的涵盖对象，不仅在一定程度上概括了现今国内法律所界定的"华侨"指涉范围，还涵盖了广义上的具有华裔血统者，亦即特指1978年以后，移民英国或在英居留时间至少一年以上的来自中国大陆的华侨华人，即不仅包括长期在英国居留生活的，拥有中国国籍的华侨，还包括已加入英国国籍，归化当地的华人。换言之，无论是"华""华人"还是"华裔"，都可归入本文"中国大陆新移民"的指涉和探讨范围，或者使用"华侨华人"这一综合称谓。

[①] 张秀明：《国际移民体系中的中国大陆移民——也谈新移民问题》，《华侨华人历史研究》2001年第1期。

[②] Philip A. Kuhn, *Chinese Among Others: Emigration in Modern Times*, Singapore: NUS Press, 2008, pp. 321-322.

[③] 庄国土：《世界华侨华人数量和分布的历史变化》，《世界历史》2011年第5期。

(二) 历史沿革

中国人移民英国的历史悠久，最早的记录始于19世纪初的清朝，但数量不过千余人。"二战"前在英的华侨华人数量依然有限，大都以契约劳工为主，从事着苦力、小商贩等较为低端的经济生产活动。新中国成立至改革开放前，中国大陆外迁英国的移民主要分为合法的难民申请者、家庭团聚移民、无证件的偷渡者或持假证件入境的非法移民几种，此时期来自中国大陆的移民鲜有突出的专业才能，在躲避英国移民局的检查下长期处于"地下生存"状态，在英国黑市从事着艰苦的劳工工作，遑论国际人才流动。

1978年中国大陆实行改革开放后，为寻求更有保障的生活环境与发展机会，越来越多的中国青年以留学的名义走出国门，赴英留学的人数倍增。同时，亦有相当多的人以工作、探亲、团聚及移民等为由，迁移至条件优渥的英国，从而开启了一波新的移民浪潮。这波新移民绝大部分来自中国的传统侨乡——浙江、广东和福建的沿海地区，大都是由青田人、温州人、广府人、客家人和福州人，少部分为潮州人、海南人，形成了初具规模的移民群体，开始逐步改变海外华人移民社群的构成。以改革开放作为英国华侨华人移民史的关键分界线，1980年英国华侨团体联合总会在伦敦成立，1981年英国人口普查资料显示，华人人口为154363人，75%在原居地出生，60%在英国居住10年以上。[①] 1986年，英国的华侨华人人数已突破23万大关，跃居欧洲华侨华人首位，[②] 与1981年的华人数量相比，增长幅度近50%，这与改革开放后中国人的赴欧大潮不无关系。

20世纪90年代的经济全球化浪潮进一步推动了国内民众向欧美发达国家的迁移和流动，以中国国内贫苦的乡村为"推力"，以

---

① Yiu Man Chan, Christine Chan, "The Chinese in Britain", *Journal of Ethnic and Migration Studies*, Vol. 23, No. 1, January 1997, p. 32.
② 陈碧笙：《世界华侨华人简史》，厦门大学出版社1991年版，第410页。

条件富裕优渥的欧美国家为"拉力",这一时期的出国人口来源地越来越不局限于传统的沿海侨乡,开始出现许多来自东北城镇和中西部内陆城市的中国人迁移国外。2001年根据英国国家统计局人口普查的统计数据显示,英国的华侨华人人数约为247000人。① 英国内政部公布的1990—2000年期间,每年中国大陆移民申请加入英国国籍的人数可以发现,虽申请入英国籍的华侨华人整体数量不多,但已呈现出缓缓上涨的趋势,到2002年突破了2300人的大关,此后入英籍的人口数量呈逐年上升的态势已基本常态化。

2008年国际金融危机后,英国政府更加倾向于优先接纳来自中国大陆的技术移民、留学移民和投资移民,借以刺激国内就业和实现经济复苏。2008年初,根据英国华夏文化协会不完全统计,英国有50万—60万华侨华人及留学生。② 根据2010年5月4日的《人民日报》(海外版)报道,包括新老华侨华人和留学生在内,英国华侨华人人数已达60多万。③ 根据英国内政部发布的《2011年第三季度移民统计》数据,2010年度有7581名中国大陆的移民加入英国国籍。④ 时至今日,英国已成为欧洲华人人口最多的国家之一,综合上述各方不完全数据统计,目前在英华侨华人应为60万—70万,占英国总人口的1%,是继印巴人、黑人之后的第三大少数族裔,⑤ 主要分布和聚居在伦敦、利物浦、伯明翰、格拉斯哥、爱丁

---

① 《英内政部发布公民统计年报 华人近10年增逾10万》,2012年6月11日,https://news.ifeng.com/c/7fcNskTmbkE,2022年6月18日访问。
② 庄国土:《华侨华人分布状况和发展趋势》,2010年第4期,http://qwgzyj.gqb.gov.cn/yjytt/155/1830.shtml,2022年6月18日访问。
③ Elena Barabantseva, *Overseas Chinese Ethnic Minorities and Nationalism*, New York: Routledge, 2011, p. 12.
④ 王望波、庄国土:《2010年海外华侨华人发展报告》,厦门大学出版社2013年版,第54页。
⑤ *Overview of the UK population*: *January 2021*, https://www.ons.gov.uk/peoplepopulationandcommunity/populationandmigration/populationestimates/articles/overviewoftheukpopulation/january2021,2022年6月18日访问。

堡、曼彻斯特、卡迪夫等大中城市地带。①

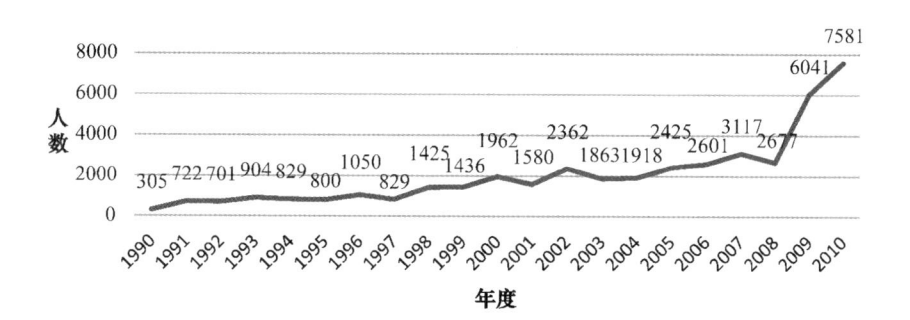

图 1　中国大陆移民加入英国国籍者情况图（1990—2010）

U. K, *Immigration Statistics*, *July September 2011*, 24 Now. 2011, http://www.homeoffice.gov.uk/science-research, 2022 年 6 月 18 日访问。

综上可见，来自中国大陆的新移民，在 20 世纪 80 年代改革开放后，留居求学于英国各个郡市，已经成为当地华侨华人社会的重要组成分子。这波新移民大体可分为四种类型：其一是赴英求学深造的留学生群体；其二是包括技术移民在内的熟练劳动力，他们主要以亲属团聚理由申请定居身份，部分人则选择非法途径前往海外定居；其三是投资移民，包括商务移民、驻外商务人员和各类商贩；其四是少部分留居当地的劳务输出人员。② 括而言之，即技术移民、留学移民和投资创业移民。关于来自中国大陆的新移民，澳大利亚前移民部长鲍格斯曾谈到，新移民构成年轻而有活力的华人社区，介入了"（澳洲）商业、艺术、新闻、政治、社区工作等几乎所有的领域，他们带给澳洲获益的技能和才华"。应该说，来自中国大陆的新移民的影响是全球性的，不仅仅是在澳洲，中国大陆

---

① 《英国华侨华人概况》，2004 年 9 月 21 日，http://www.gqb.gov.cn/node2/node3/node52/node54/node61/userobject7ai281.html，2022 年 6 月 18 日访问。
② 庄国土、李瑞晴：《华侨华人分布状况和发展趋势》，国务院侨务办公室政策法规司 2011 年编，第 10 页。

新移民的到来为各侨居国都带去了使当地获益的技能和才华。① 下文就将以国际人才的流动态势为角度进行解读，分析1978年中国大陆改革开放，20世纪90年代末经济全球化浪潮加速推进，2008年国际金融危机爆发，以及2016年英国全民公投"脱欧"这几个重要时间节点，英国政府对中国大陆新移民的政策取向，以及中国大陆技术移民、留学移民和投资移民这三波重要新移民群体在英国的起落和发展形态。

二 改革开放以来中国大陆新移民在英概况述评与分析

（一）第一阶段：1978年至20世纪90年代末

第一阶段为1978年改革开放至20世纪90年代末，这一时期是中国大陆新移民迁移英国的初始阶段，这一时期前往英国的新移民与传统的老侨华商有着较大区别，即以留学移民为主体，年龄普遍趋于年轻化，大部分是来自大陆的青年学子。

此时期中国大陆赴英留学潮的兴起主要基于以下几大原因：首先，在对外开放政策的推动下，中国政府资助的留学生数量有所增加。尤其是中英关系在1972年由代办级升级为大使级，实现了关系的全面正常化，尽管此时中英之间关于香港的问题悬而未决，但是英国政府在70年代中后期对待中国大陆赴英留学工作的政策已经相对开放和更加宽松。其次，20世纪七八十年代，国内经济建设百废待兴，这一时期的中国领导层加强了与英美等西方国家的经济合作，为学习西方欧美国家先进的机器设备和管理经验，中国政府也鼓励和支持派遣留学生赴欧美。1985年中国政府正式颁布《中华人民共和国公民出境入境管理法》，制定相关法规细则，以法律的形式正式确定了申请出国是中国公民的一项基本权利。除此之外，英国华人社区与国内侨乡之间本就存在着紧密的语言纽带和血脉联

---

① 赵健：《中国大陆新移民》，《侨园》1997年第2期。

系，借助同文同语的利基，这一批来自广东、福建、浙江的青年学子迁居到英国学习生活很容易获得当地华侨华人的接受和认同。最后，国内民众因中英关系的转暖对两国关系的发展和前景充满信心，对赴英移民也更加积极踊跃。尤其是对中国大陆的青年学子而言，这是开阔眼界和走向世界的大好时机，在国内外政策的双重鼓励和推动下，中国大陆掀起了一股出国留学的高潮，主要留学的目的地也从先前的以苏联、东欧的社会主义国家为主，转向拥有世界一流知名学府的西方欧美发达国家，留学成了那一时期中国人移民英国的主要方式。

　　由于这部分留学青年是恢复高考后的第一代大学生，年龄大都趋于年轻化，原先在国内各高校就已接受过严格教育，拥有旺盛的学习热情、丰富的专业知识和扎实的基本技能。另一方面，英国对拥有硕博学位，有真才实学的中国留学生是欢迎定居的，按英国法律规定，只要在英合法连续工作4年并纳税，就能获永久居留权。因此这批留学生都能够很快地适应和融入英国社会，加上中国人勤奋刻苦的特质，多数人最后都成功地完成了硕博学业，甚至有部分人在短短的一二十年间就取得了非凡的科研成就和学术造诣，成为国际瞩目的学术性与科研型人才。例如在剑桥大学从事科研工作的科学家王明伟在生物科学领域成就非凡，其在1987年被选聘为英国皇家医学会会员，1988年被授予享誉海内外的"查尔斯及凯瑟林·达尔文 Research Fellow"称号，成为第一个获此殊荣的中国人，1989年又获得剑桥大学博士学位，并担任该校医学院研究员。简言之，此一时期来自中国大陆的旅英留学生受教育水平高，在学习工作上吃苦耐劳，其中有一大部分选择攻读博士，继续深造，另一大部分是国家公派访问学者。这批人在此之后无论是学成归国，还是选择留英发展，如今大多都已成为相关领域前沿的新生代优秀学者代表和佼佼者，例如致力于科学数据分析和机器学习的技术和平台的计算机科学家郭毅可，就是1987年被中国政府公派至英国留学的研究生之一，他在1994年获得英国帝国理工学院计算机系博士学位,2002年成为帝国理工学院计算机系教授,2018年当选为英国皇家工程院院士,同年当选为欧洲科学院院士。①

但此一时期中国大陆移民在英居住点零星分散,大都是集中于英国各高校和科研机构的青年学生学者,还有部分海外雇员,流动性颇大,尚未形成一个初具规模的移民群体,其在英工作和学习活动主要还是接受中国驻英使领馆的支持与帮助。因此,总体而言,这一时期的英国政府,包括西欧国家的政府和大学高校在内,在吸引和资助渴望到西方留学的中国学生方面依旧和美国存在着相当大的距离,没有做到像他们的美国同行那样开放和大方。欧洲各国对于中国留学生毕业后在求职及居留方面依旧有着种种严格限制,英国政府在1984年甚至拒绝了对香港人获得在英居留权的考虑,而这些香港企业家本可以给英国带来大量资金和社会人才。② 中国大陆的留学生从"学生居留"转为"工作居留"也是困难重重,特别是要想找到适合自己长期居留的工作就更不容易,这也使得中国大陆留欧学生虽在20世纪90年代末大有赶超中国台湾、香港地区的留学生人数,成为在欧中国留学生人员主体之势,但他们获得永久居留权的人数并不多,估计仅有两万多人,这在欧洲华侨华人中只占很小比例。③ 所以,尽管英美享有共同的语言文化和价值观念,但美国长久以来一直吸引着来自全世界的留学生,是接纳国际学生市场中最成功的国家,而英国政府对于留学生的移民政策和美国虽有很多类似之处,却又不可能完全画上等号,也无法像美国一样从来自中国大陆、中国台湾和香港地区的人才外流中获得可观的效益,助力于经济与社会的发展。

追根溯源,首先,一方面虽然中国在20世纪80年代逐步走向

---

① 《2018年,欧洲华侨华人这样走过》,2018年12月28日,http://www.chinaqw.com/m/hqhr/2018/12-28/211956.shtml,2022年6月18日访问。

② Frank N. Pieke、李明欢:《欧洲华侨华人概况》,《华侨华人历史研究》1997年第2期。

③ 傅义强:《改革开放以来欧盟国家中的中国大陆新移民》,《世界民族》2009年第1期。

开放，但是由于新中国成立后整体上长期实行封闭自守政策，尤其是对西方欧美国家，中英之间仍存在着严重的信息不对称，英国国内民众对流传了逾半个多世纪的"黄祸论"怀有本能的恐惧，认为中国人是集逃税、赌博、贿赂、吸毒、走私人口、不道德、廉价劳工等于一身的"八爪鱼"，因此，在就接纳中国大陆新移民进行讨论和决定时，非常容易受国内偏右媒体报刊和政党排外情绪的驱动，很难出于理性和长远考量。其次，就现实因素而言，英国人一味地担心外来移民会夺走有限的福利资源与就业机会，会对英国医疗教育、福利住房等社会保障体制造成冲击，再加上原有的种族歧视和排外情绪，英国社会普遍认为外来移民令人反感，会增加社会负担和不稳定因素，因此，必须对来自中国大陆的新移民加以制止，严格管控。整个社会所释放的反移民信号和压力，让这一时期的英国政府收紧学生签证政策，也让许多大陆青年学子"望而却步"，转而向大洋彼岸的美国提出移民留学申请。最后，在整个20世纪70年代末至80年代初，移民西欧依然是国内少数人的行为，大陆公民不仅在国内获准出国不易，要获得西欧国家的入境签证也实非易事。故改革开放初期的十年间，旅居西欧的中国大陆新移民除成规模的留学生群体外，其余的便是依靠亲戚裙带关系，借助业已定居西欧多年的老侨申请"带"出去的"侨乡人"。[①]

（二）第二阶段：20世纪90年代末至2008年

第二阶段为20世纪90年代末至2008年国际金融危机前。受到经济全球化浪潮的影响，中国大陆形成了更高层次的改革开放新格局，跨国人才流动亦成为全球移民的重要驱动力，英国对移民的态度更加宽松与开放。这一时期中国大陆的民众赴英伦三岛侨居和留学的热潮也随之蓬勃发展，中国大陆新移民逐渐以留学实习和技术移民为主体，包括一部分来自北京、上海、广东的投资移民，在英

---

① 李明欢：《欧洲华侨华人史》，中国华侨出版社2002年版，第511—515页。

国华人居民中所占比例愈来愈高，改变了1997年以前以香港人为主的华人群体结构和侨社整体面貌。

众所周知，英国素来以完善的教育体系、世界一流的高等院校和科研条件，高福利的生活水平和社会保障而享誉世界。从个体和社群的主观需求的角度而言，这对2000年以后国内一些社会经济条件优越的家庭越来越有吸引力，移居到气候宜人的英伦三岛，将子女送到国外进行本科乃至中小学阶段的教育也越来越成为优选。在中国加入世界贸易组织十余年间，中国大陆的"留学热"不降反增，尤其是当中国逐渐跃升为世界第二大经济体后，国内产生了数量庞大的高收入家庭和中产阶层，许多家庭有意愿，也有条件送孩子出国留学，中国也因此成为全球教育产业最大的新兴市场。根据中国教育部官网公布的数据显示，2004年度我国各类出国留学人员中自费留学占90.9%。[①] 国内主流舆论普遍认为，这一趋势与改革开放近20年来中国外汇增加，东南沿海经济发达地区出现的越来越多富裕的中产阶级家庭有关。在这些家庭心目中，欧美国家是毫无疑义的留学移民首选目的地，拥有剑桥、牛津等众多百年名校的英国更是其中最受欢迎的留学目的地。另一方面，从国家间关系健康发展的角度来看，2003年中英两国签署《关于相互承认高等教育学位证书的协议》，2005年中英两国正式启动教育部部级定期会晤机制，签署《关于全面加强教育合作与交流的联合声明》，2006年两国又签署了《教育合作的框架协议》。中英在21世纪第一个十年所签署的一系列协议声明，表明了两国高等教育交流与合作进入互通互动的新阶段。同时，为吸引更多优秀的中国留学生，英国政府出台了多种多样的实习、见习机会，以及就业补贴等优惠政策，英国高等教育与技能部大臣 William Ernest Rammell 在2006年访华时就推出多项中国留学生赴英研读的"大礼包"，例如允许留学生在毕业

---

① 《教育部公布2004年度各类留学人员情况统计结果》，2005年2月21日，http://www.moe.gov.cn/srcsite/A20/moe_851/200502/t20050221_78193.html，2022年6月18日访问。

后可继续在英居留1年并找工作，当有稳定的工作之后就可转换留居身份，并保证将在每年为1000名中国留学生提供工作机会。① 以一系列针对中国留学生的友好政策为铺垫保障，中国大陆赴英留学势头逐年攀升，从2005年的1万多增加到2009年的3.5万，② 2010年再增加到4.4万，③ 在英中国留学生群体的主要构成也迅速地由国家公派留学生转向了自费留学生，并很快占据了主流，中国逐渐成为英国留学生的最大来源地之一。英国国家统计局根据2001年的人口普查数据发布了关于少数族裔的报告，报告显示在所有的少数族裔中，华裔所拥有的学生比例最高，几乎占据了三分之一有余。④ 需要特别指出的是，这一波留学生新移民群体与第一波的较大不同之处，除社会地位和经济水平的差异外，还有一个很大的不同在于，他们没有老一辈"落叶归根"的强烈情感。他们之中相当大一部分人选择与配偶和儿女一起留英生活工作，年轻世代更选择融入英国社会或直接加入英国国籍，视英国为安身立命之所，在英伦"落地生根"。加上前文所说的教育背景和家庭状况、职业发展前景规划的差异，这使他们个人发展的道路与第一波移民更加截然不同。数十年后，这波新移民群体及其子女后代成为英国侨界乃至全球新华侨华人群体的中流砥柱。

毫无疑问，英国政府一系列鼓励赴英留学、引进人才的移民政策持续吸引着包括中国在内的世界各地出类拔萃的年轻人到英国留学深造，适合自身充分发展的空间促使这些优秀人才最后选择留在英国定居生活，发展事业。同时，这些来自中国大陆的新一代青年人专业性强，思维活跃，富有创造性，能及时因应复杂的内外环境

---

① 《英国为吸引中国生源频出高招》，《青年报》2006年7月19日。
② 高延晶：《七折优惠激发留学英伦热潮》，《广州日报》2010年2月6日第A4版。
③ 希勍：《英媒解析新政下的中国留英市场：各方接招消化新政》，2011年5月18日，http://www.chinanews.com/lxsh/2011/05-18/3048381.shtml，2022年6月18日访问。
④ Focus on Ethnicity and Religion 2006, https://webarchive.nationalarchives.gov.uk/ukgwa/20070109082216/http://www.statistics.gov.uk/downloads/theme_compendia/foer2006/FoER_Main.pdf，2022年6月18日访问。

和发展需要而充实丰富自己。英国政府公布的一份统计数据显示，中国和华裔学生在 A-level①这个决定职业前景的考试中所取得的成绩是所有族裔中最好的，这意味着拥有中国背景的学生成绩远超白人学生，进入英国名校更具有竞争力。②华裔持有大学文凭，或从事高级管理和专业领域的人数的比重一般要比白人更大。更有相当一部分华人新生代在经过奋斗拼搏后，在短短数年间快速跻身"白领"阶层。这些青年华人受教程度高，从事得心应手的专业性工作，是收入较其他族裔雇员相对较高的主因之一，亦是对英国人才市场的一个助力补充。

另一方面，21 世纪千禧年的开启加速了世界经济一体化的发展趋势，促成中英两国人才间的快速流动。中英两国的经贸往来自 2000 年以来呈现关联性和互补性强等特点，在经济健康稳定发展的时期，两国人才流动的中心点伴随着经济形势的变化而变化，体现在技术型人才集聚与经济发展水平的互动的关系。还有一方面所不能忽视的就是相较于国内，英国在财政、税收、法律、宏观市场调控等方面具有较为完备和成熟的管理体制。2002 年 1 月，英国开始实施高技术移民政策，优先考虑有具体工作的技术人才移民定居英国，这一政策也被称为英国政府为吸引全球优秀人才，促进英国经济发展的"旗舰"计划。该政策大幅度降低了技术移民的申请标准，使得移民英国变得相对容易实现。时任内政大臣的特雷莎·梅就直言不讳地表示，能否移民英国的一个重要指标就是能否给英国经济"带来好处"。故在千禧年之后，中国各界越来越多的精英、富商通过技术移民或投资移民的渠道，获取在英永久居民权或英国国籍。各种数据表明，自 20 世纪 70 年代末、90 年代初期的两拨移民潮以来，中国大陆在进入 21 世纪

---

① A-Level（General Certificate of Education Advanced Level），英国高中课程，是英国全民课程体系，是英国普通中等教育证书考试高级水平课程，也是英国学生的大学入学考试课程，A-Level 课程证书被几乎所有英语授课的大学作为招收新生的入学标准。
② 雨果·盖伊著，陈琳译：《英国考试成绩调查：华裔学生"完爆"其他族裔》，2017 年 10 月 12 日，https://lx.huanqiu.com/article/9CaKrnK5vAF，2022 年 6 月 18 日访问。

的第一个十年内的移民高潮已呈井喷之势。不同于第一拨国门初启之时的混杂偷渡客的底层劳工和"洋插队",新世纪移民潮的另一重要组成部分由国内新兴的新富阶层和知识精英组成。① 他们学历和知识层次高,熟悉现代化管理和运作,拥有成熟而丰富的经验,经营水平远远超过上一代的老侨华商。他们在改革开放的第一波创业浪潮中,就已经将经济触角延伸到中国内地乃至港澳台地区的电子、通信、金融、物流、旅游等领域,并做出了让人刮目相看的显著成绩。英国政府充分地利用这些智力性资本拓展国际合作,求得更高层次的发展,特别是这部分新移民群体所掌握的高新技术、先进理论、创新技能,在后续的10—20年内逐渐成为英国与世界各国间信息、技术、市场、文化等各方面交流合作的桥梁和纽带,助力于英国经济在资本全球化的进程中强劲发展。

(三) 第三阶段:2008年至今

第三阶段为2008年国际金融危机后,欧洲各国经济增长相当乏力,以英国为首的"老欧洲"国家相继实施了吸纳全世界的高素质人才的技术移民新政,陆续推动吸引投资的相关计划或方案,以提振国内经济,增加就业。而随之而来的2016年"脱欧"公投的结果更让英国经济面临着历史无前例的冲击,鉴于国内外经济情势前景不明,英国政府率先颁布和实施一系列宽松的投资移民政策,以吸引高水平、高素质的外来移民在英工作和加入英国国籍,期望为彼时萎靡不振的国内经济注入一针强心剂。2019年初,在距离英国正式"脱欧"前几个月,② 英国政府发布了被称为四十年来英国移

---

① 潘晓凌:《中国多少精英正在移民海外,他们寻求什么》,《决策探索(上半月)》2010年第8期。

② 2013年1月23日,英国时任首相卡梅伦首次提及"脱欧"公投。2016年6月,英国全民公投决定"脱欧"。2017年3月16日,英国女王伊丽莎白二世批准"脱欧"法案,并正式启动"脱欧"程序。2018年6月26日,英女王批准英国"脱欧"法案,允许英国退出欧盟。7月12日,英国发布"脱欧"白皮书。2020年1月30日,欧盟正式批准了英国"脱欧"。

民政策最大改革的白皮书，白皮书里最重要和最显著的一项移民政策调整，就是更加明确地区别对待高低技能移民。移民内政大臣贾维德强调，英国正式"脱欧"后，新制度将以移民的技能为基础，而不是他们来自什么地方。这一项移民新政策的倾斜变化关键在于提升人员劳动素质与强化产业发展，确保移民政策对人才的合理倾斜，将英国国内急缺的人才类型作为最优先的考虑对象，以至于英国国内一些商界和医疗卫生界人士抱怨白皮书公布的高技能移民起薪水平太高。① 从英国政府在 2008 年国际金融危机前后移民政策的快速转变不难发现，英国政府在这一时期不遗余力地欢迎中国企业落户英伦，将更加重视和倾向于优先接纳来自中国大陆的投资移民、技术移民和留学移民。

首先，持平而论，此一时期的移民政策对来自中国大陆的广大留英学生是利好的友善政策。年轻一代青年远渡重洋在于追求更国际化的高水平教育，因为这有利于他们进行更加长远的职业发展和规划，而作为教育国际化典范的英国是中国留学生的首选国家之一。其实早在 2008 年 6 月，英国政府就开始签发 PSW 签证，② 将其和高技术移民、商业移民、创新移民签证一起被归为 Tier1。PSW 签证规定凡是在英国受承认的高等教育机构攻读任何专业，并获得学士或学士以上学位的国际留学生，毕业以后均可留在英国两年找工作，或者开展商业活动，没有任何成绩的限制。尽管在 PSW 签证在实施近四年后，英国政府迫于移民问题所引发的社会争议和舆论压力，于 2012 年 4 月取消了 PSW 签证。但英政府早已在对来自中国的留学签证政策上大幅放宽限制。截至 2018 年 3 月，英国已经向中

---

① 《英国脱欧：移民政策迎来大变革 欧盟内外一视同仁》，2018 年 12 月 21 日，https：//www.bbc.com/zhongwen/simp/world-46640289，2022 年 6 月 18 日访问。

② Post-study work 签证是一种过渡签证，针对的对象是没有工作经验的应届本科、研究生毕业生，是把学生签证转换成工作签证或者高技术移民签证的一个过渡签证，必须在毕业后 12 个月内申请。该签证的优势便利之处在于：1. 支持 FULL TIME 工作，无需申请劳工许可；2. 支持自主创业，开办公司；3. 不受出入境限制；4. 在到期时间内可转换成任意工作签证及各种移民签证。

国学生签发了约 8.9 万份 Tier4 学习签证，签发量在过去 12 个月内增长了 15%，签发率 99%。① 可见，英国政府在金融危机后所推出的一系列吸引高素质人才的宽松移民政策对来自中国大陆的留学移民群体具有很大吸引力，从效果来看也是卓有成效的——2020 年，中国内地学生在牛津、剑桥本科录取数量跃居国际学生第一。英国高等教育统计局 HESA 数据显示，2019—2020 学年中国内地研究生及以上学生人数为 89680 人，增长 18.63%，研究生及以上人群仍然是中国内地学生留学英国为主体，② 并且时至今日，英国仍是仅次于美国的海外留学生人数最多的国家。究其原因，一方面，在经历 2018 年"脱欧"风波后，新一届的英国政府快速反应，随即推出的配套福利——PSW 签证复活。另一方面，"脱欧"之后的欧盟学生已无法享受过去在英就读的学费减免等政策，这就导致大量欧盟学生回流，使得中国留学生可以在英国享有更公平的求学机会，更宽松的就业环境。

其次，在专业型人才的吸纳方面。根据中国与全球化智库（CCG）发布的《国际人才蓝皮书：海外华侨华人专业人士报告（2014）》显示，海外华侨华人中的专业人士群体已接近 400 万人规模，主要分布在发达国家和地区。其中在欧洲（80 万）又以英国占比例最大（9%）。这一批次的海外华侨华人专业人士群体有超过一半来自中国内地，近 89% 分布在企业和教育机构工作。从行业分布来看，大量跨行业专业人士开始崭露头角，除此前风靡一时的计算机、电子信息等领域外，也开始向近些年来新兴的新生物工程与新医药、文化创意、新能源、节能环保、新材料等行业分散。③ 而根据 2018 年

---

① 《英国新一年移民新政策倾向利好留学人才》，2019 年 1 月 1 日，https://www.bbc.com/zhongwen/simp/world-46729581，2022 年 6 月 18 日访问。
② 《英国留学报告：牛津剑桥本科录取中国内地学生位居国际学生首位》，2021 年 9 月 14 日，https://cn.chinadaily.com.cn/a/202109/14/WS614057fda310f4935fbeda32.html，2022 年 6 月 18 日访问。
③ 《华侨华人海外专业形象超越传统"三把刀"》，2014 年 8 月 18 日，http://huaren.haiwainet.cn/n/2014/0818/c232657-20978489.html，2022 年 6 月 18 日访问。

英国国家统计局的首次官方有关统计，在没有考虑教育和职业及地区因素的情况下，华人的平均收入高于英国白人员工近30.9%，平均每小时的税前收入为15.75英镑（如图2所示），与英国出生的白人雇员平均收入没有统计意义上的差别。[1] 由此可见，这波受到高等教育的技术移民不仅具有较高层次的知识结构和技能水平，而且行业分布以高新技术、教育、金融等领域为主，促成了其较强的经济助推力。从图1中国大陆移民加入英国国籍者情况图亦可以看出，在英国移民政策的有力助推下，2009年这一年的中国大陆移民加入英国国籍者猛然攀高，猛增121%，达到了6041人，在之后的2010年更是达到了更高点，即7581人，和此前20年间加入英国国籍人数缓缓爬升的增长趋势形成鲜明对比和明显差幅。

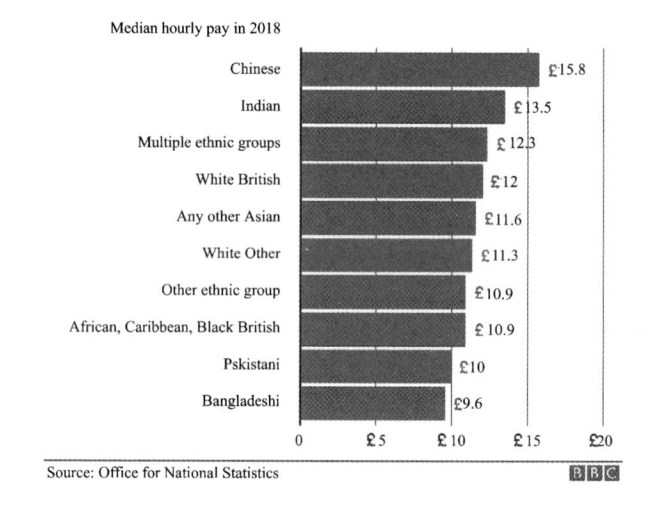

Median hourly pay in 2018

Chinese	£15.8
Indian	£13.5
Multiple ethnic groups	£12.3
White British	£12
Any other Asian	£11.6
White Other	£11.3
Other ethnic group	£10.9
African, Caribbean, Black British	£10.9
Pskistani	£10
Bangladeshi	£9.6

Source: Office for National Statistics　BBC

图2　英国不同族裔员工收入比较列表

资料来源：《英国官方统计：华人是各族裔中收入最高的群体》，2019年7月10日，https：//www.bbc.com/zhongwen/simp/uk-48940961，2022年6月18日访问。

---

[1] 《英国官方统计：华人是各族裔中收入最高的群体》，2019年7月10日，https：//www.bbc.com/zhongwen/simp/uk-48940961，2022年6月18日访问。

最后不能忽视的就是，在 2008 年国际金融危机后，中国依旧保持了经济的持续快速增长，国内民众可支配收入和消费水平非常可观，移民日渐成为高净值人群①关注的话题，尤其是在英国政府推出了投资移民和企业家移民的政策后，国内众多高净值人士将移民英国作为首选，有意向英国"投资迁移"。据官方统计，目前到英国投资兴业的中资企业已超过 500 家，投资项目遍布英伦三岛，投资领域正从金融、贸易、能源等传统行业向高端制造、基础设施、文化创意、信息科技等领域延伸。② 在近些年中国企业国外投资的大潮中，英国已晋升为投资"宝地"，几乎随处都可以见到华侨华人企业家与投资者活跃于中英经贸第一线穿梭搭线的身影。究其原因，首先，从宏观的国际背景来看，2017 年特朗普上台执政后，奉行"美国优先"的贸易政策，在各领域坚持保护主义，强烈排斥外资的竞争，中企在美投资阻力重重。相较之下，在以自由贸易为传统的英国投资阻力相对较小，其核电、基建等重要建设领域都向外国投资者开放，例如作为中国在英投资的"拳头项目"之一，欣克利角 C 核电项目就被认为是中英"一带一路"合作共赢的新实践，③ 英国华侨华人企业家在其中发挥了牵线搭桥的关键助推作用。其次，从个人主观需求的角度来看，对这部分投资移民和企业家移民而言，英国高水平的福利制度及政策是吸引他们移民的主因之一。例如在教育福利方面，英国实行十一年义务教育，高等教育虽不免费，但英国大学生中绝大部分都可以获得政府津贴等，这一完善的教育体制有助于这些来英企业家的子女后代接受比国内更优质的高水平教育。因此尽管英国退出欧盟，但其自身具有的先天优势及福利政策已足够具备诱惑力和吸引力，这也使得这部分

---

① 高净值人群一般指的是资产净值在 1000 万人民币以上的个人，同时也是金融资产和投资性房产等可投资资产较高的社会群体。
② 《在英留学生、中资企业、华侨华人等群体基本分布情况》，2021 年 5 月 20 日，http：//www.chinese-embassy.org.uk/chn/lsfw/t1877042.htm，2022 年 6 月 18 日访问。
③ 《后脱欧时代　英国塑造参与"一带一路"合作新角色》，2017 年 11 月 5 日，http：//news.cctv.com/2017/11/05/ARTIgJkz6REjNowXqfqJcuwN171105.shtml，2022 年 6 月 18 日访问。

新移民在后续所带来的家属迁移增加了在全英华侨华人中新移民的占比。最后，除了经济好处之外，实际上，此一时期的英国移民政策也被看作是英国"软实力"的重要组成部分，是英国在继金融危机和"脱欧"风波之后，继续维持和提升英国在国际人才市场影响力的关键手段之一，对保持英国在欧洲乃至全球竞争中的地位具有关键作用。这一时期来自中国大陆的移民虽然人数和前两次相比并不大，但却以高学历与高收入人士为主，许多高素质的专业人才和资金都间接或直接地参与和推动英国的国内经济复苏和基础投资建设。

三　结语

在 20 世纪 50—70 年代，华人移民的主力是来自中国台湾、中国香港地区，彼时的中国港台地区移民具备了高知识、高技术、高财力的优越条件，而中国大陆 1978 年改革开放后的新移民群体整体素质水平也在不断成长，逐渐具备了这些条件。回顾中国大陆新移民由改革开放初移民英国，扎根当地，奋力拼搏，最终在全球华人世界里拼搏出一番自己的天地，再从技术移民、留学移民和投资创业移民三波重要移民群体的起落和发展形态，可以看到英国移民政策的不断放宽和改革，是对全世界高级人才争夺和吸纳的一个缩影和映射，也可以看出中国大陆新移民具有因应时代转变，不断调整的坚韧生命力，两者间的发展变化乃是一个同频共振、紧密关联的关系。

一方面，新移民文化程度和技能水平不断提升，技能掌握愈来愈多元。20 世纪 80 年代移民英国的中国大陆移民教育程度低，鲜有突出或特殊专业才能，仅能从事"三把刀"[①] 为主的低阶行业，缺少资本雄厚和特殊技能的"精英移民"，以数量较大的"非精英移民"为主。即使是整体素质较高的留学生群体，也只有小部分学成后留在英

---

① "三把刀"指的是菜刀、剪刀和剃刀，即早期海外华侨华人大都通过餐饮业、服饰业以及美发业等行业谋生。

国工作，85%以上的人还属于"非精英移民"。① 这些来自中国大陆的移民总体知识结构及移民前的财力结构远远不及同一时期迁移英国的香港籍移民。而20世纪90年代后的新移民面貌开始出现大幅改观，这一批技术移民、留学移民整体教育程度越来越高，对高新技术时代具有超强的快速适应和学习能力，进而促成愈来愈多的华侨华人进军科技性等较高层次的行业，如今已活跃在英国社会的主流行业，成为当地经济发展不可或缺的中坚力量。另一方面，新移民的行业分布与职业结构发生重大变化。早期新移民知识水平较低，从事的都是低端行业，而"白领阶层"职业如大学教职等，几乎充斥着来自中国港台地区的移民。以2008年为拐点，在全球经济普遍不景气的情况下，中国经济一枝独秀，连续几年都保持着令人称羡的高增长率，越来越多的中国内地移民逐渐取代中国港台地区移民，成为英国市场就业主力，例如大学教授、科研人员等职业在千禧年后逐渐被大陆移民取代，这波新移民突破了以往老华侨华人以"三把刀"为主的行业取向，转为"三师"与"三家"，② 朝着职业多元化发展，涉足侨居国的科技、教育、商业、金融服务业等，更有相当部分人成就非凡，成为如今许多领域行业的翘楚和新星。

因此，基于国内经济复苏和国际现实背景，由改革开放至今，英国对中国大陆的移民政策在整体上呈现由严格收紧到逐渐宽松，再到如今愈加开放和欢迎的态势。来自中国大陆的以留学生、技术移民、投资移民为主体的新移民越来越呈现出知识层次较高，适应能力强的特点，在经济、文化、科技等领域贡献甚大，③ 并以其国际化的学历背景和国外涉足高科技领域的技术优势，逐渐成为英国乃至国际人才市场的"新宠"。

---

① 李明欢：《欧洲华侨华人史》，中国华侨出版社2002年版，第513页。
② "三师"指的是工程师、医师、会计师，"三家"指的是科学家、企业家、发明家。
③ 赵红英：《近一二十年来中国大陆新移民若干问题的思考》，《华侨华人历史研究》2000年第4期。

An Analysis of the General Situation of New Immigrants from Mainland China in Britain since the Reform and Opening up
——From the Perspective of International Talent Flow

XU Hai – Jun

Abstract: Since the reform and opening up, there has been a wave of emigration in mainland China, which can be roughly divided into three types: skilled emigration, study-abroad emigration and investment and entrepreneurship emigration. This huge wave of new immigrants with high education, high technology and high capital has brought concrete and profound changes to the quantity and quality of the Overseas Chinese in Britain, as well as the overall population structure and characteristics, and injected new vitality elements into the British society. As one of the countries with the highest degree of internationalization and the most successful acceptance of immigrants in the world, Britain's immigration policy is a major factor affecting the flow and scale of new immigrants from mainland China, and it is timely adjusted in response to social needs and changes in the international situation. From the perspective of international talent flow, this paper aims to outline the main characteristics and basic routes of British immigration policy in different periods through the key time points of

China's reform and opening up in 1978, the acceleration of economic globalization in the late 1990s, the outbreak of the financial crisis in 2008 and the Brexit referendum in 2016. As well as the rise and fall and development forms of these three important new immigrant groups in Britain, it reveals their closely related development and change relationship.

Keywords: Mainland China; New Immigrants; Reform and Opening up; Britain; International Flow of Talent

论当代"英国华人社团"的发展趋势[*]

周小粒　黄馨月[**]

摘要：伴随1948年《英国国籍法》等法案的颁布，加之1978年后改革开放政策的影响和中国经济实力的增强，华人成为英国第三大少数族裔，英国华人社团呈现出本土化等发展趋势，英国华人社团对中华传统文化的宣传以及对英国本土的经济、社会、政治活动的参与，推动了社团本土化的发展；与此同时，社团与祖籍国的跨国联系、英国华侨华人对外的经济文化交流沟通以及跨国性组织的建立与发展则促进了英国华人社团跨国化的交流。英国华人社团本土化、跨国化的发展趋势对中英关系的发展而言具有潜在的影响。

关键词：英国；华人社团；发展趋势；对中英关系；潜在影响

"英国华侨华人社团"，是"指长期生活在英国的华侨、华人、华裔，而有稳定工作的合法居民，按一定原则自行组织起来的、以非营利为主要目的合法组织团体"。为了便于理解和叙述方便，笔者将由英国华侨组建的华侨社团和由英国华人组建的华人社团统称为"英国华侨华人社团"，本文简称为"英国华人社团"。

---

[*] 本文在写作中得到英国中文教育促进会网校王彩育、英国中华艺术文化中心童话二位校长的帮助，在此致谢。

[**]【作者简介】周小粒，女，四川师范大学历史文化与旅游学院教授；黄馨月，女，四川师范大学历史文化与旅游学院世界史硕士研究生。

论当代"英国华人社团"的发展趋势

进入 21 世纪后,英国华人社团的发展趋势发生了变化,然而,目前中国学界对"英国华人社团的发展趋势及对中英关系潜在影响的"尚缺乏直接的研究,而国外研究相关研究英主要在以下几个方面:英国华人社团的种类、功能、华人社团的发展演变等。本文试图在前人研究的基础上,对英国华人社团的本土化等发展趋势进行深入、系统的分析,以弥补学者们前期对英国华人社团发展趋势及对中英关系潜在影响研究的不足。

众所周知,华人移民英国已超过 150 多年的历史。伴随 1948 年《英国国籍法》等法案的颁布,加之 1978 年后改革开放政策的影响和中国经济实力的增强,大批"高质量的中国人"[①] 到英国留学、探亲、投资,而英国当地第二代华人人数也逐年增长。而在 1990—2010 年时间里,大量的中国"新移民"(在英国居留生活的、拥有中国国籍的华侨,已加入英国国籍的华人)[②] 加入英国国籍,使得英国华人人数大幅度增长。

从表 1 可知,1999 年起,中国大陆的"新移民"开始超过台湾地区。根据 2010 年 5 月 4 日《人民日报》(海外版)的报道,英国华侨华人人数已达 60 多万[③],成为英国第三大少数族裔。

表1　1990—2010 年华人加入英国国籍者(按移民来源地)情况

单位:人

年度/来源地	合计	中国大陆	中国香港	中国台湾	中国澳门
1990	394	305	76	13	0

---

① 专指当时那些受过良好教育的人员,如,专业人员、技术人员及其他类似资格的人员。参见 An officialwebsite of the European Union, "highly qualified migrant", March 2022, https: //home-affairs. ec. europa. eu/pages/glossary/highly-qualified-migrant_ en, 2022 年 7 月 1 日访问。

② 宋全成:《欧洲的中国新移民、规模及特征的社会学分析》,《山东大学学报(哲学社会科学版)》2011 年第 2 期。

③ Elena Barabantseva, *Overseas Chinese Ethnic Minorities and Nationalism*, Abingdon, Oxon [England], New York: Routledge, 2011, p. 12.

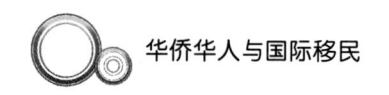

续表

年度/来源地	合计	中国大陆	中国香港	中国台湾	中国澳门
1991	7520	722	6752	45	1
1992	49634	701	48895	38	0
1993	42864	904	41914	43	3
1994	7022	829	6141	51	1
1995	26858	800	26032	25	1
1996	7137	1050	6028	57	2
1997	5054	892	4121	40	1
1998	4987	1425	3497	64	1
1999	2876	1436	1384	55	1
2000	3206	1962	1132	107	5
2001	2877	1580	1219	78	0
2002	3409	2362	850	193	4
2003	2940	1863	905	170	2
2004	2756	1918	661	172	5
2005	3415	2425	742	248	0
2006	4002	2601	1215	185	1
2007	4915	3117	1570	227	1
2008	4365	2677	1504	183	1
2009	8544	6041	2207	291	5
2010	9828	7581	2029	216	2

资料来源：The Home Office, U. K. Immigration Statistics, July – September, 2011, November 24, 2011, http://www.homeoffice.gov.uk/science-research, 2022 年 7 月 1 日访问。

19 世纪 90 年代在英国利物浦组建的"英国致公总堂"，不仅是英国第一个华人社团，也是欧洲首个华人社团。[①] 伴随英国移民政

---

① 李明欢：《当代海外华人社团研究》，厦门大学出版社 1995 年版，第 35—36 页。

论当代"英国华人社团"的发展趋势

策、中国国内政治、国际局势的变化,英国华人社团的发展趋势等也发生了很大的变化。

一 英国华人社团本土化

1978年以前,英国华人社团一般与祖籍国保持着较为紧密的联系,且对祖籍国所发生的大事甚为关注,而对于自身融入英国当地社会等问题持保守、怀疑的态度,游离于当地主流社会之外。1978年以后,华侨华人意识到只有立足英国本土,融入主流社会,才能更好地表达华侨华人族裔的声音和诉求。[①] 为此:

首先,英国华人社团大力推进中英人民友好交流。如英国共和协会(以前称为共和社,20世纪60年代初更名),20世纪60年代末开始,致力于发展中文教育;而进入20世纪80年代,工作重心则放在促进中英人民友好交流。

英国华人社团在保留、宣传传统中华文明和习俗的同时,还将中华传统文化与习俗作为英国华人与英国当地人之间的关系联结,通过宣传中华传统文化与习俗,让英国当地人对中华传统文化产生兴趣并使他们逐渐接受中华传统文化。英国当前所有的中文学校皆重视中文与中华传统文化的教育,且少数中文学校还教授粤语。学校的教授课程主要以中文为主,大多数学校教授普通话简体字;大约有18%的华文学校(28所)既教普通话,同时也教广东话,尽管广东话班级的学生人数比较少,但这些学校仍坚持开设粤语课;并且,很多学校在教授中文之余,同时开办中华武术,民族舞蹈,中国书法和国画等中华文化课程。[②] 英国中文学校通过教育来保留、宣传中华传统文明,这拉近了新老华裔之间的距离。

为帮助华人尽快实现文化融入,英国各中文学校尤为期望"本

[①] 任娜:《海外华人社团的发展现状与趋势》,《东南亚研究》2014年第2期。
[②] 王彩育:《英国华文教育基本情况汇报》,伦敦英国中文教育促进会2020年版,第2页。

土化教材"的编写与出版。2019 年年底，英国中文教育促进会网校校长王彩育团队在对华校进行调研中发现，英国各中文学校皆提出了跟学校教材相关的建议和请求。请求国侨办考虑支持并落实英国中文学校目前所使用的课本，并且希望课本在保有中华文化内涵的前提之下，课本内容能包含 50% 的与英国"本土化元素"相关的内容；同时希望"本土化的教材"能与英国教育局"中文科"的"教学大纲"和"考试大纲"接轨，因而英国各中文学校建议这套"本土化教材"由暨大出版"中文"教科书的编写专家与英国一线有经验的资深教师联合编写，这套教材的名称暂定为《中文》（英国版），并配套相应的教师教学手册。①

与此同时，英国中华文化艺术中心通过英国当地学校开展了丰富多彩的中华传统文化活动，将舞蹈、书法、舞狮、中国武术等带进英国各学校。2021 年，英国中华文化艺术中心组织了中国文化进校园的活动。给愿意参与的学生进行了简短培训，学生可根据自己的想法来修改自己的宣讲内容。正如英国中华文化艺术中心校长童话所说：通过校园文化活动来接触中华文化的同时，华裔学生也对中华文化产生了文化自信，他们拥有了一种归属感；再者，随着校园文化活动的开展，校园内的其他学生逐渐对中华传统文化抱有极大的学习兴趣，而且，他们因中华传统文化对华裔学生产生了羡慕之情。② 因此，这些积极学习中华传统文化的学生通常与华裔学生的关系比较融洽，相应地，推动了英国华人在英国的社会融入进程。比如英国中文教育促进会也组织了多种保留、宣传传统中华文明和习俗的活动，主要有：

第一，组织在英华人青少年学生参加国侨办组织的海外青少年"中国寻根之旅"夏令营，自夏令营活动于 1999 年开办以来，回国

---

① 王彩育：《英国华文教育基本情况汇报》，伦敦英国中文教育促进会 2020 年版，第 6 页。
② 童话：《文化交流与传播对海外中文教育的影响》，第二届欧洲华文教育学术研讨会暨第五届 CERPE 国际研讨会，温州，2022 年 7 月 2 日。

参加夏令营学生人数两千多人次。因促进会义工们严密的组织工作，夏令营学生的回英国后受到了社会各界的好评。2014年，英国中文教育促进会常务副会长邵怡老师荣获英国政府义工"光点"奖，英国首相在首相府亲手为邵怡老师颁发义工证书。①

第二，承办中华文化知识竞赛和中华文化大乐园活动。英国中文教育促进会不仅承办了国务院侨办文化司组织的中华文化知识竞赛，其还承办了中华文化大乐园活动，截至2020年3月，英国中文教育促进会先后在英国各地举办了6次中华文化大乐园活动。②

第三，组织适合本地华文学校喜闻乐见的各种比赛。比如，已经举办了19届的一年一度的普通话朗诵比赛，每年在伦敦、曼城、苏格兰三地举办，每年参加比赛的学生人数达1200人。2019年，该比赛又开设了伯明翰赛区。除此之外，自2018年开始的"唱好中国歌 讲好中国故事"比赛已成功举办两届。

第四，通过丰富的中华文化竞赛活动促进中文教学，弘扬中华文化。例如，中文写作比赛，书法比赛，成语比赛，齐鲁文化孔孟《论语》及《弟子规》学习比赛。2019年，其开办组织的《论语》和邯郸成语学习竞赛取得了圆满成功。③

其次，在经济上，华人社团一方面协助新移民尽快顺利地适应和融入当地的生活，参与当地的经济建设，每年仅餐饮业便为英国贡献15亿英镑的税收，④由此可见，华人经济实力不容小觑；另一方面架起英国与中国华人之间的商业桥梁，如被外界称为可买下半个英国的商业投资大佬李嘉诚，在英国的投资涵括了从通信到港

---

① 国务院侨务办公室：《关于征集"中国寻根之旅"夏令营营歌的公告》，2015年4月17日，http://www.gqb.gov.cn/news/2015/0417/35563.shtml，2022年7月15日；王彩育：《英国华文教育基本情况汇报》，伦敦英国中文教育促进会2020年版，第3页。
② 王彩育：《英国华文教育基本情况汇报》，伦敦英国中文教育促进会2020年版，第3页。
③ 王彩育：《英国华文教育基本情况汇报》，伦敦英国中文教育促进会2020年版，第3—4页。
④ 李明欢：《21世纪初欧洲华人社团发展新趋势》，《华侨华人历史研究》2015年第4期。

口，中国企业的杰出代表华为，2019年在英国仅仅科研投入就达7840万英镑。换言之，华人及华人企业在中英经济关系中已经具有了举足轻重的分量。

再次，华人社团、积极参与当地各类社会文化活动、大型公益慈善活动。例如1992年成立的"欧洲华侨华人社团联合会"（简称"欧华联会"），参与欧盟举办的各种公益性活动。1996年12月"欧华联会"与欧盟建立了正式联系，正因为如此，欧盟相关负责人高度评价"欧华联会"所作的努力和对欧洲社会所作的贡献，并表示非常愿意与欧洲华侨华人共同建设全新的欧洲，为全欧洲人的利益和幸福奋斗，并邀请重要议员列席参会。

最后，在社会文化事务上，华人社团积极鼓励华侨华人参加英国议会选举活动，不断融入主流社会中。

在1978年后，华人社团依旧秉持远离政治的态度，认为只要华侨华人经济实力增强后，华侨华人遇到的很多困难就会迎刃而解，至于是否参政都无关紧要。然而，事实并非如此。积极参与英国政治活动，争取各种政治权力，是维护英国华侨华人根本利益和合法权益的重要手段，也是华侨华人融入英国当地主流社会的重要途径。因此，一些华侨华人开始逐渐创建热心政治参与的社团组织，或加入关心时事政治的华侨华人社团，通过政治参与维护自身权益，并融入主流社会中，其实英国华人在欧洲参政最早且成效突出。

其中，2006年开始的"英国华人参政计划"，通过准备，在2010年英国大选前开展了一系列社会活动，广泛地发动英国华人参加选民登记，并发布《英国华人大选宣言》，说明华人参政对华侨华人社会的重要意义，鼓励华人投票和参选议会议员，从而使英国华人登记投票人数大幅增加，且有8位华裔候选人参加了英国2010年国会选举。虽然最后8位华裔候选人均未当选，但这是英国华侨华人努力融入当地社会的又一次重大尝试，英国华人再也不是所谓"自给自足""沉默失声"的族群了。

2015年英国大选前期,"英国华人参政计划"于2015年3月28日发起了步行筹款和鼓励投票的活动,呼吁各地华人积极参与英国大选。英国华人工党主席梁辛尼、华人自民党副主席杜淑铮、华人保守党代表皆参加了这一活动。在活动开展之初,一些机构便已向"英国华人参政计划"捐款。其中,一家银行向华人参政计划捐赠了1万英镑,华人参政计划则将这笔钱分给了英国10个地区的华人机构与华人社团,例如,伦敦华人资料及咨询中心、全英华人保健中心、伦敦华人社区中心、东伦敦华人协会、华福信托基金、伦敦的甘顿和伊斯灵顿区以及伯明翰、剑桥华人社区中心。[1] 这些资金为英国各地的华人及华人社团参与英国大选发挥了积极作用。在2015年英国大选的结果中,英国华人创造了两项历史性的纪录,英国华人在参政议政的道路上又向前跨了一大步:第一,此次英国大选有11名来自保守党、工党、自民党和绿党的华裔候选人参选;第二,代表保守党出选汉普郡哈文特选区的艾伦·麦克(Alan Mak)最终成功胜选,艾伦·麦克成了英国历史上首位华裔议会下议院议员。[2] 虽说华裔候选人中只有艾伦·麦克一人胜选,且他不一定能为英国华人群体争取到相关权益,但他的胜选却进一步加强了英国华人的参政意识。

到2019年英国大选,"英国华人参政计划"与"黑色投票行动"(Operations Black Vote)的西蒙·沃利爵士(Lord Simon Wolley)开展合作,在英国多地宣传选举投票的相关事宜。2019年12月10日,"英国华人参政计划"还到华人最多的伯明翰地区进行走访,呼吁英国华人要"拒绝沉默,积极投票"。在"英国华人参政计划"走访伯明翰中国城期间,伯明翰唐人街总会长安娜·严

---

[1] 立行:《英大选在即华人社团步行筹款鼓励参政》,2015年3月28日,https://www.bbc.com/zhongwen/simp/uk/2015/03/150328_uk_election_chinese_voting,2022年7月12日访问。

[2] 田耕:《英国大选:华裔11人参选一人晋身下议院》,2015年5月8日,https://www.bbc.com/zhongwen/trad/uk/2015/05/150508_life_uk_chinese_candidates,2022年7月12日访问。

（Anna Yim）女士表示，虽然在伯明翰，中年和老年华人群体对投票不太热心，但由于今年宣传工作力度的加大，华人参与选举投票的积极性比以往高了一些。① 由此，"英国华人参政计划"的此次宣传走访活动在一定程度上调动了华人的投票积极性，且此次大选除艾伦·麦克成功连任国会议员之外，工党候选人陈美丽（Sarah Owen）也以23496的票数胜选，② 她成为英国议会历史上首位华裔女性议员。2019年的英国大选有两位华裔候选人胜出，这是对英国华人参政议政的巨大鼓舞。"英国华人参政计划"在英国议会选举前后发挥了很好的作用。

可是60多万在英华人中，拥有选举权并参加选举登记的不到半数。显然，除开华人自己的原因外，我们在对外工作中未能整合华人力量也是一个不可忽视的因素。如能有效地利用这笔宝贵的资源，在英国社会发出对华友好的声音，必将在我国新形势下的对外工作中发挥更重要的作用。

二　英国华人社团跨国化

1978年后，英国华人社团开始加入欧洲全洲性的联合社团组织，或是在英国成立了有其他欧洲国家的华侨华人参与的社团组织，这种跨国性联合化的华侨华人社团组织日益众多，使得英国华侨华人与欧洲其他地区的华侨华人联系更加频繁。社团跨国化主要体现在华侨华人社团与祖籍国的跨国联系、英国华侨华人与欧洲华侨华人之间在经济文化交流沟通上的拓展和延伸，有英国华侨华人和华侨华人社团加入的欧洲全洲性社团不断增加，所举办的活动将英国与欧洲各国、英国与中国紧密地联系起来。在广度上，随着中

---

① 英侨网：《华人参政计划走访伯明翰，呼吁"拒绝沉默，积极投票"》，2019年12月11日，https：//www.ukjs.co.uk/post/nosilenceinbirminghan，2022年7月14日访问。

② U. K. Parliament，"2019 General Election"，12 December，2019，https：//members.parliament.uk/member/4777/electionresult，2022年7月14日访问。

国大陆新移民人数的增加，英国华侨华人社团的跨国网络延伸到中国传统侨乡以外的"新侨乡"，欧洲华侨华人在很多事务和平台上齐心合作。1994年包括英国侨声音乐社在内的欧洲粤剧社团在巴黎正式成立了欧洲粤剧研究会。随后举办了多届欧洲粤剧大汇演，丰富了华侨华人的业余文化生活，增进了友谊。在深度上，社团的跨国网络利用中国对华侨华人的政策扶持而进一步得到稳固和深化。自20世纪80年代以来，欧洲特别是英国的华侨华人社团的跨国网络无论是重心、推力还是联络机制，都已明显趋向中国。2001年创办的"世界华侨华人社团联谊大会"至今已经举办好几届，每次与会者都达到数百人，其组织者和主办方是中国国务院侨办和中国海外交流协会。

除此之外，社团的跨国化还体现在欧洲全洲性的宗亲会、同乡会、学界同人社团、欧华联会等社团组织的建立上。欧洲张氏宗亲福利会是"二战"后第一个全欧性侨团跨国组织，由香港移居欧洲的张氏宗亲于1965年创建。不久之后，来自香港新界的彭氏、文氏、邓氏等相继成立了全欧性宗亲社团组织，以及由刘、关、张、赵四大姓组建的欧洲龙冈亲义总会，基本上都是在1978年以后成立的跨国宗亲社团组织。而同时期成立的全欧性地缘社团还有旅欧吉澳同乡会、旅欧大鹏同乡会等。以上宗亲社团和地缘社团的主要成员多在英国定居，或以英国华侨华人居多，且都希望加强英国华侨华人宗亲的联谊，所以很多社团都打着全欧的旗号，积极吸收欧洲各国的华侨华人来扩大社团势力。学界同人社团主要以欧洲华人学会为代表。1981年欧洲华人学会在法国里昂正式成立，以提倡学术研究、加强教学和研究经验的交流、促进中西文化交流与合作、提高欧洲华侨华人学术水平为宗旨。

英国华侨华人社团加入欧洲华侨华人社团联合会也是当代英国华侨华人社团跨国性的重要表现。欧洲华侨华人社团联合会（以下简称欧华联会）是1995年5月在荷兰阿姆斯特丹成立的全欧性华侨华人社团组织。① 首批会员社团有 22 个，其中英国有 3 个。此后，又有不少英国华侨华人社团加入其中。"欧华联会"是第一个在全欧性华人社团中突破政治背景和活动圈子的社团组织，也是首个试图以欧洲华人代表的身份与欧盟进行对话，并获得成功的组织。② 欧华联会通过主动表达欧华群体利益的目标而建构了新的利益格局，通过制度化努力，争取到中欧官方双重支持，提高"欧华联会"的地位，吸引更多社团入会；而成员队伍的壮大，则又提高了该会的代表性进而增强了官方接纳的程度。③ 1995 年成立的欧洲海华联谊中心，是当代英国华侨华人社团跨国化的延伸，由 14 个不同欧洲国家的历届侨社研讨会学员代表发起建立。积极联络欧洲各地成员的感情和友谊，建立全欧洲的通讯联络网，及时交换各地的侨情，同时鼎力支持欧华年会。由此可知，英国华侨华人参加的欧洲海华联谊中心是一个典型的跨国社团组织，其活动范围非常广泛，每年定期聚会，举办一些跨国活动，以丰富全欧华侨华人的社会生活，加强信息沟通和感情联系。

因此，当代英国华侨华人社团的跨国性趋势愈加显著，不少英国华侨华人参加欧洲全洲性的华侨华人社团组织，或是由英国华侨华人带头建立的欧洲范围内的社团组织。各行各业的英国华侨华人社团也越来越倾向于作为个体加入欧洲全洲性的华侨华人社团组织中，甚至有些还积极推动成员和其他社团创建世界性的华侨华人社团，以完善全球华侨华人联系网络，加强华侨华人的统一行动，为保障整个华侨华人世界的合法权益和长远利益而努力。

---

① Flemming Christiansen, *Chinatown*, *Europe*, London, New York: Routledge, 2003, p. 114.

② Gregor Benton, Frank N. Pieke, *The Chinese in Europe*, Houndmills, Basinstoke, Hampshire, New York: Macmillan, St. Martins Press, 1998, p. 36.

③ 李明欢：《群体效应、社会资本与跨国网络——"欧华联会"的运作与功能》，《社会学研究》2002 年第 2 期。

结　语

根据21世纪初英国华人社团发展的新趋势，我们应该充分利用好英国的华人资源和华人社团，为我国的对外关系拓展一条民间交往的渠道。

在新时代，充分利用海外留学生和侨胞的爱国热情，调动华人社团的积极性，是一项十分重要的工作。特别是在英国脱欧后，如何在新形势下协调好中英关系，在美国围堵中国的态势下，在西方阵营中寻找突破口，建立起中英两国多渠道、多层次的联系，具有相当的紧迫性。

On the Development Trend of Contemporary "British Chinese Community"

ZHOU Xiao – li，HUANG Xin – yue

Abstract：With the promulgation of the "British Nationality Act" in 1948, coupled with the influence of the reform and opening-up policy after 1978 and the enhancement of China's economic strength, the Chinese have become the third largest ethnic minority in the United Kingdom, and the British Chinese community has shown a development trend such as localization. The promotion of traditional Chinese culture by British Chinese associations and their participation in economic, social and political activities in the UK have promoted the development of the localization of the associations; Communication and the establishment and development of transnational organizations have promoted the transnational communication of British Chinese Community. The development trend of localization and transnationalization of Chinese communities in the UK has a potential impact on the development of Sino-British relations.

Keywords: Britain; Chinese community; Development trend; Sino-British relations; Potential impact

1990年以来德国华侨华人生存状况探析[*]

吕 瑶[**]

摘要：1990年以来，在推拉双重作用下，华侨华人迅速成为德国第二大高技术移民群体以及十大移民族群。随着中国国际地位的提高、德国移民政策的转变、华侨华人自身素质的提高以及客居思想的减弱，华侨华人在德生存状况发生了重大变化，尤其是在居住、就业、文化融入、参政方面大为改善，但仍有些许不尽人意之处。

关键词：德国；华侨华人；生存状况

1990年以来大量华侨华人移居德国后，他们的居住、就业、文化融入、参政情况发生了重大变化。本文利用大量档案，如德国联邦政府统计局、德国联邦就业局、德国内阁会议、德国联邦外贸与投资署、德国经济调查小组、中国驻德大使馆和中国商务部新闻等官方资料以及德国华侨华人回忆录、口述资料、德国报刊等一手文献资料，并通过线下采访、问卷调查等方法收集新数据，对1900年

---

[*]【基金项目】本文系四川师范大学历史文化与旅游学院研究生科创基金重点项目"论欧洲华侨华人对中国新冠肺炎疫情防控的贡献"（项目编号：2020KC001）之阶段性成果。

[**]【作者简介】吕瑶，女，四川师范大学历史文化与旅游学院硕士研究生。

以来德国华侨华人生存状况进行系统而深入的分析,以弥补学界对德国华侨华人研究的不足。

根据德国内政部2021年人口普查结果显示,德国有219万人有移民背景,相当于德国总人口的26.7%,平均每4人中就有1人具有移民背景,这标志着德国正式进入移民国家行列。[1] 随着中国改革开放和德国统一推拉双重作用下,第三次华侨华人移居德国潮兴起。截至2021年年底德国华侨华人总数高达21万2000人,其中在德中国留学生人数较他国位列第一。[2] 2020年3月1日德国新《技术人才移民法》生效引起国内外学界热议,此移民法旨在吸收全球的高技术人才。而华人作为德国第二大高技术移民群体,[3] 具有重要的研究价值。

然而,目前国内外对"德国华侨华人生存状况"尚缺乏直接的研究,相关研究也较少,主要集中在以下几个方面:其一,经济视角下的德国华侨华人。扬·奥尔甘(Yann Algan)在《英法德第一代和第二代移民的经济状况比较》一文中论述了德国华侨华人作为亚裔族群的经济收入情况[4]。刘大地在《德国新华侨华人对中德经贸关系作用研究》一文中认为德国华侨华人是中德经贸合作中不可替代的力量[5]。其二,德国华人社团与社区。于锦阳在《汉语的语

---

[1] 德国统计局: *Statistisches Bundesamt, Bundestagswahl* 2021: *Jede dritte Person mit Migrationshintergrund war wahlberechtigt* [DB/OL]. Hesse: Wiesbaden. https://www.destatis.de/DE/Presse/Pressemitteilungen/2021/10/PD21_463_125.html, 2022年7月3日访问。

[2] 德国官方学术交流中心: *DAAD, Deutscher Akademischer Austausch Dienst, DAAD China, Studieren in Deutschland* [DB/OL]. Frankfurt: Kennedyallee. https://www.daad.de/en/, 2022年7月3日访问。

[3] 德国统计局: *Bunderministerium des Innern, Bundesamt fur Migration und Fluchtlinge: Migrations bericht* 2004 [DB/OL]., https://www.destatis.de/DE/Home/_inhalt.html, 2022年7月3日访问。

[4] Yann Algan, Christian Dustmann eg., "The Economic Situation of First and Second-Generation Immigrants in France, Germany and the United Kingdom", *The Economic Journal*, Vol. 120, No. 542, Features, February 2010, pp. 4–30.

[5] 刘大地:《德国新华侨华人对中德经贸关系作用研究》,硕士学位论文,暨南大学,2017年。

言社会化与认同形成——柏林华人基督教会》中研究了德国最大的华人基督教会——柏林华人基督教会，通过分析其领导人的策略和成员的激励，介绍德国华人宗教社区①。郭剑波的《全德华人社团联合会刍论》论述了德国华人社团联合会成立的背景、基本情况以及重要特点②。其三，在德中国移民的历史变迁。埃里希·古丁格（Erich Gütinger）的《1882年以来的在德中国移民》对1882年至2003年德国的中国移民人数进行了调查研究③。王昇虹的《德国中国移民的历史演变及类别构成》一文用统计数据与田野调查分析了在德中国移民的历史演变过程与群体构成④。刘悦的《德国的华人移民——历史进程中的群体变迁》一书论述了近现代德国华人的历史变迁过程⑤。

一 就业范围扩大

1990年以前，在德华侨华人多为客籍劳工，无长期居留就业权。1963年至1973年，西德有近1990万客籍劳工，其中大部分华人劳工在合同结束后必须离开西德。⑥ 从劳动力市场细分的角度来看，客籍劳工与本地人在就业领域方面，处于劳动力市场的中心领域，收入低、工作时间长、劳动强度大。而少数在德取得学位的华侨华人大多从事底层职业或处于失业状态，无法顺利从事技术、教

---

① Jingyang Yu, "Becoming Christian to Remain Chinese", *Asian Ethnology*, Vol. 80, No. 2, 2021, pp. 413–430.
② 郭剑波：《全德华人社团联合会刍论》，《八桂侨刊》2002年第2期。
③ Erich Gütinger, *Die Geschichte der Chinesen in Deutschlang. ein Ueberblick ueber die ersten* 100 *Jahre Seit* 1882, Muenster: Waxmann, 2004, p. 84.
④ 王昇虹：《德国中国移民的历史演变及类别构成》，《华侨华人历史研究》2009年第4期。
⑤ 刘悦：《德国的华人移民——历史进程中的群体变迁》，浙江大学出版社2018年版。
⑥ Broeck, Julien van den, *The Economics of Labour Migration*, Cheltenham, Edward Elgar Publishing Company, 1996, p. 162.

育以及咨询翻译等工作。① 随着1973年全球性的石油停止供应,客籍劳工时代结束。②

首先,德国华侨华人主要从事餐饮工作,收入颇佳。德国华侨华人主要居住在德国柏林、汉堡、法兰克福等大城市,其中超过70%的人从事与中餐馆相关的行业。相较德国第一代华侨华人,第二代与第三代华侨华人的德语较好、熟悉西方文化,后者的就业机会往往多于前者,从事餐饮行业人数较一代有所减少。③ 20世纪90年代早期,华人餐饮店在德国各处遍地开花。④ 21世纪后,德国华侨华人70%从事餐饮行业。德国中餐馆总数11000多家,并成立了德国中餐协会。⑤ 在德从事餐饮业的华侨华人中,大约三分之一的人是业主或自主经营者,业主一般从中国雇佣员工,通常在一个餐馆里,包括老板在内会有两到四名雇员,即使再偏僻的德国小镇皆有中餐馆。⑥ 从事餐饮工作的华侨华人收入可观,且屡次应邀出席并荣获德国餐饮奖(Der Edutsche Gastronomiepreis,自1994年起发展成为德国联邦范围内的著名餐饮大奖)。⑦ 这显示了德国华侨华人从事餐饮行业取得了重要进步,获得德国认可。

其次,部分华侨华人在德国从事高技术工作。根据德国联邦移民与难民局统计,截至2012年共有4380名外国高技术人才获得欧盟蓝卡,

---

① 郑启航:《中华人民共和国驻德意志联邦共和国大使馆专访,中使馆参赞:德国华侨华人地位因中国强大而改善》,新华网,2010年7月8日,https://www.chinanews.com/hr/2010/07-08/2389172.shtml,2022年2月17日访问。
② 宋全成:《欧洲移民研究——20世纪的欧洲移民进程与欧洲移民问题化》,山东大学出版社2007年版,第147页。
③ 郑启航:《中华人民共和国驻德意志联邦共和国大使馆专访,中使馆参赞:德国华侨华人地位因中国强大而改善》,新华网,2010年7月8日,https://www.chinanews.com/hr/2010/07-08/2389172.shtml,2022年2月17日访问。
④ 王昇虹:《德国中国移民的历史演变及类别构成》,《华侨华人历史研究》2009年第4期。
⑤ 《德国华商报》2015年3月3日。
⑥ 王昇虹:《德国中国移民的历史演变及类别构成》,《华侨华人历史研究》2009年第4期。
⑦ 《德国华商报》2016年3月1日。

其中华侨华人为213名；① 2013年共有4651名外国高技术人才获得欧盟蓝卡，其中华侨华人为243人；② 2014年共有5378名外国高技术人才获得欧盟蓝卡，其中华侨华人为307人；③ 2015年共有6792名外国高技术人才获得欧盟蓝卡，其中华侨华人为439人。④

表1　　　　　　2006年至2012年德国的中国技术人才

2006年	2007年	2008年	2009年	2010年	2011年	2012年
264人	344人	318人	223人	275人	456人	412人

资料来源：德国移民与难民局，*Migration Report* 2012, p. 48, https://www.bamf.de/DE/Startseite/startseite_node.html, 2022年2月18日访问。

越来越多的华侨华人在德国从事短期或者长期学术工作，包括博士后、大学研究人员教职工、研究机构工作人员等。截至2015年，在德高校工作的华侨华人为46人。⑤ 中国作为德国引进人才的第三国（指欧盟、欧洲经济区成员国和瑞士之外的其他国家），德国引进中国高学历专业人才，其工作待遇佳。华侨华人为优秀高学历专业人才，如科学家、工程师、教师等各领域专家，在德国将获得不低于6.36万欧元的年薪（折合人民币约为42万），并获得长期居留德国的许可。⑥

---

① 德国统计局：*Bunderministerium des Innern, Bundesamt fur Migration und Fluchtlinge: Migrations bericht* 2013, https://www.destatis.de/DE/Home/_inhalt.html, 2022年7月3日访问。
② 德国统计局：*Bunderministerium des Innern, Bundesamt fur Migration und Fluchtlinge: Migrations bericht* 2014, https://www.destatis.de/DE/Home/_inhalt.html, 2022年7月3日访问。
③ 德国统计局：*Bunderministerium des Innern, Bundesamt fur Migration und Fluchtlinge: Migrations bericht* 2015, https://www.destatis.de/DE/Home/_inhalt.html, 2022年7月3日访问。
④ 德国统计局，*Bunderministerium des Innern, Bundesamt fur Migration und Fluchtlinge: Migrations bericht* 2016, https://www.destatis.de/DE/Home/_inhalt.html, 2022年7月3日访问。
⑤ 德国统计局，*Bunderministerium des Innern, Bundesamt fur Migration und Fluchtlinge: Migrations bericht* 2015, https://www.destatis.de/DE/Home/_inhalt.html, 2022年7月3日访问。
⑥ 驻德国经商参处：《德国"自然人移动"相关法规及实施情况》，中国商务部，2013年3月28日，http://de.mofcom.gov.cn/article/ztdy/201303/20130300070757.shtml, 2022年2月17日访问。

表2　　　　　2020年在德外国人获得欧盟蓝卡比例统计

（单位：百分比）

原国籍	印度	土耳其	伊朗	俄罗斯	乌克兰	巴西	中国	塞尔维亚	埃及	其他
比例	23.7	7.8	6.9	6.7	4.8	4.7	4.1	3.0	2.5	35.8

资料来源：德国联邦移民与难民局，*Migrationsbericht*-2020, p. 83, https://www.bamf.de/DE/Startseite/startseite_node.html，2022年3月14日访问。

最后，大量华侨华人在德国企业和中资企业就职。德国企业界愈加看好中国的发展，不少在德国成长的第二代、第三代华侨华人子弟高中毕业就被德国企业选为未来开拓中国市场的人才储备。德国企业为他们上大学提供资助，毕业后进入此企业工作，工作收入愈加优渥。且德国民众对华侨华人较为友好，极少发生专门针对华侨华人的暴力犯罪事件。① 随着中国企业走出国门，在德国当地招聘大量华侨华人为其工作，例如中国建筑、中国镇江国际、中策橡胶集团、中国徐工集团欧洲有限公司以及中国华为公司、中国中兴公司等著名企业。德国联邦外贸与投资署2020年5月20日公布《2019年外商直接投资报告》显示，中国企业2019年在德国累计提供4400个就业岗位，较前年增长3000个，排名第4。② 据笔者调查，中资企业在德华侨华人技术与管理、翻译等人员收入远超德国餐饮服务人员工作，月收入不低于3582欧元/月（折合人民币约为25000元）。③

华侨华人在德国取得大学以上学位将获得更高收入。根据德国

---

① 郑启航：《中华人民共和国驻德意志联邦共和国大使馆专访，中使馆参赞：德国华侨华人地位因中国强大而改善》，新华网，2010年7月8日，https://www.chinanews.com/hr/2010/07-08/2389172.shtml，2022年2月17日访问。

② 德国联邦外贸与投资署，*FDI Report*（*Federal State Economic Development Agencies, GTAI*），2020 *FDI Report -Analysis*，https://www.gtai.de/cn/meta/about-us/who-we-are，2022年2月18日访问。

③ 此处的数据主要为作者从2021年到2022年在德国当地华侨华人就业平台、中国建筑中高层管理人员等线下口述收集整理所得数据。

慕尼黑 IFO 研究报告显示（Institut fur Wirschaftsforschung，伊弗经济研究所是德国五大权威经济研究所，是德国联邦政府制定经济政策的重要参考依据），相比只接受了社会培训的职工，如若在德国取得大学以上学位，男性职业生涯将多收入 48.7 万欧元、女性职业生涯将多收入 28 万欧元。① 随着时间推移，仍有许多华侨华人学生在德国从事兼职工作，如餐饮服务员、学校宿舍管理助理员、图书馆管理助理员、e-bay 人员以及中文翻译、教育（如德国中文培训学校与孔子学院）、留学移民服务等工作，这些工作收入尚可，工作相对轻松，可提供免费住宿。②

与其他移民族群相比，德国华侨华人的就业收入和就业率较本土德国人收入平均水平居中。据统计，除了其他欧盟 16 国以及意大利和希腊之外，所有的德国第一代移民男性群体（包括华人）的就业概率都低于本土德国人。表现最差的群体是来自中欧、东欧和土耳其的移民，他们的就业机会分别比德国本土男性低 19.4 个百分点和 15.2 个百分点。拥有德国国籍的移民男性表现稍好，就业率差距仅为 6.8 个百分点，而意大利和希腊男性的表现与本土男性一样好。华人未能显著缩小与本土德国人的就业差距，土耳其和意大利男性的差距尤其严重，分别拉大了 3.4 个百分点至 18.6 个百分点和 5.2 个百分点至 5.7 个百分点。③ 由此可见，虽然德国 1990 年以来，随着"客籍劳工"的结束，德国华侨华人就业较之前大幅改善，但总体就业收入与就业率与本土德国人相比，仍差距较大。

总之，华侨华人在德国就业范围扩大，许多华侨华人开始成为

---

① 德国伊弗经济研究所，IFO，Chinese-in-Germany，Bildung lohnt sich-Studium bringt eine halbe Million mehr Einkommen，29.03.2017，https：//www.ceicdata.com/zh-hans/germany/world-economic-survey-ifo-institute，2022 年 2 月 19 日访问。

② 此处的数据主要为作者从 2021 年到 2022 年在德国当地华侨华人就业平台、中国建筑中高层管理人员等线下口述收集整理所得数据。

③ Yann Algan, Christian Dustmann eg., "The Economic Situation of First and Second-Generation Immigrants in France, Germany and the United Kingdom", The Economic Journal, Vol. 120, No. 542, Features, February 2010, pp. 24.

餐饮业主、高技术人才、企业管理人员等。华侨华人收入增加、经济地位提高，其住房条件也大为改善。

二 住房条件改善

华侨华人在德住房环境改善主要表现在以下两方面：一是住房设施环境的改善；二是开始拥有住房产权。

由于20世纪30年代纳粹政权迫害华侨华人，德国汉堡等地的唐人街消失。二战后，德国各地政府否决重建唐人街的议案。[①] 因此，1990年前，德国并未形成华侨华人聚居区唐人街。此阶段的德国华侨华人多数是低技能的劳动型工人，他们不仅只能暂居德国，而且与德国本地家庭之间存在巨大的住房条件差距。[②] 以西德政府为例，1990年以前西德政府没有类似英国和法国的移民住房安置政策，实行自由放任政策，要求雇用移民的企业需要为移民劳工提供住房。但是该国政府同时又规定，在以下两种情况下，企业可以不负责向移民提供住房：一是移民劳工家属到来；二是移民更换工作单位，原单位不再提供住房。这导致德国华侨华人多居住在企业主提供的工厂住房中，男性与女性皆住在紧急住房中，这种住房条件使得华侨华人与德国本土民众长期隔离，[③] 且华侨华人在德国多居住在劳动密集型的工厂住房中，环境艰苦。

调查数据显示包括华侨华人在内的德国移民对生活的满意程度甚至高出德国本地人。[④] 首先，华侨华人在德住房设施环境大为改善。

---

① Lars Amenda, *China in Hamburg*, Herausgegeben von ZEIT-Stiftung Ebelin und Gerd Bucerius im Ellert & Richter Verlag, 2017, p. 154.
② Mathias Sinning, "Homeownership and Economic Performance of Immigrants in Germany", *Urban Studies*, Vol. 47, No. 2, February 2010, pp. 387–409.
③ 梁茂信：《现代欧美移民与民族多元化研究》，商务印书馆2011年版，第341—342页。
④ Ognjen Obuc'ina, "The Patterns of Satisfaction Among Immigrants in Germany", *Social Indicators Research: An International and Interdisciplinary Journal for Quality-of-Life Measurement*, vol. 113, No. 3, 2013, pp. 1105–1127.

华侨华人在德国大多能支付租住或购买公寓、复式房,甚至别墅的费用,距离超市、饭店、药店、健身房以及商场等不超过10分钟的距离,租金多为300欧元至600欧元(约合人民币2094元至4188元),购买价格平均为24.2万欧元(约合182万元人民币),面积在44平方米至100平方米之间。住房周边静谧安全、设备齐全。① 此外德国的华侨华人大学生的住房条件也大为改善,采用社会化管理,称为国际大学生宿舍。宿舍分散在全城各处,华侨华人大学生申请即可入住。宿舍为多幢楼房组成,一人一套房间,房租亦不昂贵。房间内厨房、卫生间、沙发、书桌、书架、壁橱等一应俱全。每栋楼皆有地下室,地下室由阅览室、电视室、运动房、洗衣间等组成。阅览室摆放有各式报纸杂志书籍;电视室可一次容纳几十人同时入座观看;运动房有乒乓球台、台球桌以及游戏机,满足华侨华人大学生的休闲习惯;洗衣房有六台滚筒式洗衣机,草坪上有大型晾衣架。楼道有公用电话,用后登记,每月按登记情况缴纳费用。住房旁边还有停车场,为有车的华侨华人大学生服务。② 以上为20世纪90年代以来德国华侨华人大学生在德真实住房条件,随着德国华侨华人大学生经济实力大为提高,其住房条件亦越发优渥。

图 2-1 华侨华人在德居住环境(图片来源:在德华侨华人提供)

① 此处的数据主要为作者从2021年到2022年在德国当地各华侨华人论坛、德国当地华侨华人租房网络平台等进行的数据调研、收集整理所得。
② 李英:《一个女知青在德国》,中国华侨出版社2007年版,第114—116页。

其次，华侨华人开始拥有住房产权。与工资收入相比，住房产权代表着移民国家允许对移民的长期融入的支持，因为它代表了移民长期经济进步的结果，并在提供长期财务保障方面发挥关键作用。① 2006年，德国社会经济小组（SOEP）抽样调查了近1.1万个包括华侨华人在内的移民家庭，约2万人。户主被要求回答一份家庭住房的问卷，调查结果证明，自1990年以来，德国移民（包括华侨华人）拥有住房产权急速增长。德国移民（包括华侨华人）拥有住房产权的比例从1984年的13.1%增长至2006年的35.3%。②

综上所述，华侨华人在德住房条件改善和拥有住房产权是其生存状况改善的一个重要表现，是华侨华人在德经济长期进步的结果，是华侨华人在德文化融入和参政的一大前提。

三　文化融入渐佳

外来族群生存融入的困难突出体现在文化层面，外来族群整合自身原文化与移居地新文化的效果至关重要，也是影响其生存重要因素。华侨华人在德文化融入既标志德国文化对华侨华人文化的认可与接纳，也代表着华侨华人生存状况的重大改善。

一是华侨华人在德积极融入德国当地文化。德国华侨华人积极融入当地文化。据《欧洲时报》德国版报道，2016年第九届德国法兰克福时装大奖赛（Frank Furtsty Leaward）在老歌剧院举行。全球多名青年设计师参与角逐，中国的四名青年设计师亦积极参与；中国驻法兰克福总领馆经商领事朱伟革出席了活动，此场时装大奖赛的主宾国定为中国，刘子超亦受邀作为此次大奖赛的唯一中国评

---

① Mathias Sinning, "Homeownership and Economic Performance of Immigrants in Germany", *Urban Studies*, Vol. 47, No. 2, February 2010, pp. 387 - 409.
② 德国社会经济研究小组, SOEP (The German Socio-Economic Panel Study), Frick, J. and Haisken-DeNew, J. P., *Desktop Companion to the German Socio-economic Panel*, (SOEP) Version 8.0, 2005, https://www.diw.de/documents/dokumentenarchiv/17/diw_01.c.353304.de/soep-intro_march2010.pdf, 2022年2月19日访问。

委，与其他参赛华侨华人积极融入德国当地艺术文化。此外，德国华星艺术团的成立为德国华侨华人吸收有艺术造诣、才能和艺术爱好的华人，同时也为华侨华人积极参与当地的文艺活动提供了难得的平台、与德国民众相互交流搭建了非常好的艺术之家。① 在德华侨华人亦会积极参与德国当地民众的传统文化节日活动，如在圣诞节活动，与德国好友一同布置圣诞树、蜡烛、巧克力、手工艺品等，接纳甜酒，烤肉，饼等当地食物；参与当地的元旦欢庆方式如听音乐会、新年敲钟、看烟火表演等；以及在复活节画彩蛋、找彩蛋和兔子；在慕尼黑啤酒节与德国当地人畅饮啤酒、化妆集会等，从实际生活中融入德国当地文化。

二是德国华侨华人及驻德中国大使馆等在德积极宣扬自身文化，寻求理解与融合。首先，德国华侨华人每两年举办一次的文化活动"中国时代"，不仅是德国汉堡市的一张亮丽文化名片，也是德国华侨华人展示自身原文化的重要窗口，有利于德国当地民众零距离接触华侨华人的原文化。"中国时代"最初于2006年由德国汉堡市政府发起并连续担任主办方。德国汉堡市政府每年力邀在德华侨华人艺术家参与活动，力求全面真实体现其文化。德国汉堡市政府的初心是由于德国当地民众对华侨华人的原文化了解相对片面，借此盛会加大双方的交流与了解。由此可见德国官方政府对华侨华人文化和中国文化的重视，亦瞥见华侨华人在德文化地位的改善。此外，以单凡为代表的长期居德的著名华侨华人艺术家们，30年以来坚持积极宣扬中国文化、寻求理解与融合。他们在德经常举办个人展览，有着很高的知名度和影响力。② 此外，中国驻德大使馆与使领馆、德国各城市华人协会、留学生会以及中文学校在节假日如春

---

① 梁异：《德国华星艺术团揭牌 承办水立方杯选拔赛》，中国侨网，2016年7月8日，http://www.chinaqw.com/m/hwjy/2016/07-08/94620.shtml，2022年2月17日访问；梁异：《法兰克福举办时装大奖赛4名中国设计师参与角逐》，中国侨网，2016年9月30日，http://www.chinaqw.com/hqhr/2016/09-30/106248.shtml，2022年2月17日访问。

② 《2006"中国时代"活动在德国汉堡开幕》，央视国际，2008年9月14日，https://www.cctv.com/，2022年2月17日访问。

节、中秋节或国庆节会积极组织活动,邀请在德华侨华人、德国人和其他族群的外国友人参与活动。各族裔人民在活动中载歌载舞,品尝中华传统美食,了解中国优秀文化。许多德国人是通过此种活动第一次了解中华优秀文化和生活方式。[①]

但是,德国一代华侨华人文化隔阂居高不下。不同的在德华侨华人具有不同的程度的客居思想、价值观和融入需求。如第一代德国华侨华人在以往德国华侨华人具有极强的客居德国的思想、深受中国传统文化的影响,融入需求不高。1990年以来尤其是进入21世纪后,许多德国二代、三代华侨华人开始进入"无乡愁"时代,他们深受德国主流文化的影响。虽然从文化的层面上看,德国华侨华人的整合能力比在德土耳其人、阿拉伯人和非洲人更易于与德国社会整合,但与欧洲族群相比又较难,总体情况居中。原因如下:一是中国是一个拥有悠久优秀文明历史的国家,有自己的生活方式;二是华侨华人文化与西方基督教文化的类同大于差异。[②] 但是随着中国国际政治经济地位的不断提升,以及华侨华人在德积极宣扬自身文化,积极寻求理解与融合,加之德国民众对华侨华人背后的中国优秀饮食文化、丝绸、古董、陶瓷、绘画、音乐、舞蹈和杂技、武术等兴趣深厚,在未来德国华侨华人的文化融入定可再上一台阶。

四 参政成效提高

一方面,德国华人拥有选举权人数不断增加。1990年以前的德国实行客籍劳工轮换制度,前往德国工作的中国人工作结束后必须返回中国,无法获得永久居留权以及参政选举权。随着中国国力的提升,德国华人参政兴趣愈加浓烈,拥有选举权人数不断增加。德

[①] 何志宁:《华人族群及与德国社会的整合》,人民出版社2012年版,第101—102页。
[②] 何志宁:《华人族群及与德国社会的整合》,人民出版社2012年版,第99页。

国最新的2020年《技术移民法》规定：在德国成立公司（注册资金大于25000欧元）、在德国合法居住满8年并拥有维持生计的工作、以及高技术人才等外国群体，在德国享有居留许可、加入德国国籍，成为德国公民、参政议政。① 截至2015年，中国人获得德国无限期居留许可的人数为31人，2007年前此数据为0。② 而华侨华人自身素质的高低决定参政水平的高低，其客居思想强弱一直影响着华侨华人的在德参政状况。在以往德国华侨华人具有极强的客居德国的思想，1990年以来尤其是进入21世纪后，德国许多二代、三代华侨华人普遍接受了良好的教育、德语水平高、心理归属感强的，其社会融入情况较一代华侨华人更佳，"两个世界"③ 间的界限感弱化，力争进入德国社会中心领域。

《德意志联邦共和国基本法》规定年满18岁的德国籍人士有权利参与选举投票。④ 根据2022年德国联邦政府统计局的调查报告显示：在德的外国移民中，近1/3的移民拥有选举权，这表示现今德国有近73万移民拥有选举权。华侨华人作为德国的十大移民族群，截至2021年年底，至少有10万华人在德拥有选举权，且人数不断增加。⑤

另一方面，德国华人竞选州、市议员并获得成功。他们进入立法机构、议政议事、参与决策。早期德国华侨华人多参加民间组织与社团，

---

① 2020 Fachkrfteeinwanderungsgesetz/FEG，https：//en. wikipedia. org/，2022年2月19日访问。

② 德国统计局，Bunderministerium des Innern, Bundesamt fur Migration und Fluchtlinge：Migrations bericht 2015，https：//www. destatis. de/DE/Home/_ inhalt. html，2022年7月3日访问。

③ 李明欢教授曾在《我们需要两个世界：活跃在一个西方社会中的华人移民社团》（*We Need Two Worlds: Chinese Immigrant Associations in a Western Society*）中首次提出于移民研究的"两个世界"理论，该书1999年由荷兰阿姆斯特丹大学出版社出版。

④ 《德意志联邦共和国基本法》：Grundgesetz für die Bundesrepublik Deutschland，https：//baike. baidu. com/item/%E5%BE%B7%E6%84%8F%E5%BF%97%E8%81%94%E9%82%A6%E5%85%B1%E5%92%8C%E5%9B%BD%E5%9F%BA%E6%9C%AC%E6%B3%95/8676436? fr = aladdin，2022年2月19日访问。

⑤ 德国统计局，Statistisches Bundesamt，*Bundestagswahl 2021: Jede dritte Person mit Migrationshintergrund war wahlberechtigt*［DB/OL］. Hesse: Wiesbaden. https：//www. destatis. de/DE/Presse/Pressemitteilungen/2021/10/PD21_ 463_ 125. html，2022年7月3日访问。

如德国中国餐饮协会、旅德青田同乡会、德国旅欧华侨团体联合会议等，少有华侨华人当选德国州、市议员。1990年以后，德国华侨华人参政意识不断提高。2009年，张逸讷当选德国卡尔斯特市（Kaarst）市议员。2010年，德国有史以来第一次华人入选德国黑森州（Hessian）议会外国人参事会（黑森州议会外国人参事会是德国州立法机构），杨明、顾裕华为代表赢得席位。当地媒体表示，华人入选德国黑森州议会代表，标志华人在德地位提高。杨明、顾玉华将组建和主持一个由8人组成的中国事务小组出席议会参事会的议政、议事活动，参与德国华侨华人政策决策过程，使德国政界乃至全社会都能直接听到来自在德华人的主张和声音。① 2014年，王伟华女士当选德国施伟青根市（Schwetzingen）议员、谢盛友先生当选巴伐利亚州贝格市（Berg）议员。2016年，顾裕华女士再次入选德国黑森州议会外国人参事会。2021年，杨明先生再次当选德国黑森州议会外国人参事会议员。法兰克福市报对杨明当选事件公开大篇幅报道，认为杨明未来有希望成为德国法兰克福市的市长。②

但是，相较德国其他移民群体的参政人数，德国华侨华人参政人数过少，且未进入德国政治核心领域。据德国统计局2022年最新统计，2021年参政人数（投票选举的人数）全国共计5951.7万人。其中移民人数786.8万人，占比13.2%。而华侨华人并未进入统计榜单，参政人数最多的移民群体依次为波兰108.9万、土耳其93.2万、哈萨克斯坦82.8万、俄罗斯76.3万。由此可见，虽然德国华侨华人至1990年以来参政成效提高，但仅仅是九牛一毫。德国华侨华人虽然竞选州、市议员并获得成功，进入立法机构、议政议事、参与决策。但未进入德国政治核心领域，如联邦议会、内阁、联邦法院、中央政府机构等。

---

① 苏银虎：《德国华人首次入选州议会参事会，社会地位日渐提高》，《人民日报（海外版）》2010年12月31日，https://www.chinanews.com/hr/2010/12-31/2759103.shtml，2022年2月20日访问。

② Rhein Main, "Ein Chinese will OB Werden", *Frankfurt*, 18 December 2017.

表3　　2021年在德移民参政人数统计（单位：万人）

移民分类	参政人数	人数占比
非移民	5164.9	86.8
移民	786.8	13.2
在德波兰移民	108.9	13.8
在德土耳其移民	93.2	11.8
在德哈萨克斯坦移民	82.8	10.5
在德俄罗斯移民	76.3	9.7

资料来源：Statistisches Bundesamt, *Bundestagswahl 2021: Jede dritte Person mit Migrationshinterground war wahlberechtigt*［DB/OL］. Hesse：Wiesbaden., https：//www.destatis.de/DE/Presse/Pressemitteilungen/2021/10/PD21_463_125.htmll，2022年7月3日访问。

综上所述，华侨华人在德生存状况总体优化，进入新世纪后呈现爆发式转变：华侨华人在德就业面变广，收入呈倍数增加；住房权益提高，住房条件改善；文化交流与融入渐佳；参政人数打破零纪录且不断增加；政界身份日益中心化。

但德国华侨华人总体就业收入与就业率与本土德国人相比，仍差距较大，高收入华侨华人总体比例过低；德国一代华侨华人文化隔阂居高不下；华侨华人总体参政人数过少且未进入德国政治核心领域，以上情况影响其社会融入。

当下的德国华侨华人研究一定要跳出传统的欧洲华侨华人研究范畴才能有所成果，我们需要深入研究德国华侨华人的生存状态、集体组织状况、组织行动的逻辑以及移民的目的及意愿。学者只有深入了解华侨华人在德生存状况，才能促进德国华侨华人的发展。[①] 所有在德华侨华人应进一步增强政治意识，走近政治中心，转化参政成果，提高自身素质，融化"两个世界"界限，摒弃"他者"意识，加强社会融入。

---

① 周大鸣：《柏林中国移民调查与研究》，《广西民族大学（哲学社会科学版）》2012年第3期。

Living Conditions of Overseas Chinese in Germany since 1990

LV Yao

Abstract: Since 1990, under the dual effect of push and pull, a large number of Overseas Chinese emigrated to Germany, and quickly became the second largest group of highly skilled immigrants in Germany and the top ten immigrant groups. With the change of China's international status, the change of German immigration policy, the improvement of the quality of the Overseas Chinese and the weakening of the idea of guest residence, the living conditions of the overseas Chinese in Germany have undergone great changes, especially in the aspects of residence, employment, culture and political participation, but there are still some unsatisfactory aspects.

Keywords: German; Overseas Chinese; Living Conditions.

近年来海外华侨华人儿童回国就读情况探析*
——基于浙江省文成县 Y 小学的调查

邓纯考　沈冰伟　王婧怡**

摘要：基于浙江省文成县玉壶镇 Y 小学的调查发现，近年来，随着国内经济的发展和生活水平的提高，回国就读侨胞儿童数量显著增加，达到样本学校学生数的 14.69%。其中大部分侨儿童回国后成为亲子分离的留守儿童，只有小部分侨儿童由于父母同时回国而实现了亲子团聚。在跨国教育理念与教育环境差异的影响下，归国侨儿童入学初期面临中外课程目标要求和教学进度的落差，从而导致中高段侨儿童"高龄低学"，低段侨童"低龄入学"的学龄不一致现象。同时，国内社会经济的发展与国际环境的变化，也导致国内侨乡留守儿童的出国预期出现下降。

关键词：侨乡留守儿童；出国预期；学龄不一致

侨乡留守儿童是"特殊中的特殊群体"①，指父母一方或双方出国

---

* 【基金项目】本文是浙江省社科规划重大项目"具身视角的华侨华人家国情怀形成与培育机制研究"（项目编号：22JCXK02ZD）、2023 年浙江省大学生新苗人才计划（2023R451004）阶段性成果。

** 【作者简介】邓纯考，男，温州大学教育学院教授；沈冰伟，男，王婧怡，女，温州大学教育学院本科生。

① 陈美芬、陈丹阳、袁苑：《侨乡留守儿童社会支持与心理健康关系的研究》，《心理研究》2014 年第 3 期，第 63—80 页。

后，由于受国外抚育困难、经济与工作条件不允许等原因限制，被留在国内就读且亲子分离半年以上的 18 周岁以下的未成年子女①。由于在跨国留守儿童内部的细分类型、内涵和外延上未能达成共识②，一些研究也称侨乡留守儿童为"华侨留守儿童""侨界留守儿童""富裕留守儿童""海外留守儿童""洋留守儿童"等③。

学界对侨乡留守儿童教育状况及其影响因素进行了多视角探讨，如指出由于家庭环境、学习需求和发展方式等特有因素的影响，该群体人格发展容易受阻，学习认知也容易出现偏差④；对比其他儿童群体，华侨留守儿童的家庭教育资源缺乏、人格与行为表现均不如国内留守儿童、非留守儿童⑤；受到监护方式及多变环境的制约⑥，学业成绩整体低于非留守儿童群体，学科成绩分化较为显著⑦，等。在影响因素方面，研究指出有跨国寄养中侨乡家庭亲子沟通平台和内容单一化、家校教育缺乏有效整合⑧、家庭、政府和社会等多层次因素之间缺乏形成合力⑨，等。

综上所述，已有研究主要围绕侨乡留守儿童家庭教育的环境、资源、养育、学业等，探讨了其教育生活中的问题表现，分析了多维因

---

① 贾益民、庄国土、陈文寿、游国龙：《华侨华人蓝皮书：华侨华人研究报告》，社会科学文献出版社 2021 年版，第 205—224 页。

② 王晓、童莹：《另类的守望者——国内外跨国留守儿童研究进展与前瞻》，《华侨华人历史研究》2019 年第 3 期，第 38—48 页。

③ 陈怡、苏彩亮：《温州侨乡留守儿童现状调查和对策探讨》，浙江省侨联系统调研创新年理论研讨会 2008 年版，第 184—189 页。

④ 何毅：《侨乡留守儿童发展状况调查报告——以浙江青田县为例》，《中国青年研究》2008 年第 10 期，第 53—57 页。

⑤ 潘玉进、田晓霞、王艳蓉：《华侨留守儿童的家庭教育资源与人格、行为的关系——以温州市为例的研究》，《华侨华人历史研究》2010 年第 3 期，第 22—30 页。

⑥ 李子涵、邓纯考：《父母出国留守儿童成长历程探究》，《当代青年研究》2017 年第 4 期，第 23—28 页。

⑦ 肖琳莹、吴彬宁、邓纯考：《跨国抚养背景下侨乡留守儿童学业状况与教育干预》，《世界教育信息》2022 年第 1 期，第 30—35 页。

⑧ 王佑镁：《数字时代都市侨乡留守儿童信息化教育：问题与对策》，《电化教育研究》2013 年第 9 期，第 35—41 页。

⑨ 文峰：《侨乡跨国家庭中的"洋"留守儿童问题探讨》，《东南亚研究》2014 年第 4 期，第 85—92 页。

素对该群体人格发展、生命历程、学习认知与学业状况的影响。但随着近年来，世界出现地缘中心权力转移、经济损失严重、文化传播方式革新等新变化，以及国内外人员面临出入境手续繁杂、交通费用飞涨等问题，跨国寄养、隔代教育形式为主的侨儿童的教育环境也面临变化。但现有研究对于近年来该群体的教育生活状况、受影响程度、发展面临的新不利状况、跨国流动的变化情况等，均还缺乏深入调研与分析。本文以我国典型侨乡浙江省文成县玉壶镇为样本，试图分析随着我国国内经济的发展和生活水平的提高，海外华侨华人选择回国与子女同时回国，或选择将海外子女送回国内就读等，对华侨儿童归国后在国内学校学业状况的影响。

一　研究样本

浙江省文成县玉壶镇是著名侨乡，走出国门的海外侨胞已超过6.8万人，其足迹分布在50多个国家与地区①，其中任各种华侨社团副会长以上职务的有400多人，素有"侨领之乡"之称，"家家有侨胞，人人是侨眷"是玉壶镇的真实写照。玉壶侨胞主要旅居意大利等欧洲国家，多数侨胞出国初期，由于海外工作条件限制、无暇照看孩子及对子女应当在国内接受教育的考虑，大多选择将孩子留在玉壶老家，送往玉壶镇Y小学就读，由祖辈老人照看。

Y小学创办于1908年9月（清光绪三十四年），其前身系秀才余钟麟和胡一山在玉壶店楼墩宗祠创办的"玉壶两等小学堂"。其后，学校七迁校址，八更校名，历经艰辛，至今办学历史已逾百年。新中国成立以来，Y小学的学生人数不断变动，最多时曾达到1300人，后随着人口出生率的下降以及大量孩子外出就读等因素的影响，学生人数不断减少。目前，学校在校生共992人，其中父母在国外的"侨

---

① 刘洋：《华侨侨眷：重归玉壶慢生活》，中国侨网（网上电子公告），2022年7月29日，http：//www.chinaqw.com/qx/2022/07-29/336545.shtml，2023年3月23日。

乡留守儿童"有 500 余人，约占总人数的 60%。学校具有浓厚的侨情氛围，校园内随处可见侨胞捐资助学命名的教学楼、各类教学设备设施、各项助学基金碑记等，① 是一所典型的侨乡留守儿童集聚的侨乡学校，具有研究侨乡儿童教育状况的代表性。

二 研究设计

本研究采取混合模型研究方法，即在研究过程的所有阶段（如概念化、资料收集、资料分析和推论）中都融合了定性和定量两种路径②。

（一）定性研究：多类型个案群访谈

本文选取 Y 小学 H 校长，德育、教务主任与教师各 1 人，25 位侨乡留守儿童及 8 位侨乡留守儿童家长，对此四种类型对象进行半结构式深度访谈，借助 NVivo12 质性分析工具对资料数据进行深入编码分析。对校长、主任与家长访谈时间为 30—50 分钟，对侨乡留守儿童访谈时间为 20—40 分钟。受访的 25 位侨乡留守儿童中，男生 13 人，女生 12 人；三、四年级 9 人，五、六年级 16 人；9—10 岁 4 人，11—12 岁 18 人，13—15 岁 3 人。前侨乡留守儿童父母均出国 20 人，祖辈监护 17 人，留守时间 3 年及以上 18 人，以长时间留守为主。有 5 人于 2019 年后回国，其中 2 人父母均未回国，3 人母亲陪同回国。

本研究运用"扎根理论"的建构路径方法，对 Y 小学侨乡留守儿童相关材料自下而上进行编码，分组归纳相同或相似的内容③，

---

① 赵海镇：《玉壶镇侨联举行"侨心向党 百侨助学"慈善活动》，文成新闻网（网上电子公告）2021 年 6 月 22 日，http：//www.66wc.com/system/2021/06/22/014096910.shtml，2023 年 3 月 23 日。
② ［美］阿巴斯·塔沙克里、［美］查尔斯·特德莱：《混合方法论：定性方法和定量方法的结合》，唐海华译，重庆大学出版社 2020 年版，第 3 页。
③ 陈向明：《扎根理论在中国教育研究中的运用探索》，《北京大学教育评论》2015 年第 1 期，第 2—15 页。

对事件与事件、事件与概念、概念与概念进行连续比较,将编码材料概念化①。

首先,进行一级开放式编码,对访谈文本做语义上的分类,编辑归纳进入自由节点;其次,根据自由节点内容,将涉及相关层面的节点进行整合,组合为能厘清自由节点间相互关系的树状节点,并据此归纳出学校层面、家庭层面、社会层面三个维度;最后经过反复修改与调整节点内容,对中心思想进行概括,建立核心类属,即"近年来国内外环境对于侨童的影响"。最终共形成218个参考点,10个自由节点,3个树状节点(见表1)。

表1 "近年来国内外环境变化对于侨童的影响"编码表

核心编码	主轴编码	开放编码
近年来国内外环境变化对于侨童的影响(218)	1 学校层面(146)	1.1 归国就读人数变化(18)
		1.2 出国意愿减弱(25)
		1.3 教育环境适应困难(43)
		1.4 学业紧张(39)
		1.5 语言能力改变(21)
	2 家庭层面(26)	2.1 经济支撑减弱(7)
		2.2 家庭教育内容发生改变(11)
		2.3 亲子联系减少(8)
	3 社会层面(46)	3.1 社会认知增强(37)
		3.2 社会环境改变(9)

本研究对侨乡留守儿童及相关个案群进行具体考察,深入辨析对象发展变化的线索和特点,自下而上地剥离个体、回归群体,以保证研究的内部效度。

---

① Ellis Carolyn, Strauss Anselm and Corbin Juliet, "Basics of Qualitative Research: Grounded Theory Procedures and Techniques", *Contemporary Sociology*, Vol. 21, No. 1, 1992, pp. 205 – 206.

（二）定量研究：Y 小学学生整体问卷调查

本研究采取整群抽样法，对 Y 小学 1—6 年级全体学生进行了问卷调查，其中不能单独完成问卷的 1—2 年级学生在教师和调查者辅助下完成问卷。问卷回收 843 份，有效 810 份，有效率 96.09%。分布情况如下：

表 2　　　　　　　　　Y 小学各类儿童分布情况

		侨乡留守儿童	父母国内外出儿童	非留守儿童	总计	无效
年级	一年级	53（55.21%）	22（22.92%）	21（21.88%）	96	17
	二年级	83（59.71%）	37（26.62%）	19（13.67%）	139	7
	三年级	82（54.67%）	33（22.00%）	35（23.33%）	150	3
	四年级	112（65.12%）	26（15.12%）	34（19.77%）	172	2
	五年级	91（63.19%）	19（13.19%）	34（23.61%）	144	4
	六年级	57（52.29%）	11（10.09%）	41（37.61%）	109	0
总计		478（59.01%）	148（18.27%）	184（22.72%）	810	33

由表 2 可知，样本中留守儿童 626 人（包括父母出国与国内务工），占总人数 77%；其中侨乡留守儿童 478 人（父母出国留守儿童），占总人数 59%；父母双方均出国儿童 368 人，占侨乡留守儿童人数 77%。

由下图可知，452 位侨乡留守儿童中，祖辈监护为 379 人，祖辈监护率为 83.85%，显示祖辈监护是侨乡留守儿童的主要监护方式，这与邓纯考等调查结论相近[1][2]。

---

① 邓纯考、李子涵：《父母在海外：侨乡留守儿童教育关爱研究》，上海社会科学院出版社 2021 年版，第 27—60 页。
② 章慧兰、邓纯考：《侨乡留守儿童家乡认同的现状、问题及对策——基于温州市 R 中学的调查》，《少年儿童研究》2022 年第 4 期，第 66—80 页。

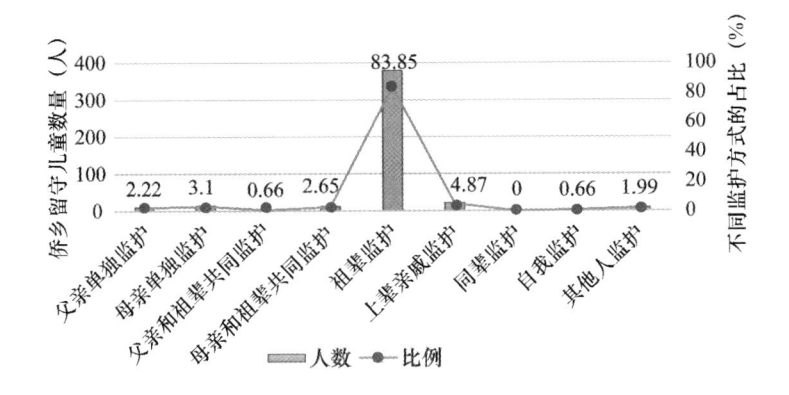

图1 Y小学452名侨乡留守儿童监护方式统计图

三 海外华侨华人儿童回国就读人数增加

随着国内经济发展与社会环境的变化，海外华侨华人儿童回国就读人数逐渐增加。Y小学H校长提到，2020年约有120名生活于国外的华侨华人儿童回到Y小学就读，2021年、2022年分别有20余名学生回国就读。

表3 "归国就读人数变化"编码表

节点	参考点内容具体范例
1.1 归国就读人数变化（18）	2020年以来，大概有120个孩子回国读书，孩子数量相当于一个年级段了。

Y小学问卷调查验证了H校长的说法，截至2022年10月该校回国就读的学生有119人，占全校学生数的14.69%。其中男生66人，占比55.46%；女生53人，占比44.54%。回国儿童年级分布呈现出"中间多，两端少"的特点，与Y小学各年级人数分布的趋势相近。

表4　　Y小学回国儿童的年级分布与平均年龄情况

年级	回国儿童人数	回国儿童平均年龄	非回国儿童平均年龄
一年级	10	6.57	6.72
二年级	27	7.89	8.24
三年级	28	9.41	9.03
四年级	24	10.58	10.00
五年级	19	11.42	10.85
六年级	11	12.91	11.55
总计/平均	119	9.79	9.52

从海外华侨及其子女回国的组合情况看，又存在一定差异。119名回国海外华侨子女中，有80人单独回国或随父母一方回国，他们与海外父母双方或单方亲子分离，成为新的侨乡留守儿童，占比67.23%，这是Y小学侨乡留守儿童人数增加的主体。但也有10名海外儿童单独回国或随父母一方回国，与留在国内的双方或单方父母实现亲子团聚，改变了留守状态，从而减少了侨乡留守儿童数量，然而占比较小，仅为8.40%[①]。

因此总体上看，近年来Y小学学生人数呈增加态势，增加31.28%，侨乡留守儿童人数同比增加37.36%[②]，使侨乡留守儿童数量占该校学生数比例由56.4%增加至59%。Y小学是一所十分典型的侨乡学校，该校侨乡儿童数的增加情况，在侨乡学校中应当具有一定的代表性。

四　侨乡留守儿童出国预期下降

国内经济的发展，人们生活水平的提高不仅对海外华侨华人儿

[①] 此外还有18人父母回国后在国内务工，成为国内留守儿童，占比15.13%；有11人随着父母双方回国并一起生活，仍为非留守儿童。

[②] 另有24名侨乡留守儿童的父母回国后选择留在国内，侨乡留守儿童成为非侨乡留守儿童。

童的回国状况带来影响，也对国内侨乡留守儿童的出国预期带来影响，从而间接影响了海外华侨华人儿童的数量。一方面，对Y小学119名回国华侨华人儿童调查发现，仅有27名儿童表示今后仍将出国，占比22.68%。另一方面，对Y小学所有478名侨乡留守儿童的调查发现，有74名侨童改变了出国计划，准备留在国内就读。对其中363名侨乡留守儿童的进一步调查发现，60人表示今后将要出国，占比仅为16.53%；访谈的25位侨乡留守儿童中，仅有4人表示今后想出国，占比同样仅为16%，两者具有一致性。

对比何毅等2008年的调查结论"浙江青田方山乡校238名留守儿童中，有86%的孩子明确表示今后要出国"[1]，玉壶侨乡留守儿童的出国预期意愿出现显著下降，国内经济发展、生活水平提高应当是导致这种变化的主要原因。具体来说，近年来国外务工经商环境的恶化，而中国国内经济的迅速发展等是导致侨乡家庭及儿童出国观念转变的外因；对出国后富裕程度的期待值降低，期望利益与实际利益对比所产生的"相对失落感"[2]的减少是内因，出国意愿的变化在一定程度上改变了侨乡儿童未来生命历程的轨迹，从而可能对一段时间后海外华侨华人群体的数量、构成、意愿等带来深刻影响。

表5　　　　　　　　　　"出国意愿"编码表

节点	参考点内容具体范例
1.2 出国意愿（25）	我不想去意大利，因为现在意大利出门比较麻烦，而且上学的话也很麻烦。 之后我也想留在中国学习，因为我觉得还是中国人好，沟通比较好一点，意大利沟通，我有些都不懂。

---

[1] 何毅：《侨乡留守儿童发展状况调查报告——以浙江青田县为例》，《中国青年研究》2008年第10期，第53—57页。
[2] 李明欢：《"相对失落"与"连锁效应"：关于当代温州地区出国移民潮的分析与思考》，《社会学研究》1999年第5期，第85—95页。

（一）国外务工经商经济形势严峻

温州籍侨胞在出国职业发展上具有鲜明的区域特点，大多以中餐厅经营、服装加工设计、鞋类制作等职业为主。从浙江出国人员分布的国家来看，前四位分别是意大利、美国、西班牙和法国[①]。近年来受到经济下行的影响，意大利、西班牙、法国等欧元区经济经历"大落""大起"，供需、就业、贸易、物价等指标普遍恶化[②]。温州籍侨胞在国外主要从事的餐饮、服装等服务性行业受到冲击最大，就业形势严峻、物价飞涨，导致出国务工经商的华侨华人就业困难，或面临失业风险，使家庭在支撑孩子国外教育和生活方面感受到压力。

表6　　　　　　　　　"经济支撑减弱"编码表

节点	参考点内容具体范例
2.1 经济支撑减弱（7）	国外经济不景气，工作生活压力比较大，赚不了什么钱。意大利物价飞涨、回国机票太贵、航班经常熔断，出门提心吊胆的。

（二）近年来中国发展迅速

近年来，中国经济发展迅速，社会建设卓有成效。问卷调查的363位侨乡留守儿童中，85.96%赞同"我为我是中国人而感到自豪"；受访的25位侨童中，80%"因为自己是中国人而感到自豪"。这与"国家经济发展且科技发达""对突发事件防控效果好""国内治安良好"等因素相关，提高了侨乡留守儿童对祖国的认同，加强了他们留在国内教育生活的意愿。

[①] 邓纯考、李子涵：《父母在海外：侨乡留守儿童教育关爱研究》，上海社会科学院出版社2021年版，第27—60页。

[②] 刘栩畅：《欧元区2020年经济分析及2021年展望》，《中国经贸导刊》2021年第9期，第48—49页。

表7　"社会认知增强"与"社会环境改变"编码表

节点	参考点内容具体范例
3.1 社会认知增强（37）	会（因为我是中国人而感到自豪），因为中国在突发事件防控方面做得最好。 我觉得国内更好，虽然中国是发展中国家，但是中国也很发达，比较安全，相比国外我更喜欢中国。
3.2 社会环境改变（9）	我们国内治安那么好，到处都是摄像头，不怕安全问题，在国外我们住别墅，就很怕有小偷来偷东西。 回来生活之后发现其实国内的经济和安全其实都还蛮好的。

五　侨乡留守儿童学校教育状况

（一）中外教育理念方式差异

温州华侨华人主要侨居地是欧洲，调研样本中玉壶镇侨胞侨居国主要是意大利、西班牙、荷兰等欧洲国家。中欧基础教育理念与教学方法存在较大差异，我国的教育教学更注重学生对知识的理解，实行严格稳定的课堂组织模式，以学生学习中展现的思维紧张程度、思想水平和成绩作为评估教学方法好坏的基本标准。欧洲教学以学生为中心，采取轻松自由的课堂组织模式，更强调学生总体素质的发展。受访的25位侨乡留守儿童中，10位曾有国外上学的经历，占比达40%；问卷调查的363位侨乡留守儿童中，112位曾有国外上学的经历，占比30.85%。海外华侨华人儿童回国就读初期，往往面临着中西方教育理念与教学方式的冲突，国内学校相对较多的课程内容、较高的教学要求和较为严格的课堂教学方式对跨国儿童的学业适应和心理适应带来了压力。

表 8 "教育环境适应困难"编码表

节点	参考点内容具体范例
1.3 教育环境适应困难（43）	国外约束较少，尤其小孩子上课也可以跟老师说话，自由走动也是行的，那种学习气氛是完全不一样的。 孩子插到四年级，进去第一天就哭了。我去学校接他回来时，他在车里大哭了一场，说不要去学校了，说国内老师太凶了。

（二）回国华侨华人儿童"学龄不一致"现象

学龄不一致是指儿童的年龄与其入学（在学）年级不一致的现象，对于侨乡儿童来说，主要有两种情况：

1. 中高段侨乡儿童"高龄低学"

"高龄低学"是侨乡回国儿童进入国内学校就读时出现的独特现象，指由于国内外学业进度差距较大，国外义务教育要求显著低于国内学校对应年段的学业要求，导致部分归国儿童无法跟上与国外就读对应的年级，为保持学业衔接、避免与课堂教学脱节，他们只好选择到更低年级就读，从而出现的"年龄超过对应年级"的"高龄低学"的就读现象。

国内地方政府为侨乡儿童"高龄低学"现象制订了专项政策。比如针对华侨华人儿童国内外学业进度落差，文成县人民政府制定政策规定"华人华侨子女符合入学年龄，但由于办理出国手续或出国期间耽误学习，造成年龄和就读年级不相称的，可根据学生的学业水平和学校实际情况，适当放宽一至二年"[①]，义务教育要求六周岁儿童入学一年级，而持有境外居留证的儿童可以在八周岁时入学一年级，保留学籍且成绩优异者可以再跳级。"高龄低学"现象在 Y 小学十分明显，访谈个案群中 12 位学生存在"高龄低学"，占比

---

① 文成县人民政府办公室：《文成县人民政府办公室关于印发义务教育阶段学校政策性照顾适龄儿童少年入学暂行办法的通知》，文成县人民政府（网上电子公告），2021 年 8 月 18 日，http://www.wencheng.gov.cn/art/2021/8/18/art_ 1229152538_ 1807760.html，2023 年 3 月 23 日。

48%。810名学生中"高龄低学"者占比25%，3—6年级回国儿童平均年龄显著高于国内普通儿童的平均年龄，6年级两类儿童平均年龄甚至相差1.36岁。其中14位归国侨童因学业进度差距实在过大，甚至选择放弃学籍而进入与其国外教育知识水平相近的年级：如小逸（个案10）15岁仍在Y小学读小学6年级、小妍（个案2）12岁在读Y小学3年级，他（她）们不仅身形在班中鹤立鸡群，心理成熟程度也与班级同学存在巨大差异，生理年龄滞后于同龄群体接受义务教育的"社会标准时间"，以及心理认知的落差进一步增加了该群体对于新教育环境的学校适应压力，对该群体的学习进度及社会化进程带来一定的影响①。

但另一方面，"高龄低学"的华侨华人儿童因为年龄较大、相对更懂事，在插班后往往也会担任班级职务，这为他们提供了提高班级组织与管理能力、提高社会责任心的锻炼机会。

表9　　　　　　　　　"学业紧张"编码表

节点	参考点内容具体范例
1.4 学业紧张（39）	这些回来的孩子脱节了，耽误了学习时间，你们现在看到的班里有几个高大的孩子，都是外面回来的，已经错过了相应上学的年龄。 两边教育不太一样，回来后有些孩子学业进度差距比较大，会有两年弹性时间，接受能力强的孩子通过学校打基础和课外辅导后，能进行跳级。

2. 低段侨乡儿童"低龄入学"

但与中高段华侨华人儿童"高龄入学"不同的是，一、二年级回国儿童的入学平均年龄却显著低于非回国儿童平均年龄，其原因是海外回国的学龄前儿童更多选择适龄入学。

---

① 李子涵、邓纯考：《父母出国留守儿童成长历程探究》，《当代青年研究》2017年第4期，第23—28页。

表 10　　Y 小学回国儿童的年级分布与平均年龄情况

年级	回国儿童人数	回国儿童平均年龄	非回国儿童平均年龄
一年级	10	6.57	6.72
二年级	27	7.89	8.24
三年级	28	9.41	9.03
四年级	24	10.58	10.00
五年级	19	11.42	10.85
六年级	11	12.91	11.55
总计/平均	119	9.79	9.52

（三）回国华侨华人儿童语言能力的变化

回国后，由于语言学习环境的变化，侨乡儿童出现中文能力提升与侨居国语言能力下降现象。一方面，归国侨乡儿童本身中文水平不高，回国初期大多仅能使用汉语进行基本日常交流，且中文阅读、书面表达能力薄弱，这导致他们入学初语文学习困难，且语文学业成绩往往不理想。但由于语言学习与语言环境有着密切关联，归国侨童回国后身处国内良好的中文语言学习环境中，中文水平随着大量学习和使用而迅速提升。同时，语文学科也拓宽了他们学习中国优秀传统文化的渠道，对改善侨乡留守儿童的家国认同、身份认同起到了积极作用。另一方面，归国后侨乡儿童失去了侨居国的语言环境，因缺乏对该类语言的学习和使用，其侨居国语言能力也出现迅速下降。

表 11　　"语言能力改变"编码表

节点	参考点内容具体范例
1.5 语言能力改变（21）	我刚开始语文只考77。然后现在已经考到84了，意大利语我差不多都忘了。 回国的两年里不学意大利语，也没有机会用，意大利语忘了，转而中文和英语更好。

Investigation of Overseas Chinese Children Returning to China for Schooling in Recent Years
——Take Y Primary School in Wencheng County of Zhejiang Province as an Example

Deng Chunkao, Shen Bingwei, Wang Jingyi

Abstract: Based on the survey conducted in Y primary in Wencheng County of Zhejiang Province, we find that With the development of the domestic economy and the improvement of living standards, the number of students who return from abroad increases significantly in rescent years. The overseas Chinese children account for 14.69% of the total number of students in the school, and most of them become left-behind children while the minority is reunited with their parents. Due to the differences in educational concepts and teaching schedule between Chinese and foreign schools, they face a gap in educational requirements and curriculum pace. There are mismatches between the ages of students and their grade levels. The students in the middle and upper grades choose to study in the lower grades, while the students in the low grades are younger than ordinary students. Meanwhile, the Left-behind Children's expectations of going abroad also Weakened obviously.

Keyword: Left-behind Children in the Hometown of overseas Chinese; Expenctation of going abroad; Older children in lower grades

区域国别华文教育

线上华文教育的挑战与前景*
——基于海外华校师生的实证研究

谭子恒　张嫚青**

摘要： 近年来，线上华文教育受到华文教育界的重视，并得到了广泛应用。本文基于对海外华校师生的实证研究，发现学生在线上华文课堂上越活跃，对教学质量认可度越高，对使用的网络设备越满意，其对线上学习的整体满意度就越高；还发现华文教师对于线上华文教学比较适应，但也遇到了一些困难和挑战。线上华文教育的发展是机遇与挑战并存的，顺应华文教育线上线下融合趋势，坚实走好华文教育发展之路逐渐成为广大华文教育工作者的共识。研究认为，未来华文教育要注重与线下优势互补，加强线上平台的搭建和发展，提高线上教育的灵活性、机动性，以实现线上华文教育的长足发展。

关键词： 华文教育；线上教育；华文学校；华文教师；实证研究

---

* 【基金项目】华侨大学 2019 年度"华侨华人研究"专项课题重点项目："'一带一路'背景下欧洲国家华文教育新变化与中华文化传播新机遇研究"（HQHRZD2019－02）。
** 【作者简介】谭子恒，外交学院外交学与外事管理系博士研究生，研究兴趣为领事保护、华文教育；张嫚青，华侨大学政治与公共管理学院学生，研究兴趣为国家治理、地方政府与官员行为。

学界对线上华文教育的研究较少，最早的参考文献为 2001 年暨南大学华文学院马跃的《利用因特网络手段与资源推进华文教育：机遇与挑战》一文，此后 20 余年间，专门的线上华文教育的研究文献产出也较少。仅有的研究主要为线上教育对华文教育的机遇和意义①；华文网络教育教师队伍的建设②；华文网络教育存在的问题及发展方向③等主题。其他涉及线上华文教育的研究在部分华文教育文献中略有提及，例如有学者提出应创新华文教育中华文化的传播方式和渠道，包括搭建华文教育"云平台"，充分利用互联网改进教学方式方法等④。过去一段时间，学界对线上华文教育研究较少主要是因为线上华文教育的发展进程缓慢，海外华校对线上华文教学的应用较少，因而研究的现实意义不充分。但在近几年，线上华文教育又开始受到华文教育界的重视。一些学者也基于近几年线上华文教育的实践，从教学要素发展、现状及优劣势分析、挑战及应对措施、华文教育机构的组织生态等方面对线上华文教育进行了更为深入的探讨。但相关研究多集中于理论层面，缺乏深入的实证分析，不能深刻反映当前线上华文教育开展的现状和挑战。为此，本文基于实证研究，对线上华文教育进行全面剖析，弥补既有研究的不足。

一　线上华文教育开展情况及师生反馈

线上华文教育为全球华文学习者与爱好者提供了一个开放的、

---

① 马跃：《利用因特网络手段与资源推进华文教育：机遇与挑战》，《暨南大学华文学院学报》2001 年第 1 期；丁洁：《创新、整合、跨越——现代远程教育与海外华文教育发展》，《内蒙古师范大学学报（教育科学版）》2006 年第 5 期。
② 连志丹：《加快培育华文网络教育教师队伍的思考》，《海外华文教育》2002 年第 2 期。
③ 李锦文：《新时期华文教育开展途径研究》，《长江丛刊》2020 年第 17 期。
④ 王丽霞、荆亚璟：《东南亚华文教育与中华文化传播现状的调查》，载贾益民、张禹东、庄国土《华侨华人研究报告（2020）》，社会科学文献出版社 2020 年版，第 102 页。

多元的、无边际的平台。中国侨联、中国华文教育基金会、中国高校以及海外各国华文教育组织积极开展和创新线上华文教育，为线上华文教育的发展提供了源源不断的动力。为了了解当前线上华文教育开展的实际情况和反馈，笔者在2020—2022年期间分别开展了针对海外华校学生的问卷调查以及针对海外华文教师的访谈。实证调查选择在线上进行。在问卷调查中，发放问卷80份，回收72份，问卷回收率为90%；在深度访谈中，访谈海外华文教师8人。

（一）海外华校学生的调查问卷分析

本文调查的海外华校学生主要来自印度尼西亚和泰国，来自印度尼西亚的学生占比56.94%，来自泰国的学生占比26.39%。其余被调查者的国籍为老挝、缅甸、越南、马来西亚以及中国（华侨）。被调查者中华裔占比超过六成，非华裔占比约四成。30.56%的被调查者年龄集中于10—15岁，36.11%的被调查者年龄集中于16—20岁，30.56%的被调查者年龄集中于21—25岁，有2.78%的被调查者的年龄为26岁及以上。就被调查者所处的教育阶段而言，52.78%的被调查者就读于大学（包括专科），就读于小学的被调查者占19.44%，就读高中的被调查者占18.06%，4.17%的被调查者就读于初中，5.56%的被调查者就读于其他阶段。在被调查者所在华文学校的类型中，就读于全日制华文学校的被调查者占比高达47.22%，就读于半日制华文学校的被调查者占23.61%，就读于周末日制华文学校的被调查者占20.83%，就读于夜校补习班和其他类型的被调查者分别占2.78%与5.56%。

1. 海外华校学生线上学习的基本情况

在被调查者中，有62位被调查者接触过线上华文教育，未接触过线上华文教育的被调查者有10位。在未接触过线上华文教育的10名被调查者中，有6位被调查者未接触线上华文教育的主要原因是所在国家的网络条件不允许、担心线上教学无法达到教学效果；4名被调查者是由于不具备线上学习的硬件设备（电脑、手机等）

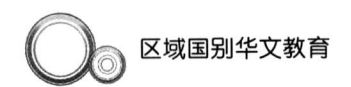

而未接触线上教学。值得注意的是这 10 名未接触过线上华文教育的学生中，没有一人是因为自己及家长不愿尝试而不接触线上华文教育。

在接触过线上华文教育的 62 位被调查者中，有 52 位被调查者是在 2020—2022 年期间才开始接触线上华文教育，在此之前就已接触过线上华文教育的被调查者有 10 人。在接触过线上华文教育的 62 位被调查者中，88.71% 的被调查者有通过直播课堂进行线上学习的经历，53.23% 的被调查者有通过录制课堂进行线上学习的经历，还有 9.68% 的被调查者通过其他方式进行线上学习。在每周进行线上学习时间的调查中，53.23% 的被调查者每周学习 1—7 小时，19.35% 的被调查者每周学习时间在 7—14 小时之间，每周学习时间小于 1 小时的被调查者仅占 11.29%，学习时间在 14—21 小时和 21 小时以上的被调查者占比都不足一成。

2. 海外华校学生对线上华文教育的优缺点评价

在对线上华文教育优点的调查中（针对接触过线上华文教育的 62 位被调查者，下同），74.19% 的被调查者认为线上华文教育的优点在于可以随时随地学习；59.68% 的被调查者则认为优点在于教学过程能够留痕，有记录，可以回放。这体现了线上华文教育能够较好地突破时间空间的界限，方便学生在不同时间不同地点学习。另外，有 33.87% 的被调查者则认为线上华文教育不用面对面，自身更愿意发言、交流；16.13% 的被调查者则认为教师的线上答疑为其提供了便利，具体见图 1。

在对线上华文教育缺点的调查中，发现 53.23% 的被调查者认为看不到老师和同学，教学无温度，体验差；25.81% 的被调查者认为线上华文教育缺少实践的机会（例如练习汉字次数减少），这反映了线上华文教育缺乏互动，且由于时间地域等原因，实践练习等课程环节都无法取得原来线下华文教育的效果；另外 38.71% 的被调查者认为线上华文教育存在网络通信等因素引起的卡顿、掉线、崩溃等问题；19.35% 的被调查者则存在手机流量不够用或网络费用高的问题，

A 随时随地学习
B 上课形式丰富，内容直观
C 不用面对面，更愿意发言、交流
D 教师在线答疑
E 享受获得优质的线上教育资源
F 教学过程能够留痕，有记录，可以回放
G 没有优点
H 其他

3.23% 3.23%
74.19%
59.68%
12.90%
16.13% 22.58%
33.87%

图 1　线上华文教育优点饼状图

反映了部分国家和地区网络基础薄弱，不能满足线上华文教育的基本需求；还有35.48%的被调查者认为讲课内容不好理解，学习效率低；8.06%的被调查者认为教师线上教学能力不足，反映了线上华文教育对华文教师教学能力的全新挑战，具体见图2。

A 学习任务难度大、时间紧
B 讲课内容不好理解，学习效率低
C 看不到老师和同学，教学无温度，体验差
D 无法及时获取教学信息
E 教师线上教学能力不足
F 缺少实践机会（联系汉字次数减少）
G 有些内容不适合线上教学
H 长时间看屏幕视力容易疲劳
I 网络通讯等因素引起的卡顿、掉线、崩溃等问题
J 手机流量不够用或网络费用高
K 没有缺点
L 其他

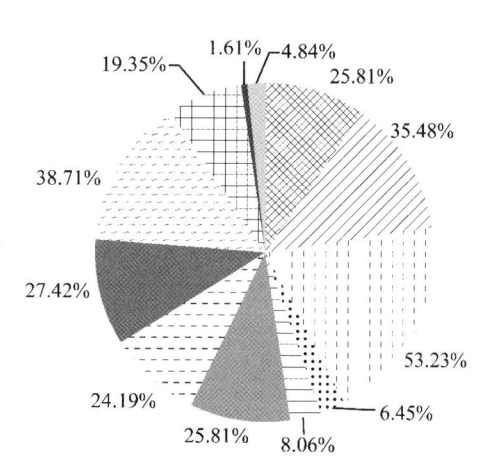

1.61% 4.84%
19.35% 25.81%
35.48%
38.71%
27.42%
53.23%
24.19% 6.45%
25.81% 8.06%

图 2　线上华文教育缺点饼状图

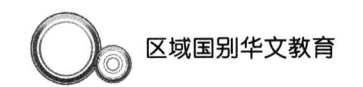

3. 海外华校学生线上学习状态

在被调查者线上学习认真程度的调查中，41.94%的被调查者在大多数情况下能够认真听讲，27.42%的被调查者经常认真听讲，20.97%的被调查者十分经常认真听讲，不足一成的被调查者从来没有或较少认真听讲。如果将认真听讲的程度按照1—5分设置，那么被调查者在线上华文课堂上的认真程度平均得分为3.58分，大多数学生能够在线上华文课堂上认真听讲，积极思考。

在被调查者与老师交流情况的调查中，38.71%的被调查者与老师交流的频率一般，24.19%的被调查者与老师经常交流，22.58%的被调查者与老师的交流频率较少，12.90%的被调查者与老师十分经常进行交流，仅1.61%的被调查者与老师从来没有互动交流过。如果将与老师交流的频率按照1—5分设置，那么被调查者在线上华文课堂上与老师交流情况平均得分为3.24分，大多数学生能在线上华文课堂主动与老师沟通，但略低于"在线上华文课堂中能够认真听讲，积极思考"的平均得分，在线上课堂中学生与老师之间的互动仍然存在难度，具体见表1。

表1　　　　学生课堂表现评分表（个案数/百分比）

题目\选项	从来没有	较少	一般	经常	十分经常	平均分
线上华文课堂上认真听讲，积极思考	1 (1.61%)	5 (8.06%)	26 (41.94%)	17 (27.42%)	13 (20.97%)	3.58
线上华文课堂上主动与老师交流	1 (1.61%)	14 (22.58%)	24 (38.71%)	15 (24.19%)	8 (12.90%)	3.24
小计	2 (1.61%)	19 (15.32%)	50 (40.32%)	32 (25.81%)	21 (16.94%)	3.41

在被调查者对线上华文课堂授课教师满意度调查中，40.32%的被调查者对教师感到满意，29.03%的被调查者对教师十分满意，27.42%的被调查者对教师基本满意，不足一成的被调查者对教师

不满意或十分不满意。如果将满意度按照1—5分设置，那么线上华文教师满意度的平均得分为3.94分，大多数被调查者对线上授课的华文教师都比较满意且评价较高。

在被调查者对线上华文课堂的网络平台满意度调查中，41.94%的被调查者对网络平台基本满意，38.71%的被调查者对网络平台满意，11.29%的被调查者对网络平台不满意，仅有8.06%的被调查者对网络平台十分满意。如果将满意度按照1—5分设置，那么支撑线上华文教育开展的网络平台满意度的平均得分为3.44分，满意度相对较低，但大多数被调查者对线上授课的网络平台持基本满意及以上的态度。

在被调查者对线上学习期间华校的管理和服务满意度调查中，46.77%的被调查者对学校的管理和服务表示满意，38.71%的被调查者对学校的管理和服务基本满意，12.90%的被调查者表示非常满意，不满意的被调查者仅占1.61%。如果将满意度按照1—5分设置，那么线上华文教学期间学校的管理和服务满意度的平均得分为3.71分，大多数被调查者对线上学习期间华校的管理和服务满意度在基本满意之上，仅有极少部分被调查者不满意。

在被调查者对线上学习的总体满意度调查中，48.39%的被调查者表示基本满意，33.87%的被调查者表示满意，9.68%的被调查者表示十分满意，不满意的被调查者占8.06%。如果将满意度按照1—5分设置，那么线上学习的总体满意度的平均得分为3.45分，大多数被调查者对线上学习总体上满意，但仍有较大提升空间，具体见表2。

表2　　　线上华文教育的满意度评分表（个案数/百分比）

题目\选项	十分不满意	不满意	基本满意	满意	十分满意	平均分
教师	1 (1.61%)	1 (1.61%)	17 (27.42%)	25 (40.32%)	18 (29.03%)	3.94

续表

题目 \ 选项	十分不满意	不满意	基本满意	满意	十分满意	平均分
网络平台	0 (0%)	7 (11.29%)	26 (41.94%)	24 (38.71%)	5 (8.06%)	3.44
学校的管理和服务	0 (0%)	1 (1.61%)	24 (38.71%)	29 (46.77%)	8 (12.90%)	3.71
线上学习的总体满意度	0 (0%)	5 (8.06%)	30 (48.39%)	21 (33.87%)	6 (9.68%)	3.45
小计	1 (0.40%)	14 (5.65%)	97 (39.11%)	99 (39.92%)	37 (14.92%)	3.63

4. 华校学生线上学习满意度影响因素的回归分析

（1）假设

为了更好地了解影响学生对线上学习满意度的因素，本文进行了因子分析和回归分析。美国著名课程论专家约瑟夫·施瓦布提出的"实践性课程理论"从教师、学生、课程内容和环境四个层面对实践性课程的应然发展做出了界定。结合本文的研究目的，围绕上述四个层面，从学生、教学质量（包括教师指导和课程资源）和网络环境开展研究，并提出以下三个假设：

假设1：华校学生线上课堂活跃度与线上学习满意度之间存在关联，具体而言，与线上课堂活跃度低的学生相比，线上课堂活跃度高的学生对线上学习满意度更高。

假设2：华校学生教学质量认可度与线上学习满意度之间存在关联，具体而言，与教学质量认可度低的学生相比，教学质量认可度高的学生对线上学习满意度更高。

假设3：华校学生网络设备满意度与线上学习满意度之间存在关联，具体而言，与网络设备满意度低的学生相比，网络设备满意度高的学生对线上学习满意度更高。

(2) 自变量

本文自变量由控制变量和解释变量组成。前者包括性别、年龄、第一语言、是否华裔、所在学校阶段、所在的华文学校的类别、华文教学适应度、接受华文教育年限。后者由学生线上课堂活跃度、教学质量认可度、网络设备满意度三部分组成，具体见表3、表4和表5。

表3　　　　　　　　　学生线上课堂活跃度因子

项目	学生线上课堂活跃度因子	共量
线上华文课堂上认真听讲，积极思考	0.9837	0.0323
线上华文课堂上主动与老师交流	0.9703	0.0585
每周进行线上华文学习时长	0.9333	0.129
特征值	2.78018	2.78018
方差	0.9267	0.9267

表4　　　　　　　　　教学质量认可度因子

项目	教学质量认可度因子	共量
线上华文课堂可以随时随地学习	0.9581	0.0821
线上华文课堂形式丰富，内容直观	0.9555	0.087
线上华文课堂不用面对面，更愿意发言、交流	0.9395	0.1173
华文教师在线答疑	0.9577	0.0827
能获得优质的线上教育资源	0.9683	0.0624
教学过程能够留痕，有记录，可以回放	0.9422	0.1122
特征值	5.45635	5.45635
方差	0.9094	0.9094

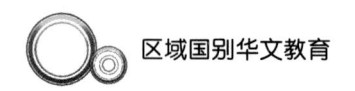

表5　　　　　　　　　网络设备满意度因子

项目	网络设备满意度因子	共量
线上学习时看屏幕容易疲劳	0.9600	0.0783
网络通讯等因素引起的卡顿、掉线、崩溃等	0.9668	0.0653
手机流量不够用或网络费用高	0.9767	0.0460
特征值	2.81037	2.81037
方差	0.9368	0.9368

运用主成分分析法对关于被调查者表现状况、教学质量和网络设备评价的调查项目进行因子分析。经最大方差旋转，分别得到一个因子。本文将其命名为"学生线上课堂活跃度""教学质量认可度因子"和"网络设备满意度因子"。经过KMO检验得到"学生线上课堂活跃度因子"的KMO测度值为 $0.6979 > 0.6$，"教学质量认可度因子"为 $0.9069 > 0.7$，"网络设备满意度因子"为 $0.7684 > 0.7$。以上结果表示适合做因子分析，作为可测量的因子变量带入模型分析。

（3）因变量

本文的因变量为学生对线上华文教学的满意度。其中，学生对线上华文教学通过下面四个问题进行提问，并运用主成分因子法将这四个问题经最大方差旋转得到华校学生对线上华文教育满意度的因子。本文将其命名为"线上华文教育满意度因子"。经过KMO检验得到"线上华文教育满意度因子"的KMO测度值为 $0.8823 > 0.7$，表示适合做因子分析，作为可测量的因子变量带入模型进行分析，具体见表6。

表6　　　　　　　　　线上华文教学满意度因子

项目	线上华文教学满意度因子	共量
对教师的满意度	0.9851	0.0296
对线上网络平台的满意度	0.9811	0.0374
对学校的管理和服务的满意度	0.992	0.016
对线上学习的总体满意度	0.99	0.0199
特征值	3.89705	3.89705
方差	0.9743	0.9743

（4）多元回归分析

首先看作为控制变量的8个因素对线上华文教学满意度所产生的影响。

虽然性别在模型1和模型3中对线上华文教学满意度不具有显著性，但在模型2、模型4和模型5中，性别对于线上华文教学满意度均具有一定的显著性。在模型2中，男性的线上华文教学满意度比女性少4.563个单位，在模型4中，男性的线上华文教学满意度比女性少5.825个单位，在模型5中，男性的线上华文教学满意度比女性少4.393个单位。即男性同女性相比，其线上华文教学满意度更低。

在模型1、模型4和模型5中，华文教学适应度对线上华文教学满意度具有显著性。在模型1中，适应线上华文教学的学生比不适应线上华文教学的学生对线上华文教学满意度多18.00个单位，在模型4中，适应线上华文教学的学生比不适应线上华文教学的学生对线上华文教学满意度多7.265个单位，在模型5中，适应线上华文教学的学生比不适应线上华文教学的学生对线上华文教学满意度多6.723个单位。

在模型5中，学生的第一语言对线上华文教学满意度具有显著性。第一语言为中文的学生比第一语言为其他的学生对线上华文教

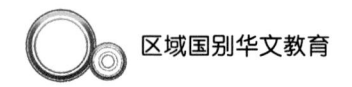

学满意度多 0.611 个单位。

再看作为解释变量的 3 个变量对线上华文教学满意度所产生的影响。

在模型 2 和模型 5 中，教学质量认可度对线上华文教学满意度具有显著性。在模型 2 中，教学质量认可度高的学生比教学质量认可度低的学生对线上华文教学满意度多 27.57 个单位。在模型 5 中，教学质量认可度高的学生比教学质量认可度低的学生对线上华文教学满意度多 18.77 个单位。假设 1 得证。

在模型 3 和模型 5 中，学生线上课堂活跃度对线上华文教学满意度具有显著性。在模型 3 中，线上课堂活跃度高的学生比线上课堂活跃度低的学生对线上华文教学满意度多 17.87 个单位。在模型 5 中，线上课堂活跃度高的学生比线上课堂活跃度低的学生对线上华文教学满意度多 10.65 个单位。假设 2 得证。

在模型 4 中，网络设备满意度对线上华文教学满意度具有显著性。对网络设备满意度高的学生比对网络设备满意度低的学生的线上华文教学满意度多 18.52 个单位。但当加入教师教学质量认可度、学生线上课堂活跃度和其他控制变量后，网络设备满意度对线上华文教学满意度不具有显著性。假设 3 基本得证。

具体见表 7。

表7　影响"线上华文教学满意度"因素的多元回归分析

变量	模型 1	模型 2	模型 3	模型 4	模型 5
教师教学质量认可度		27.57***			18.77***
		(0.931)			(0.634)
学生线上课堂活跃度			17.87***		10.65***
			(0.604)		(0.360)
网络设备满意度				18.52***	0.960
				(0.625)	(0.0324)

续表

变量	模型1	模型2	模型3	模型4	模型5
是否华裔	-1.265	-0.314	-0.956	-0.937	-0.417
	(-0.0304)	(-0.00756)	(-0.0230)	(-0.0226)	(-0.0100)
性别 （参考变量为男性）	-3.609	-4.563*	-3.642	-5.825*	-4.393*
	(-0.0501)	(-0.0634)	(-0.0506)	(-0.0809)	(-0.0610)
年龄	-3.688	1.218	-0.873	-1.341	1.450
	(-0.0630)	(0.0208)	(-0.0149)	(-0.0229)	(0.0248)
第一语言 （参考变量为中文）	0.0197	0.592	0.313	0.529	0.611*
	(0.00180)	(0.0542)	(0.0287)	(0.0484)	(0.0559)
所在学校阶段	0.904	0.247	0.906	0.0905	0.415
	(0.0377)	(0.0103)	(0.0378)	(0.00377)	(0.0173)
所在的华文学校的类别	-0.225	0.915	-0.149	-0.596	0.577
	(-0.00829)	(0.0338)	(-0.00550)	(-0.0220)	(0.0213)
华文教学适应度	-0.512	-1.186	-0.400	-0.752	-0.917
	(-0.0267)	(-0.0619)	(-0.0209)	(-0.0393)	(-0.0479)
接受华文教育年限	18.00***	0.713	7.265***	6.723***	-0.749
	(0.917)	(0.0363)	(0.370)	(0.342)	(-0.0381)
Constant	83.95***	72.58***	75.78***	85.52***	71.42***
Observations	71	71	71	71	71
R-squared	0.878	0.933	0.927	0.913	0.947

Normalized beta coefficients in parentheses

*** $p<0.01$, ** $p<0.05$, * $p<0.1$

（二）海外华文教师的访谈结果分析

本文对印度尼西亚、泰国、葡萄牙、菲律宾的华文教育机构的教师开展了线上视频访谈，也有少部分老师以邮件的形式参与了调查。共调查了 8 名华文教师开展线上华文教育的情况和反馈。其中一半的教师是全职，一半的教师是兼职。受访者中男性 1 位，女性 7 位。受访者年龄低于 35 岁的有 7 人。6 位教龄在 5 年以上。5 位受过高等教育。在任教的学校方面，多以初中为主，也有任教小学或在中文补习机构任教的老师。受访者的专业集中在华文教育、汉语国际教育。

1. 海外华文教师线上华文教学的现状

8 位受访者均是在 2020—2022 年才接触线上教育。其中，有教师谈到开展华文教育的动机是为了融入线上华文教育这一潮流。

在线上华文教育课程形式上，超过一半的教师是通过直播的形式上课，但也有部分教师选择录播的方式。选择直播课程的受访者表示：直播能和学生互动，及时了解到学生的反馈，能根据学生的状态进行进度的调整。而选择录播课的多是因为时间对不上，这样的好处是学生、老师都可以自由安排时间。

在线上华文教育备课方式上，超过一半的教师认为线上华文教育备课更麻烦，需要投入更多的时间精力。主要是因为网上授课要课程内容要具有吸引力，学生才能更好接受，所以需要准备很多有趣的课程内容；其次，网络操作技能不熟练，需要花时间精力去提升。但也有 2 位教师认为没什么变化或者是更简单，因为线上华文教育能找到很多生动形象的教学案例，这比传统的线下教育教学内容更有传递性。

在教学完成进度上。大部分教师都是正常完成，小部分是超前完成和没有完成。超前完成是录播的形式居多，没有完成的原因则是在家授课，工作和生活不能分开，受到影响，效率自然低。

在影响线上华文教育的因素方面，主要有学生的自觉性、老师的网络操作技能、网络的流畅度、老师对线上课程的准备。首先是学生的自觉性，因为线上授课，很多学生自控力差，有时候听着听着就发呆去了，注意力不能跟着教师走，这就会影响到教学效果。其次，教师的网络操作技能会影响到教学进度，一开始教师不会操作，无法按时正常开讲。另外，网络的流畅度是影响教师与学生双方的一大因素。网络的延迟或卡顿，对于直播课程来说，就会导致学生错过知识点。

在线上教育的挑战程度方面，6位受访者表示有挑战，有挑战的原因是需要编写新的教学内容和适应网上教学方式，他们希望获得教学资源的共享。线上华文教育很大的挑战在于课件的制作。如果能共享教学资源，老师们就可以相互学习与借鉴，就能在一定程度上减轻教学负担，降低线上华文教学的挑战性。此外，部分受访者希望对线上教学方式进行培训。对于线上华文教育，老师需要适应并学习线上教学方式，通过优化线上教学方式，来提升教学的质量。但网络教学平台也种类繁多，部分受访者表示，希望推出一个针对华文教育的网络平台，这将在一定程度上便利师生。

2. 海外华文教师线上华文教学的满意度和展望

8位受访的华文教师对于自己的线上华文教学整体较为满意，认为这是一次飞跃与成长。受访的8位华文教师第一次接触线上教学，觉得自己的教学方式还有很大的进步空间，需要继续努力学习和改进。同时8位受访的华文教师对学生课堂上的表现与网络平台提供的功能基本满意，他们认为学生较为听话，能基本配合课堂教学要求，此外网络平台提供的功能也能基本满足日常教学。

在对线上华文教学的展望方面，有6位受访者表示未来还愿意开展线上华文教学，并且对线上华文教学持积极肯定的态度，同时希望学校在线上教学管理上可以更加灵活机动。另外2位受访的华文教师不愿意未来继续参与线上华文教学，且未透露具体原因。

本文问卷调查和访谈的样本的数量都较低，这在一定程度上无法完全呈现出完全客观、真实的线上华文教育情况。在调查样本无法扩展的情况下，也只能从现有样本中窥知一二。其次，虽然东南亚是华文教育最为兴盛、发展成熟的地方，但还是依旧无法掩盖所调查样本国籍多集中在东南亚的缺陷，一定程度上数据代表性不足，没有能充分反映欧洲、美洲等地的线上华文教育情况，这可能

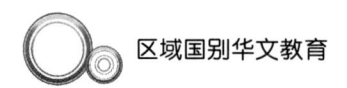

会导致研究片面化。此外,对海外华文教师的访谈也只能通过线上的途径进行,而且访谈都较为简短,有的教师是通过微信、邮件等形式回复问题,这在一定程度上会导致收集的信息过于片面和粗浅。上述都是本文开展此次实证研究的缺陷,这是由于能力、资源等客观因素导致。但笔者通过线上参与各类华文教育的研讨会,通过海外华文学校校长和教师的分享,了解到海外线上华文教育的真实情况,一定程度上弥补了本次实证研究的不足,确保了所得结论与实际情况的一致性。

二 线上华文教育所面临的挑战

网络通讯技术的发展为线上华文教育在教师、学生、教材、环境等方面的发展提供了坚实的基础条件[①]。诚然,线上华文教育的发展取得了长足进步。但是,由于华文教育发展现状的多样性,加之各个国家和地区的发展程度不同,因此线上华文教育发展面临着网络基础薄弱、师生缺乏相关经验以及课程缺乏有效互动与反馈等多方面的挑战。

(一)部分国家和地区网络基础薄弱

由于部分不发达国家和地区信息化水平较低,仍处于起步阶段,无法满足基本线上华文教育设备与网络需要的基础条件。导致部分学生无法接受在线教育,直接造成课程停课。此外,对于网络速度没有保障的国家或地区而言,线上教育的模式为学生与老师的沟通带来极大不便,容易使学生失去学习热情。

印尼华教总会常务主席苏先源表示:"印尼的华文教育互联网教学正面临着网络设备和速度、互联网教学平台和软件、线上网络

---

① 林晓峰、谢康:《第五代移动通信网络技术的教育领域应用及其发展趋势》,《数字教育》2019 第 6 期。

教学法技巧以及网络教学资源四方面的挑战。"①

菲律宾红烛华文教育基金会咨询委员张杰表示："在东南亚的一些国家，网络技术的应用远没有国内（作者注："国内"指中国）这么便捷和发达，这对以传统授课模式为主的华文教育是一个不小的挑战，面临授课群体心理变化和外在技术环境的双重考验。"②

(二) 教师缺乏线上教学经验

一方面，面对日益发展的网络教学软件与相关网络资源平台，部分华文教师出现了"水土不服"的症状。

西班牙马德里爱华中文学校校长黄小捷表示："对于中年教师来说，将互联网运用到教学领域，就显得难以胜任。尤其是对40岁以上的老教师，他们对新型教学模式的理解度偏低。"③

菲律宾华文学校联合会常务理事林文诚表示："网络教学的应急需求给华文教师带来了全新的挑战。"④

澳大利亚新金山中文学校的张世銮表示："在刚开始开直播课程的时候，总是特意到女儿家里，请家人为自己授课提供技术支持和保障。"⑤

另一方面，信息全球化在一定程度上使华文教师线上教学的推进雪上加霜。线上华文教育信息密集的特点要求华文教师们必须面对大量待

---

① 参见《第二届华文教育互联网教学研讨会会议记录》，今日头条，https：//www.toutiao.com/article/7109293850908525096/，2022年6月15日，最后访问日期：2022年7月1日。

② 睿加、马媛慧：《海外华教：挑战与机遇并存》，《人民日报（海外版）》2020年7月24日第6版。

③ 黄小捷：《海外华文学校面临的新机遇与新挑战》，载包含丽、严晓鹏《优化与重组：新形势下欧洲华文教育发展研究》，上海社会科学院出版社2021年版，第132页。

④ 参见《我校承办2020年海外华文教师研习班云开班》，华侨大学新闻网，https：//news.hqu.edu.cn/info/1003/7517.htm，2020年9月15日，最后访问日期：2022年7月1日。

⑤ 参见《第二届华文教育互联网教学研讨会会议记录》，今日头条，https：//www.toutiao.com/article/7109293850908525096/，2022年6月15日，最后访问日期：2022年7月1日。

处理的信息,并将其以课件、讲堂等的形式呈现在学生面前。然而教授内容的过于丰富却带来了适得其反的效果,使学生陷入眼花缭乱的信息洪流之中,反而不利于教师有效展开教学。线上华文教育资源不成体系、层级的特点,使教师们在短期内面临着技术应用及线上教学资源分散、匮乏、形式单一的窘境,出现了集体焦虑现象。

(三)学生线上学习经验与自主性的匮乏

不仅是教师缺乏相关教学经验,与此同时,学生也面临着缺乏线上学习经验的巨大挑战。教师的角色由教学的主导者,转变为学生学习的引导者与服务者;相应地,学生由学习的被动者转变为学习的主动者、主导者与被服务者,这暗示着线上华文教育的学习起点随之拔高。在线上华文教育中,许多学生除了指定教学内容外,还需要学习如何操作设备、获取在线资源等问题,这也意味着,教师需要付出更多的精力培养学生的在线学习能力。

加拿大蒙特利尔孔子学校校长李小琴表示:"帮助学生提升自主学习和探究能力成为教师需要推进的重要工作。"[1]

此外,学生的个人学习自主性存疑也使线上华文教育的效果大打折扣。线上华文教育在提问、操练、互动、齐读、点读等课程环节无法取得线下课堂的良好效果。在真空的课堂管理中,教学成效主要依赖于学生自身的学习自主性,对于低龄学生和非学历教育学生构成不小的挑战。

俄罗斯莫斯科的刘老师表示:"学习基础中文课程的普遍年纪偏小,在面授时想要让他们都集中注意力不是件容易的事,更何况上网课了。"[2]

---

[1] 参见《第二届华文教育互联网教学研讨会会议记录》,今日头条,https://www.toutiao.com/article/7109293850908525096/,2022 年 6 月 15 日,最后访问日期:2022 年 7 月 1 日。

[2] 参见《俄罗斯中文教育走上"云端"加强海内外资源互动》,中国新闻网,http://www.chinaqw.com/hwjy/2020/08-04/265210.shtml,2020 年 8 月 4 日,最后访问日期:2022 年 7 月 1 日。

（四）课程缺乏有效互动与反馈

线上华文教育使教学过程中的互动难度大大增加。线上教学平台无法满足华文教育的特殊性、针对性，在教学课程开展过程中技术、内容、实现方式难以进行有机结合，真实、有效的言语交际水平下降。不论是直播还是录播的教学方式，"面对面"到"屏对屏"的转换都为线上师生互动带来了一定程度的困难。在线学习是一个时空分离的"课堂"，它使得互动式教学变得非常困难，而后者对语言教学又是至关重要的。尽管各个平台都声称它们是可以互动的，确实也有些平台具有较好的交互功能，但目前的网络教学终究没有线下教室那样的场域和氛围。在直播教学中，大多数线上教学软件只存在举手、送"礼物"等简易功能，而录播课程的互动值更是几近为零。

这种互动难度的急剧增加也体现在课后缺乏学生反馈这一方面。"面对面"转换为"屏对屏"的过程中，也带来了学习非即时化的问题，学生遇到问题也无法即时提问。随着线上华文教学的开展，教师教学和学生学习都将更加灵活多样，其教学形式趋于个性化转变。在亟需教学理论、教学模式的支撑以及教学效果的评估的背景下，作为短期应对特殊情况的教学方式，线上华文教育能够暂时地满足教育需求，但如果持续时间更长，那将伴随着线上教学效果、质量的不断下降，由此进一步增加华文教育需求的不确定性。

三 线上华文教育的发展建议

当前，线上华文教育已被广泛运用，华文教师普遍熟悉了网络教学的基本模式，并且在教学过程中也了解了线上教学给华文教育带来的巨大改变和影响力。要实现线上华文教育的可持续发展，线上华文教育要从与线下优势互补，协同发展；全方位加强平台的搭建和发展；提高灵活性、机动性以适应时代变化等方面着力，把华

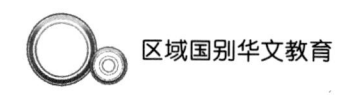

文教育的线上优势发挥到最大，更好地融入与服务华文教育的整体发展。

（一）线上线下优势互补，协同发展

未来，在线上华文教育和线下华文教育相互融合、相互协调的发展趋势下，应当充分利用好线上与线下教育的优势，各取所长，优势互补，实现线上线下教育的协同发展。在这一过程中，首先要充分意识到两种教学模式的优势和劣势，例如线下教学可以充分与学生进行互动、"说""写"等中文课程不适合线上授课、线上授课更具有机动性和灵活性、线下教学中学生耗费的时间成本更多且要求大段集中的时间等。其次，在充分认识到线上线下教育的优劣势后，华文教育机构要结合教学安排，总体布局和规划课程设置和教学时间，充分发挥各自优势。再接着，从管理角度，改进与线上线下融合教学模式不相适应的管理与督导机制，从制度上保障线上线下教育的融合发展。此外，要深度思考线上线下的融合形式，例如将线上优质丰富的网课资源作为线下课后的学习补充和辅导材料；在线下课堂集中学习线上优质直播课或者实景课堂，以线下老师为主，线上老师为辅开展课堂学习。

（二）支持线上华文教育平台的搭建和发展

政策、资源、技术制约着线上华文教育平台的搭建与发展。而打造适合国际中文教育的线上教学平台是增长点。首先，从政策层面来看，应在对当下华文教育所面临的困难进行充分调研的基础上，定期召开研讨会，对当前形势适时评估，制定相应的发展规划。其次，从资源层面来看，由中国华文教育基金会统一组织领导，以"智慧课本""教育超市"等为蓝本建立华文教育特色智库，依托5G技术，使得教育资源利用最大化。中国加强海外华文教师标准化建设，对口学校定期选派海外华文教师，在海外设立师资储备中心，保证教师质量、数量。中国加大对海外华文教育线上平台

搭建、维护的资金支持，吸引更多海外学生参与到华文教育的学习中。最后，研发部门应对线上教育平台的搭建予以技术上的支持，深化5G技术运用，积极建设5G网络环境；课堂教学、课后互动应充分与AI、3D技术相融合，调动学生积极性，促进其加深对华文课程的理解；加强研发旨在服务海外华文教育的应用软件，为全球多个国家和地区提供全方位的教育资源，促进海外华文教育事业的研究深化。

（三）提高线上华文教育的灵活性、机动性

中文学习者分布在不同时差的世界各地，多模态、融媒体技术的利用，教育成本的节约等，都是线上教育的优势。因此，适时提高线上教育的灵活性、机动性，更新教育理念、创新发展模式是促进线上华文教育发展的必要举措。华文教育理念的更新是模式创新的助燃剂，而模式的创新也将带来理念的进一步深化，两者之间相互作用、相辅相成。传统的华文教育办学理念难以满足5G时代的发展要求，这要求华文教育工作者及时更新华文教育理念，积极变革教学理论。根据线上教学内容特点，老师们要坚持听说读写结合，注重授课内容知识性与趣味性结合，努力增强课堂互动性，吸引学生集中注意力，以期达到真实课堂的效果；为了巩固学习效果，老师们要布置多层次线下作业，对学生的每一项作业进行网上批改和反馈。充分发挥学生的主体作用，促进华文教育从面向华侨华人向面向整个世界转变。创新模式则要充分依托5G技术，发挥互联网时代开放共享的特性，扩大学生和教师的自主权，促进学生多渠道、全方位地选择适宜的学习资源；教师更好地适应自身角色从教学主导者到学生学习引导者的转变，积极参与新环境下教育教学资源的建设与利用，延伸华文教育"汉语圈"。

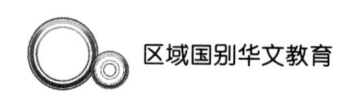

The Challenges and Prospects of Online Chinese Education: An Empirical Study Based on Overseas Chinese School Teachers and Students

TAN Zi – heng, ZHANG Man – qing

Abstract: In recent years, online Chinese education has received attention from the Chinese education community and has been widely applied. This article is based on empirical research on teachers and students in overseas Chinese schools. It is found that the more active students are in the online Chinese language classroom, the higher their recognition of teaching quality and satisfaction with the network equipment used, and the higher their overall satisfaction with online learning; It was also found that Chinese language teachers are more adaptable to online Chinese language teaching, but they have also encountered some difficulties and challenges. The development of online Chinese education is a combination of opportunities and challenges. Following the trend of integrating online and offline Chinese education, firmly following the path of Chinese education development has gradually become a consensus among Chinese educators. Research suggests that in the future, Chinese education should focus on complementing its offline advantages, strengthening the construction and development of online platforms, improving the flexibility and mobility of online education, in order to achieve significant development of online Chinese education.

Keywords: Chinese language education, Online education, Chinese language schools, Chinese language teachers, Empirical research

东南亚华文教育交流活动的国别比较研究*

杨 哲 曾小燕 禹 点**

摘要：近年来，中国与东南亚之间的华文教育交流活动数量不断增多，但现有研究大多聚焦于东南亚某国或某所孔子学院的活动，关于东南亚地区活动的国别对比和特点研究则很少。因此，本文基于东南亚华文教育交流活动现状进行了国别对比研究，并进一步总结出了国别特点。卓越型和良好型国家活动类型多，活动数量年变化波动幅度大，活动组织者覆盖面广，活动内容丰富；一般型国家活动类型多，活动数量年变化波动较小，活动组织者多为外方机构，活动内容较为丰富；缓慢型国家活动类型较少，活动数量年变化波动最小，活动组织者较少，活动内容较为单一。

关键词：华文教育交流活动；东南亚；国别对比；活动特点

---

* 【基金项目】国家社科基金青年项目"东南亚国家华文教育动态数据库建设"（项目编号：18CYY027）；2022年国际中文教育研究课题青年项目资助"基于数据库的东南亚中文教育交流活动研究"（项目批准号：22YH09D）；中国石油大学（北京）科研基金资助项目（项目编号：2462020YJRC002）；中国石油大学（北京）科研基金资助项目（项目编号：2462020YXZZ010）。

** 【作者简介】杨哲，男，北京石油化工学院助教；曾小燕，女，中国石油大学（北京）外国语学院副教授；禹点，女，中国石油大学（北京）外国语学院硕士研究生。

一　引言

华文教育交流活动是华文教育的重要组成部分，是课堂教学的重要补充，也是开展汉语学习与中华文化传承、传播的重要途径。目前，华文教育交流活动研究主要涉及国别现状（以泰国[①②③]、越南[④]、老挝[⑤]为主）、存在问题[⑥]、人才培养[⑦]等，关于东南亚华文教育交流活动的国别比较研究较少，难以全面了解各国华文教育交流活动的特点及差异，为有针对性地开展华文教育交流活动带来困难。

基于此，本文参考学界对"海外华文教育"的概念界定[⑧]，结合《现代汉语词典（第七版）》中对"交流"和"活动"的释义，以"为实现东南亚（各国）和中国双方在语言文化教育方面的互相供给和支持而采取的行动"——东南亚地区华文教育交流活动（2004—2021年）为研究对象，并根据东南亚各国活动举办频次，将东南亚华文教育交流活动分为四个阶段，分别为卓越型阶段（泰

---

① 李进、何英：《当前中国与泰国加强文化交流的前景分析》，《东南亚纵横》2016年第1期。

② 朱振明：《中泰关系发展中的一个亮点：中泰文化交流》，《东南亚南亚研究》2010年第4期。

③ 谭淑玲、郭宇路：《中国文化在泰国的传播路径——以泰国川登喜大学素攀孔子学院为例》，《当代传播》2013年第3期。

④ 古小松：《中国—东盟自由贸易区与广西的地位和作用》，《东南亚纵横》2002年第12期。

⑤ 唐悠悠：《老挝华文教育发展的社会背景探析》，《东南亚纵横》2014年第6期。

⑥ 吴应辉：《东南亚华文教育发展问题的表象、本质、措施与机遇》，《浙江师范大学学报（社会科学版）》2016年第1期。

⑦ 覃海逢：《浅析中国—东盟自由贸易区与广西高校的人才培养》，《改革与战略》2006年第8期。

⑧ 蔡振翔：《从华文教育到华语教育》，《华侨华人历史研究》1996年第2期；耿红卫：《海外华文教育的现状、特点及发展趋势》，《东南亚纵横》2008年第6期；唐燕儿、程辰：《华文教育与华语教育》，《华南师范大学学报（社会科学版）》2012年第2期；贾益民：《新时代世界华文教育发展理念探讨》，《世界汉语教学》2018年第2期。

国)、良好型阶段（印度尼西亚、菲律宾、马来西亚）、一般型阶段（新加坡、柬埔寨、缅甸和老挝）和缓慢型阶段（越南和文莱），进而从活动的类型、数量、组织者、内容等方面进行对比，以期掌握东南亚华文教育交流活动的国别特点。

一 东南亚华文教育交流活动的国别分类与现状

（一）国别分类

据统计，东南亚华文教育交流活动频次差异悬殊。泰国在2004—2021年期间共举办了2261场活动，占37.19%，相较之下，文莱仅举办了19场活动，仅占0.31%。华文教育交流活动频次的巨大差异，与东南亚各国经济发展水平、语言政策、孔子学院数量、华文教育发展现状等有着密切关系。有研究将"一带一路"沿线64国按经济社会发展水平划分为缓慢型、一般型、中等型、良好型和卓越型，并认为经济发展水平决定了医疗、教育、文化等方面的发展①。基于此，本文根据东南亚各国举办的活动频次所占比例，将东南亚华文教育交流活动的发展分为四个阶段——卓越型阶段、良好型阶段、一般型阶段、缓慢型阶段（详见表1）。

表1　东南亚华文教育交流活动发展阶段分类（2004—2021年）

国别	活动频次	所占比例	活动发展阶段
泰国	2261	37.19%	发展卓越型
印尼	661	10.87%	发展良好型
菲律宾	576	9.47%	发展良好型
马来西亚	472	7.76%	发展良好型

---

① 胡健、张维群、邢方、耿宏强：《"一带一路"国家经济社会发展水平测度与评价研究——基于丝路沿线64国指标数据的分析》，《统计与信息论坛》2018年第6期。

续表

国别	活动频次	所占比例	活动发展阶段
新加坡	221	3.63%	发展一般型
柬埔寨	220	3.62%	发展一般型
缅甸	147	2.42%	发展一般型
老挝	122	2.01%	发展一般型
越南	45	0.74%	发展缓慢型
文莱	19	0.31%	发展缓慢型

（二）现状概述

从活动类型、数量、组织者、内容等方面统计分析东南亚华文教育交流活动的国别现状，笔者发现：

卓越型国家共计开展了2261场9种活动类型，活动数量变化幅度最大，最大差值达439场。活动组织者涉及中外双方多个领域的组织机构，活动内容也十分丰富，几乎涉及了华文教育各个方面。

良好型国家同样开展了9种活动类型，累计开展了1709场活动，活动数量变化幅度较大，最大差值达115场，最小差值达63场。活动组织者包括中外组织机构，活动内容整体较为丰富，但文体活动和展览活动的内容丰富度有待加强。

一般型国家除老挝未举办过表彰活动外，其余国家的活动类型都是9种。一般型国家累计开展活动708场，活动数量年变化波动幅度较小，最大差值为58场，最小差值为19场。活动组织者多为外方机构，活动内容基本能满足受众需求，但公益活动、表彰活动和展览活动的内容较为单一。

缓慢型国家活动数量少，共开展了64场，且越南没有开展过公益活动、展览和表彰活动，文莱没有开展过表彰活动，活动组织者较少，没有充分利用各方资源，且活动内容比较单一，无法充分满足受众需求。

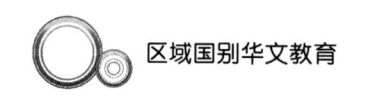

二 东南亚华文教育交流活动国别对比分析

（一）活动类型

通过统计东南亚各国的活动类型及其频次，发现除缓慢型国家未举办过表彰活动外，其他类型的国家都举办了文体活动、学习培训、春（夏、秋、冬）令营、互访交流、竞赛活动、展览、双方合作、公益活动和表彰活动九大类活动。作为卓越型国家的泰国，开展频次最高的是文体活动（682场），其次分别是学习培训（465场）和竞赛活动（349场）。良好型国家排名前三的活动类型与卓越型国家一致，分别为文体活动（438场）、学习培训（349场）和竞赛活动（283场）。在一般型国家中，开展频次最高的是学习培训，共计开展了181场，竞赛活动（135场）和文体活动（133场）次之，老挝未举办过表彰活动。在缓慢型国家中，频次排名前三的活动类型分别是互访交流（16场）、文体活动（14场）和竞赛活动（13场），越南未举办过展览、公益活动和表彰活动，文莱未举办过表彰活动。总体上，东南亚华文教育交流活动中，文体活动和竞赛活动开展频次最高，公益活动、表彰活动、展览活动开展频次相对较低（详见表2）。

表2 东南亚华文教育交流活动类型国别对比（2004—2021年）

发展类型	活动类型	文体活动	学习培训	春（夏秋冬）令营	互访交流	竞赛活动	展览	双方合作	公益活动	表彰活动
卓越型	泰国	682	465	186	261	349	191	97	12	18
卓越型总计		682	465	186	261	349	191	97	12	18
良好型	印尼	183	143	47	99	96	39	44	8	2
	菲律宾	153	118	31	105	91	37	15	16	10
	马来西亚	102	88	39	70	96	31	11	28	7
良好型总计		438	349	117	274	283	107	70	52	19

续表

发展类型	活动类型	文体活动	学习培训	春（夏秋冬）令营	互访交流	竞赛活动	展览	双方合作	公益活动	表彰活动
一般型	新加坡	35	88	3	14	43	14	5	6	13
	柬埔寨	49	40	10	34	53	14	9	9	2
	缅甸	21	29	9	36	25	7	9	8	1
	老挝	28	24	13	29	14	8	5	1	0
一般型总计		133	181	35	113	135	43	28	24	16
缓慢型	越南	13	7	3	8	11	0	3	0	0
	文莱	1	1	2	8	2	1	2	2	0
缓慢型总计		14	8	5	16	13	1	5	2	0

（二）活动数量

据统计，2004—2021年期间，卓越型国家共计开展2261场活动，良好型国家共计开展1709场活动，一般型国家共计开展708场活动，缓慢型国家共计开展64场活动。对比不同类型国家的活动数量变化幅度，发现活动数量的幅度大小与活动总量成正相关，卓越型国家（泰国）活动数量变化幅度最大，良好型国家（马来西亚、菲律宾和印尼）活动数量变化幅度小于卓越型国家，但大于一般型国家（新加坡、柬埔寨、缅甸和老挝），活动数量变化幅度最小的是缓慢型国家（越南和文莱）（详见图1）。

活动数量幅度大小除与活动总量有关，还与该类型国家的活动开展计划有关。幅度越大，说明该类型国家每年举办的活动数量不稳定，没有形成完备的活动计划和完善的活动体系，值得关注的是，缓慢型国家活动数量变化幅度较小并非因为其具有完备的活动计划，主要是因为总量过少。

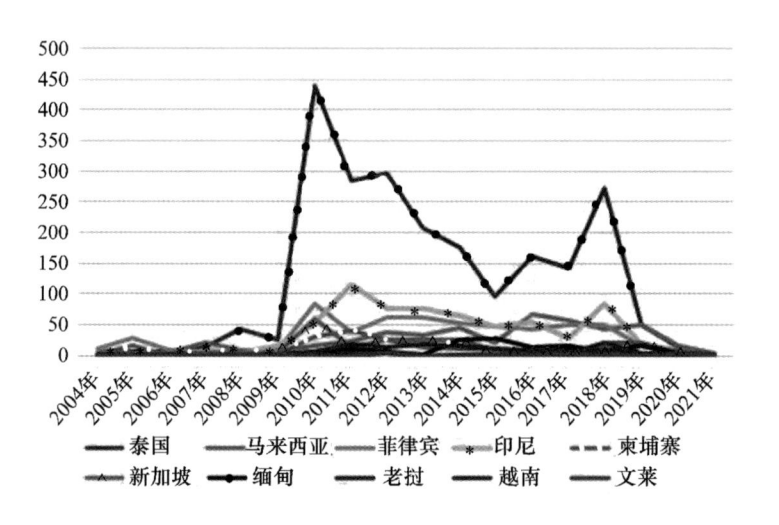

图 1　东南亚华文教育交流活动数量年变化国别对比
（2004—2021 年）

（三）活动组织者

卓越型国家（泰国）的活动组织者涉及中外双方不同领域组织机构。在良好型国家中，印尼、马来西亚和菲律宾的活动组织者多数来自中国与当地的组织机构。在一般型国家中，新加坡、柬埔寨和缅甸的活动组织者大多为当地的相关组织机构，老挝的活动组织者基本覆盖了中老双方组织机构。而缓慢型国家活动因数量很少，活动组织者也较少。除此之外，本文还对比了各类型国家排名前三的组织者（详见表3）。在排名前三的组织者中，卓越型国家有一个中方机构和三个当地机构，一般型国家有五个中方机构和七个当地机构，卓越型国家和一般型国家活动组织者主要为当地机构，良好型国家有五个中方机构和五个当地机构，中外机构都有参与到活动组织当中。

表3　东南亚华文教育交流活动排名前三的组织者（2004—2021年）

国家		排名第一	排名第二	排名第三
卓越型	泰国	国家汉办/语合中心	川登喜皇家大学素攀孔子学院	曼松德昭帕亚皇家师范大学孔子学院；泰国教育部
良好型	印尼	中国海外交流协会	国家汉办/语合中心	阿拉扎大学孔子学院
	菲律宾	菲律宾华教中心	中国驻菲律宾大使馆	中国海外交流协会
	马来西亚	马来西亚教育部	中国海外交流协会；马来西亚董总	马来亚大学孔子学院
一般型	新加坡	《联合早报》	南洋理工大学孔子学院	新加坡华文教师总会
	柬埔寨	柬埔寨王家研究院孔子学院	柬华理事会	中国驻柬埔寨大使馆
	缅甸	中国海外交流协会	福庆孔子课堂	中国驻缅甸大使馆
	老挝	老挝国立大学孔子学院	中国驻老挝大使馆	国侨办
缓慢型	越南	中国驻越南大使馆	越南河内大学	越南河内大学孔子学院
	文莱	（文莱因各机构组织活动数量均为一场，未参与本轮统计）		

（四）活动内容

基于国别现状研究中的内容概况，可以发现不同类型国家在活动内容丰富程度上的差异。

卓越型国家的各类活动内容精彩多样，涉及华文教育的各个方面，能够最大限度满足受众的需求和汉语传播的需要。

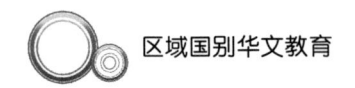

良好型国家活动内容也很丰富，但相较于卓越型国家稍有欠缺。如菲律宾的文体活动缺乏文化体验类内容，印尼和菲律宾开设的展览缺乏中华才艺类展品，印尼的表彰活动缺乏对优秀教师的表彰，同时良好型的三个国家都没有举办过美食体验营一类的活动。除此之外，良好型国家中的印尼和马来西亚还为抗击新冠肺炎疫情而举办过募捐、捐赠防疫物资等公益活动，而卓越型国家没有举办过类似活动。

一般型国家的活动内容基本能满足受众需求，但相比于卓越型和良好型国家，其丰富程度有待加强。缅甸未开展过孔子学院日或中文日等开放日活动；新加坡只举办过文化营，内容单一，缺乏中华文化大乐园等主题的春（夏、秋、冬）令营内容；除柬埔寨以外，其余三个一般型国家（新加坡、缅甸和老挝）的公益活动内容大多只聚焦于捐赠图书和教具，不仅公益形式单一，还缺乏对贫困学生或华校的资助与支持；展览活动展出的展品大多为摄影图片或教材，缺少与中华文化有关的展品；此外，表彰活动内容单一，柬埔寨仅有设立奖学金这一项表彰内容，而老挝则未开展过表彰活动。

缓慢型国家活动内容最为单一。竞赛活动只有口译比赛、绘画比赛等单项技能竞赛；越南只举办过夏令营；文体活动缺少节日庆典、体育赛事、文化开放日等内容；展览类只有图书展；公益活动只有捐赠教育基金这一项内容。

三　东南亚华文教育交流活动的国别特点

通过对东南亚华文教育交流活动进行国别现状总结和对比，本文总结出了不同发展阶段国家的活动特点。

（一）卓越型国家

东南亚华文教育交流活动卓越型国家仅有泰国，其特点如下：

第一,活动类型多。卓越型国家的活动类型涵盖文体活动、学习培训、竞赛活动、互访交流、展览、春(夏、秋、冬)令营、双方合作、表彰活动和公益活动九大类,与东南亚整体活动类型一致。

第二,活动数量变化幅度最大。卓越型国家的华文教育交流活动数量起伏最大,泰国在 2010 年,华文教育交流活动达到最高 441 场,2009 年新成立的 9 所孔子学院使得 2010 年的活动数量急剧增加。

第三,活动组织者覆盖面广。卓越型国家的华文教育交流活动组织者包括中国和泰国两方政府部门、高等院校、民间组织等不同类型组织机构,如中国文化和旅游部、华文教育基金会,以及泰国的潮州会馆、清迈大学孔子学院等。

第四,活动内容最丰富。不同类型的活动呈现内容尤为丰富,如文体活动有节日庆典、文化体验、文化节等,互访交流包括访问、看望、参观、考察等多个方面,表彰活动也覆盖到教师、学生、社会成人等不同主体,能最大限度满足受众的文化需求,助推汉语文化在东南亚的传播。

(二) 良好型国家

东南亚华文教育交流活动良好型国家(印尼、菲律宾和马来西亚)活动特点如下:

第一,活动类型多。良好型国家的活动类型数量与卓越型国家一致,都涵盖了文体活动、学习培训、竞赛活动、互访交流等九大类。

第二,活动数量变化幅度较大。良好型国家的活动数量变化较大,最大差值达 115 场,其中印尼的最大差值为 115 场,菲律宾的最大差值为 81 场,马来西亚的最大差值为 63 场。此外,印尼还有三年活动数量为 0 的情况。

第三,活动组织者覆盖面广。良好型国家的活动组织者涉及中

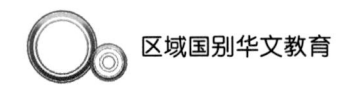

国和东南亚的政府部门、教育机构等组织单位，良好型国家当地的华文教育组织机构都组织开展过活动，如中国的海外交流协会、国家汉办/语合中心，以及良好型国家的教育部、菲律宾华教中心、马来西亚董总等，各国成立最早的孔子学院次之。

第四，活动内容丰富。良好型国家活动内容的丰富程度虽略低于卓越型国家，但整体相差不大，如双方合作内容包括缔结友好学校、联合培养、合作办校等多个方面，竞赛活动既有单项能力竞赛，也有综合能力竞赛，不过文体活动和展览活动的内容有待进一步丰富。

(三) 一般型国家

东南亚华文教育交流活动发展一般型国家共新加坡、柬埔寨、缅甸和老挝四个，其活动特点如下：

第一，活动类型较多。在一般型国家中，大部分国家的活动类型都包括文体活动、学习培训、竞赛活动、互访交流等九大类，只有老挝未举办过表彰活动。

第二，活动数量变化幅度较小。由于一般型国家的活动数量整体较少，因此相较于其他国家，活动数量变化波动也较小，但有小部分年份出现了活动数量为 0 的情况。

第三，活动组织者多为当地机构。与卓越型和良好型国家不同，一般型国家的活动组织者多为当地的组织机构，如新加坡推广华语理事会、柬华理事会、曼德勒新世纪学校等各地区华校和华教机构。

第四，活动内容较为丰富。相较于卓越型和良好型国家，一般型国家的活动内容较为丰富，如文体活动涉及艺术巡演、节日联欢文化体验等内容；学习培训也包含培训、研讨、研修和讲座等多种形式，但部分活动内容较为单一，如展览活动的展品内容单一，只有摄影图片或教材；表彰活动也只有设立奖学金这一项内容。

(四)缓慢型国家

越南和文莱作为东南亚华文教育交流活动发展缓慢型国家,其活动特点如下:

第一,活动类型较少。两国家均未开展过表彰活动,并且越南也没有开展过公益活动和展览类活动,与东南亚其他国家相比,越南和文莱的活动类型较少。

第二,活动数量变化幅度最小。两国每年的活动数量基本在5场以下,并且有多个年份活动数量为0,年变化波动也最小,并且由于越南仅有一所孔子学院,因此孔子学院对初期型国家活动数量的影响也很小。

第三,活动组织者较少。由于整体活动数量较少,因此涉及的组织者也很少。在活动组织者方面,中国驻越南大使馆和中国驻文莱大使馆开展活动数量较多,其次为当地与华文教育有关的学校或机构,仅分别举办过一场,而当地的教育部门尚未组织开展过相关活动。

第四,活动内容单一。缓慢型国家活动内容较为单一,如竞赛活动只有单项技能比赛,没有综合技能比赛,双方合作类也缺乏合作办校、联合培养等内容。

四 结语

本文依托国家社科基金青年项目"东南亚国家华文教育动态数据库建设"中的"东南亚华文教育交流活动"子库,在东南亚华文教育交流活动国别现状的基础上展开了国别对比研究。总体上,东南亚华文教育交流活动开展频繁,活动数量较多,活动类型多种,活动组织者范围广,活动内容层次丰富,随着东南亚华文教育事业发展,未来东南亚华文教育交流活动会持续不断发展。

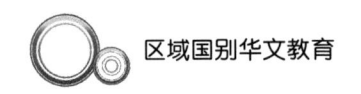

A Comparative Study of Chinese Education Exchange Activities in Southeast Asian Countries

YANG Zhe, ZENG Xiao – yan, YU Dian

Abstract: In recent years, the number of Chinese education exchange activities between China and Southeast Asia has been increasing, but most of the existing studies focus on the activities of a certain country or a certain Confucius Institute in Southeast Asia, and few studies are carried about the comparison of countries and the characteristics of activities in Southeast Asia. Therefore, on the basis of the current situations of Chinese education exchange activities in Southeast Asia, this paper makes a comparative study of different countries and further summarizes the characteristics of different countries. It is found that "excellent countries" and "good countries" have many types of activities, and their number of activities fluctuates greatly from year to year, and their organizers have a wide coverage and rich content. . "Average countries" have many types of activities, and their number of activities fluctuates little from year to year. Most of their organizers are foreign organizations, and their activities are rich in content. . "Slow countries" have fewer types of activities, and their annual fluctuation of activity quantity is minimal. They have fewer organizers of activities, and their content of activities is relatively simple.

Keywords: Chinese Education Exchange Activities; Southeast Asia; National Contrast; Characteristics of Activity

新形势下英国华文教育的困境与出路*

曹 茜 邵有学**

摘要：百年未有之大变局交织之际，国际舆论斗争形势日益严峻，海外华文教育发展面临新的问题与挑战。本文运用文本分析和访谈法，以2020年以来英国华文教育发展状况为研究对象，分析其面临的困境，并对海外华文教育提出建议。研究发现，目前英国华文教育面临师资短缺，教学本土化有待完善，教师数字素养有待提升，资金短缺等问题。因此，我们亟须认清英国华文教育现状，扩大师资队伍；加强学术交流合作；推动教育本土化建设；提高教师数字素养。同时，我们要重视中文教育的海外传播，加强汉语教育的国际化，促进海外华文教育持续向前发展。

关键词：华文教育；华文学校；在线教育；英国

一 引言

海外华文学校是传播中华文化，推动华文教育持续发展的重要

---

* 本文为中国外文局教育培训中心国际传播研修基地建设课题"华侨华人高水平中译外人才培养研究"（立项号：23GCYXJD–04）的阶段性成果。

** 【作者简介】曹茜（1999—），女，浙江传媒学院全球传播与媒体教育2021级研究生，研究方向：全球传播与传媒教育；邵有学（通讯作者），浙江传媒学院国际文化传播学院（国际教育学院）教授、硕导，研究方向：翻译与国际传播。

载体。近年来不同国别的华文教育研究逐渐增多。笔者通过语音访谈、笔谈了英国伦敦普通话简体字中文学校校长廖秀琴和英国文麟中华文化学校校长王海云,访谈重点探讨了当前华校发展情况,华校发展困境及前景,并对华文教育发展提出新的思考和建议。英国伦敦普通话简体字中文学校是由热心于推广中华文化的有识之士创办,为我国国侨办第一批华文教育示范学校;英国文麟中华文化学校2021年获英国"皇家公主培训奖",是有史以来第一个华人品牌获此项殊荣的机构。华文学校作为中华文化国际传播的基础,在教育一线发挥了重要作用,我们调研一线华校发展情况对华文教育研究具有重要意义。

二 英国华文教育现状

中华人民共和国驻英国大使馆官网发布的信息,2017年到英学习的中国留学生达17万人,据不完全统计,2016年在英攻读本科学位的中国留学生112303人[1],英国是我国赴欧留学人数最多的国家。外交部信息显示,英国较早与中国展开交流合作,目前英国孔子学院有30所,孔子课堂达163间,居欧洲国家之首[2]。2020年英国中文教育促进会会长伍善雄介绍,英国华文教育经过50年的发展,现在在英有59所华文学校,2.3万多名学生,约2200位教师[3]。中文教育也获得了英国政府的支持,英国教育部于2004年将中文列入英国中学外语课程,2014年9月,英国教育部将中文列为

---

[1] 英国大使馆教育处:中英教育合作与交流概况2017年12月22日,http://england.lxgz.org.cn/england/jlhz/zyjy/20171222162735135150/index.html,2022年5月15日。

[2] 董鑫:新任中国驻英大使到任,曾多次参与中美经贸高级别磋商2021年6月8日,https://i.ifeng.com/c/86tt22CKL8v,2022年5月18日。

[3] 闫枫:学习中文热情高涨,英国华文教育未来可期2020年06月20日,http://www.chinaql.org/n1/2020/0620/c431600-31753985.html,2022年4月27日。

全英小学必修外语课之一①，中文教育逐渐融入英文教育体系。近年来，在英中文学习人数不断增加，规模不断扩大，英国华文教育学校主要分为两部分，一部分是传统的公益学校，另一部分是新兴的以商业为目的的语言中心，前者具有公益性，后者注重商业经营形式更具商业化。

在课程设置方面，华校主要课程仍是中文课，华校学生年龄一般从4岁儿童到18岁以上成人。所设班级根据年龄阶段不同，依次设有幼儿班、学前班、一年级到八年级，GCSE 班和 A-level 班等，A-level 也成为学生汉语学习最重要的检验方式之一。此外，许多华校为非华裔子女或在家不讲中文的华裔子女开设了汉考班（YCT1－4级）。

在国际中文教材方面，教育部中外语言交流合作中心组编的《国际中文教育教学资源发展报告》于 2021 年出版。截至 2021 年，海外中小学教材、教辅已出版共 1449 种；面向大学生以及成人的教材达 1866 种，其中包括 907 种综合类教材，959 种技能类教材②，随着线上教育突飞猛进的发展，个性化、定制化华文教材日益增多。英国伦敦普通话简体字中文学校校长介绍，其所在院校中文课使用的教材包括暨南大学编辑的《中文》课本，《轻松学汉语》中小学教材等。一般不同的班级使用不同的教材，GCSE 班使用 GCSE 课本，A Level 使用 A Level 课本以便学生参加全国统考；汉考班使用 YCT 教程。英国伦敦普通话简体字学校校长表示介绍该校近年"还开设了许多兴趣爱好课，例如国画、书法、舞蹈、演讲、美术、拼音、中国历史、四年级和五年级英语和数学辅导课及世界奥林匹克数学竞赛辅导课等"。在师资方面，英国华校教师专职教师较少，兼职占比较大，伦敦普通话简体字中文学校校长介绍，该校教师

---

① 李欣、付梦芸、康青霞：《新时代英国华文教育工作者职业生存状态的社会学分析》，《华侨华人历史研究》2021 年第 3 期。
② 赵晓霞：《中文学习：这些教材可以选》，2022 年 5 月 13 日，http://edu.people.com.cn/n1/2022/0513/c1006-32420820.html，2022 年 5 月 25 日。

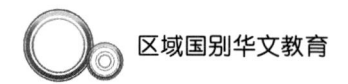

90％为兼职教师，教师教龄从 1 年到 25 年不等，教师学历普遍较高，基本都在本科以上。

2020 年以来，国际中文教育受国际环境的影响面临政治、经济、文化等方面的诸多问题。华文教育则表现为线上教学困难，师资短缺，教学平台不稳定，中文学习人数减少等问题。为配合英国防疫政策，英国诸多华校被迫停课或改为线上教学，zoom 是华校使用得最多的线上教学平台，此外也有学校使用腾讯会议、钉钉、mooc 等教学平台。为顺利开展线上教学，英国中文教育促进会举办华文教师远程培训，展开线上教学软件应用教学，数字化管理课程教学，以期提升教师的技术应用能力。随后，华校开始进行线上线下相结合的教学形式，教师线上教学能力的提升一定程度上提高了教师线下教育技术应用的能力。

如今，国家语言能力是国家综合实力的重要组成部分之一，在推动中国经济科技进步，传承中华文化，加强国际合作，保障国家安全中都发挥着重要的作用①，因此，推动汉语国际化，促进华文教育向前发展尤为重要。

三 新形势下华文学校面临的困境

（一）教师资源严重不足

海外华校教师资源不足，是阻碍华文教育发展的一大障碍。21 世纪以来，随着英国留学生以及新移民的快速增加，华文教育工作者的文化水平大幅提升，在对华校的访谈中了解到 90％ 的教师学历在本科以上，这在一定程度上保证了教学质量。但华校的教师兼职现象普遍，英国伦敦普通话简体字学校教师大部分为兼职教师，许多公立学校中文教师选择周末在华校兼职教学，兼职老师任课课时少，因此薪资待遇较低，跳槽几率也更高，影响学校整体教学进

---

① 赵世举：《全球竞争中的国家语言能力》，《中国社会科学》2015 年第 3 期。

程。此外，在英华文教师以新手教师为主，教龄普遍较低，教师教学能力难以得到稳定保障。

随着中国国际地位的不断提高，学习中文的华裔与非华裔人数越来越多，这给国际中文教育工作者提供了更多的就业机会。但同时，由于兼职教师占比较大，生源扩充导致师资不足，而部分在英的中文教师选择回到国内，国内国际中文教育专业的优秀学生赴英国实习的机会减少。华校师资的缩减与生源扩充相对立，阻碍了华文教育的发展。

（二）中文本土化教学尚待完善

近年来，非华裔学生不断增多，本土化教学却仍未完善，跨文化教学成为难题。英国文麟中华文化学校校长谈到该校学生绝大多数是非华裔，占95%，华裔背景的小朋友占的比例特别低。国际中文教育专业出身的教师，如何将书本知识转化为实践能力，适应非华裔学生学习水平也成为亟待解决的问题。早在2012年，孔子课程便展开了汉办教材及本土教师的培训活动，例如英国伦敦大学教育学院（IOE）孔子学院下设的 Upton Hall School 孔子课堂，该活动包括教学和教材的培训，为英国培养了一千名中文教师[1]。随着英国对华政策趋势不断向好，英方也逐渐重视英国华文教育本土化的问题。因此要加大中英合作，培养一批了解英国文化，熟悉英国中文教材的教师。

其次在教案设计方面，教学内容与本地特色不相符，难以适应海外学生成长需求与文化认知。海外文化学习氛围相对国内较自由，国内的教材及教案资源与海外学生的年龄、认知不符合，因而其趣味性、互动性、系统性的教学内容仍需不断开发。

---

[1] 世界汉语教学学会：《英国伦敦大学教育学院孔子学院举行中文教学及教材培训》，《世界汉语教学学会通讯》2013年第2期。

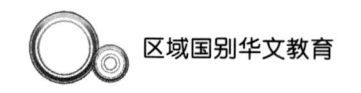

（三）线上教学断层，数字素养有待提升

2020年以来，线上教学逐渐成为华文教育的主要途径。教育技术应用的诸多问题对华文教育发展产生了较大影响。其中，教师信息素养的缺乏是影响教学的重要因素之一。

数字素养是数字时代信息的使用与理解能力，于教师而言，数字素养主要表现为利用现代教学平台进行教学，通过深度利用现代教育平台功能，合理利用教育技术增加师生互动，强化教学效果。许多教师缺乏线上教学经验，教师准备不足常常出现教学失误，从而影响教学进度。此外线上华文教育飞速发展，慕课、网易课堂等录播课在教学过程中也无法满足互动性教学需求，在实际教学中缺乏灵活性，学生能动性难以得到发挥。

四　未来华校发展出路

一方面，在中英政府、华侨社团、华文学校的大力支持下，华文教育发展趋势向好；另一方面华文教育面临诸多困境也不容忽视，针对以上亟待解决的问题，提出如下建议。

（一）扩大师资队伍，加强学术交流合作

华文教师薪资待遇不高，给华文教育工作者带来消极的工作体验，进而阻碍华文教育发展，因此亟须中国政府，华侨社团，移民团体等各方积极采取措施加以改善。近年来，为推动华文教育国际化，国务院侨务办、中国华文教育基金会、海外华侨组织在华文教育的师资培养、教材研发、财政资助等方面做了大量的工作。

首先，为保证海外华校教师资源的长期需求，要提高海外华文教师薪资待遇，提高教师职业认同感、满足感，吸引更多优秀的华文教师参与华文教学。加快完善华校教师职业体系，提升华文教师的社会价值，提高教师社会认同感，降低教师辞职率。

其次，创造条件开展实习实践新项目，为青年教师和硕士博士研究生提供更多交流学习的机会，定期组织学术活动。推动英国华文教育融入英国主流教育体系，根据需要和实际情况，与英国学校合作开展各种教师培训活动，包括中文国内及海外本土中文教师不同层次的培训，共建学习矩阵。并在世界汉语教学学会的指导下，积极参与华文教育学会的各种活动，及时获取学术信息和海内外优秀出版物，与海外学会积极建立合作联系，分享华文教育组织建设的经验，互相协作共同发展，不断提高华文教育的师资队伍水平、发展理念、培养模式、方法途径等。

第三，通过开展学术交流，举行学术报告会、研讨会，提高华文教育工作者的教学水平。进行话语教学的切磋、交流和研讨，开展中文教学观摩和比赛，诸如中文与中华才艺技能大赛等活动，奖励优秀教学成果和学习成果。同时加强海内外国际中文教育机构、语言学会的联系与合作，进一步为教师和学生提供教育和学习信息资料、教学经验等资源。

（二）推动教学本土化，提升教学能力

积极开创新的教学方法，关注中英语言差异，打破孤立教学，实现教学本土化。近几年，东南亚华校例如泰国、马来西亚的华校呈现出三语"国语＋英语＋中文"教学的新形势，这种教育模式未来将在非英语国家华校持续蔓延[①]。该模式的发展路径在英语国家亦有值得借鉴之处，如改革中文课程及教材，关注不同语言差异，综合学习目标，最终目的都是推动中文融入本土化教学。

中国培养的国际汉语教师是推进国外汉语教学本土化的基础，推进英国中文教育本土化，需要中国作为母语国加大资源供给。一是推动孔子学院加大与英方合作，孔子学院和孔子课堂遍及英国各

---

① 林瑀欢：《东南亚华校的三语教学：趋势与方向》，《全球教育展望》2021年第10期。

地，处于英国华文教育一线，长期以来，为英国学校提供了教学、教材等重要资源。通过建立本土化教师培训项目，选派高级中文教师参与英国华文教育本土化建设项目，提高教师英国文化的适应性，为英国华文教育提供长期教学人才。二是完善线上教育资源，随着新新技术例如AR/VR等科学技术的飞速发展，搭建虚拟教育平台可打破时间空间的限制，为中文本土化教学提供便利，三是加强教学内容本土化，将当地特色及学生特点融入中文教学中。海外学生构成非常复杂，不同的年龄、文化背景、语言程度和学习动机各不相同，如何将中华文化与当地本土文化相结合在实际教学中尤为重要。

英国文麟学校校长谈到"中华文化博大精深，中文背后暗含着丰富的文化底蕴，很多民间艺术可以挖掘成课程内容。传统的国学经典，民间非物质文化遗产对海外学生有着极大吸引力，对海外教学也有着深远意义。例如将中医药的原理创作成童话故事，转化成儿童年龄段能接受的方式教学，以通俗易懂的形式让孩子理解深奥的内容。其次，优秀的寓言故事，成语故事，歇后语都可以用来设计教学"。此外，双语学习者能够调动中西方两国文化认同感，提高课堂中双语学习者的认知深度，激发语言学习的能动性，未来双语实践教学将对华文教育具有重要的借鉴意义。

（三）以技术为媒，提高教学质量

信息技术是线上教学的前提和重要保障。随着汉语国际在线教学的迅速发展，华文教育对教师以及华文教育机构提出了新的要求。

首先，教师要熟悉并选择功能多样、内容丰富的线上教学平台，并辅以其他教育技术。在线上教学中教师的主要任务包括，录制视频，设置学习单元及单元测试，处理互动反馈信息，提供视频或资源链接等。在教学层面，教师需整合零碎的知识内容，形成知识体系，按照线上教学的特点讲解知识点，设置师生互动的思考问题，利用现代教育技术完成后期作业布置、批改、反馈等环节。此外，其他的辅助教学技术，有助于弥补单一教学平台的局限性。例如Zoom、钉钉等在线会议软件，可以通过录屏的形式保存教师教学视频，便于学生复盘巩固，增加师生互动；微信客户端开设小打卡程序，帮助教师熟悉学员学习进度，同时具备作业布置，问题讨论，作业时间限制等的功能。借助技术优势，不仅能克服线下教学缺陷，还在一定程度上提高了学习效率。

其次，教师教育技术的提升离不开政府及各大汉语教育协会的支持，华文教育机构充分发挥互联网的连接作用，以技术为媒，提高网络教学水平，利用网络调研国际中文教育的发展建设状况，通过举办各类会议、讲座、技能大赛等发现优秀人才、优秀案例并予以推广。值得注意的是，海外华校师资较少，工作繁重，时间精力有限，因此在加强海外教师教育技术培训时，培训资源应实用高效，简单易学，科学化的整理和呈现会大大提高教师学习效率。

英国文麟中华文化学校校长谈到"许多华校受到线上华文教育机构的冲击，依靠技术向现代化转型成为趋势。真正中华文化的传播，语言的教学需要一线的华校校长和老师们的付出"。因此，重视培养师资，需要系统性的教学教材及配套的课件，再加上教育技术的加持，这将对华文教育与中华文化的传播产生巨大的帮助。

信息素养是教师必备的教学素质，突发性公共事件更是对教师提出了新的要求。未来，信息化将全面进入教学领域，教师要强化对信息知识的认识，提高信息技术使用技能，积极参与，主动学习，以适应新时代教育模式的变革。

（四）认清英国华文教育现状，加强中英合作

近年来，英国华文教育发展迅速，非华裔生源不断扩充，但与学习德语、法语、西班牙语的人数来说学习汉语的人数较少。据英国文化委员会发布的《2022年语言趋势报告》，西班牙语是高考（A-level）最受欢迎的外语科目，连续3年有超过8000名学生参加

考试，而参加汉语考试人数仍相差甚远。此外，由于英国的政策限制，英国的华校以公益类周末学校或中文教育机构为主，还没有建立独立的全日制中文学校。

因此，要认清华文教育在英短板，我们必须加强中西方合作。例如，2021年由英国政府出资资助的英国汉语培优项目（Mandarin Excellence Programme）在中国教育部中外语言交流合作中心的协助下举办[1]。此类活动以中英合办为主，旨在培养优秀中文人才。培养大批适应英国本土化教学的中文教师，仍需继续加快中英合作，加大母语国资源供给，推动汉语更快融入英国国民教育体系。

五　结语

英国华文教育的发展机遇与挑战并存，虽然面临教师资源不足，信息素养尚待提升，华文教育本土化困难等一系列难题，但在政府、各大汉语教育协会、华文教育教师及热衷于华文教育的有识之士的支持下，突破这些困境指日可待。

英国华文教育的现状折射出海外华文教育的诸多问题，华文教育历史悠久，一代又一代的华人社团、华人媒体、华文学校在传播中华文化中发挥了重要的桥梁作用。新时代华文教育的发展与国家"一带一路"建设，"人类命运共同体"建设密不可分，重视海外华文教育，推动海外华文教育发展仍需社会各界的共同努力。

---

[1] 刘洁妍、常红：《2021年"汉语桥"英国"中文培优"项目学生在线夏令营开幕》，2021年7月6日，http://world.people.com.cn/n1/2021/0706/c1002-32149955.html，2022年6月1日。

The Chinese Education in the UK under the New Situation: Dilemma and Way Out

CAO Qian　SHAO You－xue

Abstract：At a time of profound changes unseen in a century, the international public opinion struggle is becoming increasingly severe, the overseas Chinese education has revealed new problems and challenges. Using text analysis and interviews, this paper takes the Chinese education in the UK since 2020 as the research object, analyzes the difficulties, and puts forward suggestions. The study finds that at present, the Chinese language education in the UK is encountering with problems such as shortage of qualified teachers and funds, localization of teaching and digital literacy of teachers. Therefore, according to the current situation of Chinese education in the UK, the teaching staff needs expanding, academic exchange and cooperation strengthening, the construction of education localization promoting, and teachers´ digital literacy improving. Meanwhile we should attach importance to the overseas dissemination of Chinese education, strengthen its internationalization, and promote the continuous development of overseas Chinese education.

Keywords：overseas Chinese language and culture education; overseas Chinese language school; online education; UK

美国华文教育发展现状与展望*

吴卓颖　邵有学**

摘要：近些年，受全球政治局势影响，美国华文教育发展陷入了相对艰难阶段。本文拟采用质性研究方法，访谈美国华文学校校长以及相关组织主要负责人，旨在梳理出目前美国华文教育存在的主要问题以及探讨将来的破局之路。研究发现，目前美国的华文教育存在线上教学折损教学效率、优秀教师资源紧缺、教材内容与学生水平割裂、学生在文化认同困境中的非自愿学习等问题。近年来，中国对海外华文教育的越发重视，与教育相关的新媒体技术也得到了快速发展。基于以上趋势，本文将从教学、教师、教材、文化认同方面探讨华文教育的解困之路，尝试探索进一步提高中国国际传播能力的可循之道。

关键词：美国华文教育；华侨华人；文化认同

引　言

海外华文教育（Overseas Chinese Language and Culture Education，

---

* 本文为中国外文局教育培训中心国际传播研修基地建设课题：华侨华人高水平中译外人才培养研究（立项号23GCYXJD–04）的阶段性成果。

** 【作者简介】吴卓颖，女，浙江传媒学院全球传播与媒体教育2021级研究生，研究方向：全球传播与传媒教育；邵有学（通讯作者），浙江传媒学院国际文化传播学院（国际教育学院）教授、硕导，研究方向：翻译与国际传播。

以下简称"华文教育")主要指华侨华人在居住国兴办,以海外华侨华人子女及其他需要学习中文的人士为教学对象的教育,其教学科目不限于语言文字,也包括其他人文、自然科学的课程,以及道德、法律教育。① 近年,随着美国 AP 中文项目和我国"汉语国际推广"战略的实施,美国的华文教育进入了一个新发展阶段。但 2020 年前后,由于世界局势的变化,华文教育在美国的进一步发展受到了阻碍。华文教育是海外华侨华人的留根工程和民生工程,此外,华侨华人拥有的双重文化身份使他们在了解居住国文化的同时也接受着中华文化的熏陶。面对目前西强东弱的国际传播局面,坚持继续开展华文教育,有利于提高华侨华人对中华文化的认同感,使他们成为我国进行国际传播的有效渠道,提高我国的国际传播能力。

一　美国华文教育历史及现状

早期到达美国的华侨多为来自珠江三角洲地区的男性华工,且所带家眷少,儿童人数也不多,因此,彼时的华文教育尚未得到重视。② 美国的华文教育的发轫最早可以追溯到 19 世纪中期。彼时,经过一段时间的发展,在美华侨规模逐渐扩大,华文教育开始在华人聚居城市逐渐发展起来。19 世纪 60 年代,美国旧金山华侨 15 岁以下的子女达到了 500 人左右,华侨子女的教育问题开始引起华侨社会的重视。③

19 世纪,华侨在美国的社会地位低下,政府还通过立法的形式禁止其子女读公立学校。几经抗争,旧金山当局才于 1885 年设立了一所种族隔离的华人小学。1906 年,该校改名为远东学校

---

① 丘进:《对外汉语教学与海外华文教育之异同》,《教育研究》2010 年第 6 期。
② 梁培炽:《美国华文教育发展新理念》,《暨南学报(哲学社会科学)》1998 年第 4 期。
③ 梁培炽:《美国华文教育发展新理念》,《暨南学报(哲学社会科学)》1998 年第 4 期。

（Oriental Public School）。直至第二次世界大战结束之前，这所学校的学生均为华侨华人的子女。①

19世纪末，清廷开始注意到在美华侨华人子女教育的重要性。1886年，经旧金山中国总领馆欧阳明的倡议和驻美公使张荫桓的同意，最早的侨民学校"金山中西学堂"开始筹办，并于1888年4月正式开学，同年稍后改为大清书院。1908年，梁廷赞遵照清廷的旨意，赴美劝学兴学。到达美国后，他先在旧金山与中华总会馆进行协商，在"大清书院"的基础上成立了"大清侨民小学"。②

20世纪之后，受"五四"新文化运动的影响，华侨们在北美土地上也掀起了发扬新文化、创办新学校的热潮，直接促进了美国华文学校的增加，并使其办学规模更加向正式学校发展。③ 20世纪80年代，随着中美建交和改革开放的实施，大批的中国移民涌向美国，华侨数量的大幅增长直接促成了美国华文教育的勃兴。近几年，中国经济实力的不断增强，中国文化对各国的吸引力也越来越大，"汉语热"现象在全球范围内发生。

2003年，"美国大学理事会"在美国高校入学的"学业成绩考试"（AP）中设立了汉语项目，这标志着汉语正式进入美国国民教育体系。④ 此外，SAT II 考试，即美国大学录取应届高中生时采用的学业水平考试，也将 Chinese With Listening（中文听力）纳入了可供选择的考试科目。美国很多地方中小学也有普及中文教学的趋势，例如加州的小学已经将汉语教学纳入了学校的必修课程之中。除此之外，各种民间组织也结合当地实际情况，因地制宜地开展和参与教育活动。他们的参与淡化了华文教育的实用性目的和政治色彩，使其真正进入文化理解和交流层面。

此外，华文学校自身也采取了行动，主动向主流社会靠近，融

---

① 耿红卫：《美国华文教育史简论》，《理论界》2007年第1期。
② 耿红卫：《美国华文教育史简论》，《理论界》2007年第1期。
③ 耿红卫：《美国华文教育史简论》，《理论界》2007年第1期。
④ 陈倩：《美国华文教育的现状与启示》，《比较教育研究》2010年第3期。

入主流社会。比如在复活节、感恩节、圣诞节等节庆期间组织学生到养老院表演节目、陪伴慰问老人。因此,华校所在当地的政府、民众对华文教育都比较支持,所持看法也很正面。当地的主流媒体对华文教育也多持正面态度,积极报道与华文学校有关的新闻。

发展至今,美国已拥有华校800多所,华文教师上万名,华文学生逾20万名。虽然华人数量为少数族群中的多数群体,但与美国的主流教育相比,华文教育仍处于非主流中的非主流。另一方面,由于世界局势的巨变,目前的华文教育也陷入了一定的发展困境。

已有的研究多聚焦于美国华文教育发展史和百年未有之大变局前的教育现状研究。梁培炽①和耿红卫②分别系统地梳理了自19世纪开始的美国华文教育发展史。周聿峨和张树利提到,20世纪80年代,随着中美建交和改革开放的实施,大批的中国移民涌向美国,促成了美国华文教育的勃兴。③ 近几年,中国经济实力的不断增强,中国文化对各国的吸引力也越来越大,"汉语热"现象在全球范围内发生,美国也不例外,袁慧芳对这一现象进行了系统性研究。④ 陈倩研究了学校、民间组织以及政府机构针对华文教育的政策和措施。⑤ 许广琼则从历史演变、教育现状以及发展前景三个方面简要分析美国华文教育的发展进程。⑥ 罗春英在《美国汉语教材现状综述》中从华文教材的现状、特点与不足方面对美国现有的华文教材进行了分析。⑦ 如今,世界的局势发生了变化,海外华文教育的形式也发生了变化,新媒体技术的加入也为华文教育带来了机

---

① 梁培炽:《美国华文教育发展新理念》,《暨南学报(哲学社会科学)》1998年第4期。
② 耿红卫:《美国华文教育史简论》,《理论界》2007年第1期。
③ 周聿峨、张树利:《新移民与美国华文教育》,《东南亚纵横》2005年第6期。
④ 袁慧芳:《20世纪90年代美国"中文热"述评》,《探求》2001年第5期。
⑤ 陈倩:《美国华文教育的现状与启示》,《比较教育研究》2010年第3期。
⑥ 许广琼:《美国华文教育的历史发展、现状及前景分析》,《时代报告》2019年第2期。
⑦ 罗春英:《美国汉语教材现状综述》,《江西科技师范学院学报》2010年第5期。

遇与挑战。但目前,尚没有研究聚焦于近几年美国的华文教育现状。

如今,世界局势正处于百年未有之大变局之中,中美的意识形态之争越发明显。文化认同及身份认同一直是华侨华人研究中的热点问题,如李其荣和姚照丰的《美国华人新移民第二代及其身份认同》[1]和韩震的《全球化时代的华侨华人文化认同问题研究》,[2]但目前尚缺乏将文化认同与华文教育结合的研究。

基于对以上问题的总结,本文着眼于新时代的华文教育,通过对美国华文学校校长以及华文组织领导人访谈,结合文化认同以及新媒体技术角度,从教学、教师、教材方面对华文教育的现状、问题以及破局之路进行分析。

二 面临困境分析

(一)线上教学折损教学效率

近些年,国际政治格局发生重大变化,对世界各国人民的正常生活造成了较大影响。在众多行业中,教育领域所受影响尤为明显:学生不能到校学习,正常的教育活动无法开展,对学校的教学活动产生了极大的负面影响。虽然不少教学机构和组织采取了线上教学的方式,但由于是准备仓促,经验不足,导致教学效果明显下降。家长和学生对教学效果的不认可带来了生源的大量流失。

人类使用语言最自然最基本的方式是对话,而互动可促使学习者将外在的语境变量与所学的语言发生关联,二者关联后产生的协同效应又能帮助学生内化所学的内容。[3] 在线上教学的过程中,由

---

[1] 李其荣、姚照丰:《美国华人新移民第二代及其身份认同》,《世界民族》2012年第1期。
[2] 韩震:《全球化时代的华侨华人文化认同问题研究》,《华侨大学学报(哲学社会科学版)》2007第3期。
[3] 王初明:《互动协同与外语教学》,《外语教学与研究》2010年第4期。

于师生双方身体的"不在场",二者之间很难像在线下课堂时随时产生有效互动。身体在场就意味着能够对其他在场的身体的刺激作出反应,并与其他身体产生实际的互动行为。处于同一传播场域的身体之间甚至能够产生控制、操纵行为。在场是一种主体间交往互动的实在关系。身体不在场,互动就停止,身体的影响力就减弱直至消失,①互动的停止即影响了老师的教学,也影响了学生接收和内化知识的效率,缺失的互动性成为目前的线上教学中制约教学效率的难以消除的瓶颈之一。

除了对教学效率的影响,线上教学也制约了其他兴趣类课程的开展,如许多华文学校设有如书法、剪纸、民族舞等中华才艺课,并按课程的不同适当收取一定的费用,这也是华文学校维持运营的必要经费来源之一。但随着学校的教学活动被迫转为线上,此类需要老师面对面教授、指导的课程无法再继续开展。资金链的断裂使得一些私立学校难以维持正常运转,最终被迫关门。

(二) 优秀教师资源紧缺

"三教"(教师、教材、教学法)问题是当前汉语国际教育领域中比较突出的问题,其中,"教师"在这一问题中起着主导作用。②华文教师并非任何新晋华侨华人到新国家后都可以选择从事的过渡职业,而是一个对从业者的专业能力有较高要求的职业。由于授课对象不仅包括华侨华人,有时还会有来自其他国家的对中华文化感兴趣的群体。因此,与面向国内的教师相比,汉语国际教育专业教师的知识结构和能力结构的组成具有更多的复杂性。在华校任职的教师除了应该具备足够的教学能力之外,还应具备中华文化、理论以及所在国家本土语言的知识。

---

① 赵建国:《身体在场与不在场的传播意义》,《现代传播(中国传媒大学学报)》2015年第8期。
② 崔希亮:《汉语国际教育"三教"问题的核心与基础》,《世界汉语教学》2010年第1期。

尽管目前国内诸多高校已经开设了汉语国际教育专业硕士学位来培养复合型的汉语教师，但国际汉语师资仍然存在严重缺口。造成这一缺口的原因是多方面的，如国内培养出来的毕业生达不到发达国家严格的从教资质要求；发展中国家和欠发达国家的外薪资普遍低于国内等，[1] 这造成了选择在海外华校任教对专业的研究生缺乏足够吸引力。

目前，华文学校的教师多为兼职教师，以两所受访的学校为例，一所学校专职与兼职教师的比例为1∶2，另一所学校兼职教师的比例则高达全体教师的70%。虽然兼职教师中不乏取得硕士、博士学历的高学历群体，且聘用专职教师也能降低华文学校在人力资源方面的开支，但兼职教师流动性大的特点也为学校的长期发展带来不稳定因素。

此外，要使中华文化真正融入民族血液中，需要从幼儿时期开始的培养与熏陶，因此，将幼儿华文教育看作华文教育的基础也不为过。自2000年以来，中文保姆在美需求量增长了9倍，[2] 但目前，在美国地区专门针对幼儿的华文教育仍处于极度缺失的状态。

（三）教材与教学现状割裂

随着海外华文教育的快速发展，华文的学习者开始逐渐覆盖各个年龄段，不同年龄段学习者的学习能力以及对知识的需求有所差别，因此，教材的内容选择以及编排要求符合不同年龄阶段学习者的身心发展规律。但通过访谈发现，目前美国华文教育出现了教材水平与教学现状割裂的特点，尤其是针对中小学学生群体的教材。

在过去，华文或汉语教育的受众群体主要为具有成熟学习能力的成年人，其主流教材，如《中文听说读写》《中文天地》《新实用汉语课本》等的编排也主要考虑成年人的学习需求。美国国际教

---

[1] 吴应辉：《国际汉语师资需求的动态发展与国别差异》，《教育研究》2016年第11期。

[2] 陈倩：《美国华文教育的现状与启示》，《比较教育研究》2010年第3期。

育协会（American Councils for International Education）2017年的调查报告显示，2014—2015年美国正规中小学有227086人学习汉语（占中小学学生总数的0.42%），这一结果表明美国的华文教育已经表现出明显的低龄化趋势。[①] 针对这一趋势，国内的华文教材编排也立即做出了反应。出版了如《实用话语》等针对低年龄段学生的华文教材。但随着低年龄段学生知识的积累和年龄的增加，已有内容基础的教材难以满足他们的学习需求，尤其是针对学习能力强的学生。但对于他们来说，面向儿童的教材内容编排过于简单，面向成人的教材又有一定的理解难度。教育领域的学者早已指出，儿童学习语言的最佳年龄是13岁之前，而初中又正是学生世界观快速形成，知识快速积累的时期，在这个年龄段缺少专门教材，将对学生未来的知识积累产生极大的影响。

此外，黄方方指出：当前海外华文教材在内容上侧重于介绍中华传统文化，而忽略了与学习者所在国家的实际情况相联系，这就造成教材中的文化环境比较单一，使学生难以学以致用。[②]

（四）文化认同困境下的非自愿学习

由于在成长过程中所处的社会环境不同，华人新移民第二代在行为、心理等各方面都与新移民第一代有所不同。在文化认同方面，移民二代对中华文化缺乏归属感，同时，美国文化的影响文化带给他们的影响已经无法抹杀。[③] 认同感的缺失导致了华人家庭对华文教育的态度，表现出家长推动孩子学习华文的热情远大于孩子自发愿意学习华文的兴趣的特点。华裔父母对孩子学习华文的期望，更多在于自己对血脉、对根的追寻，但受美国文化影响更深的

---

① 来自中外语言交流合作中心的数据：http://www.chinese.cn/page/#/pcpage/article?id=1111，2022年5月30日浏览。
② 黄方方：《海外华文教育"三教"现状、问题及对策》，《社会科学家》2016年第8期。
③ 李其荣、姚照丰：《美国华人新移民第二代及其身份认同》，《世界民族》2012年第1期。

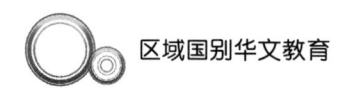

华二代却对上述想法难以产生认同感。甚至有个性强的学生在对华文学习感到枯燥乏味时，会产生强烈的反抗和叛逆情绪。家长在沟通无效后只能束手无措放任自流，导致孩子长大后形成对中华文化认识的断层和跟国内亲人们在感情联结上的分裂。

此外，北美青少年联合会董事长王昊宇在采访中还提到：很多华一代都是怀着让孩子接受更高水平教育的目的来到美国，家长非常重视孩子在学校的学业成绩和课外能为申请美国高等学府助力的知识竞赛和体育竞赛项目，学习任务繁重，孩子分身乏术，没有额外时间学习华文。华侨华人更多地关注如何使自己的孩子融入当地的教育，在他们看来，华文学校的课程更像是一些非必要的兴趣课程。

近年来，随着中国国际影响力的提高，华文教育吸引了越来越多的其他国籍的学生。但由于中华传统文化太过独特，拥有严密的内在逻辑，因而具有一定的排他性，和其他族裔的文化很难兼容。而汉语作为文化入门的语言，相对大多数的字母语种来说又太过艰深。以上原因导致华文教育大部分停留在语言教育范畴，对社会的贡献和影响力都相对局限，使得华文教育本身有瓶颈，不易突破。

三　未来发展对策

（一）创新新媒体在教学中的运用

近年来，国内的中文线上教育机构发展迅速，借助 AI、VR 等智能设备开展教学的方式也走进了线上课堂，新媒体技术的运用将教学从传统的单向教育转化为认知交互和沉浸式体验模式，在一定程度上弥补了线上课堂教学存在的互动性缺失等问题。

新媒体时代的到来不仅给华文教育的开展方式带来了一场变革，也是为中华文化乘船出海开辟了一条新的航道。

在提及新媒体在未来华文学校教育中的应用时，王昊宇说道：

在主流平台上，以青年流行的方式，用多语种讲中国故事。首先，平台是开放的，无论什么背景都可以使用；其次，平台是公平的，只要故事讲得好，流量会投票；第三，方式是积极的。不板脸不说教不正儿八经上课，我们把中国的故事用短视频表演，用动漫，用比赛，用旅行见闻……各种方式来系列呈现。这些方式都是青少年接受的，他们可以无障碍地浸入，全看内容是否精良；最后，如果这件事情可以做成，并且形成一定的影响力，那么可以想见，受益的一定是"中国文化的海外传播"。

由于长期在国外生活，相较于国人，华侨华人对他国文化有着更深入的了解。另一方面，华侨华人也继承了中华文化中的优秀思想观念，这使得他们成为连接两种文化的桥梁，在对外传播方面具有得天独厚的优势。华文教育能使华二代、华三代重新找回对中华文化的认同感，将成为新时代对外传播方面的中坚力量。

（二）完善数字资源的建设

数字资源是指经过数字化处理，可以在网络上运用和传播的教学资源，包括网络课程、声像资料、电子教案、数字化素材等。目前，慕课资源、微课资源、中文教学APP、视频网站中碎片化的中文教学微课资源已经被很多华校用作课外资源来进行辅助教学。[①]某所受访学校的校长表示，该校主要通过zoom开展线上教学活动，且每年都要花费2000余元用于该产品功能的订购。

线上平台也搭建了海外华校与国内高校合作的桥梁，使华校学生能享受到国内的优秀教育资源。2020年3月至12月，中国侨联

---

① 郭晶、吴应辉、谷陵、周雳、侬斐、马佳楠、崔佳兴、董晓艳：《国际中文教育数字资源建设现状与展望》，《国际汉语教学研究》2021年第4期。

启动"亲情中华"网上夏（秋、冬）令营活动。在已举办的十期活动中，全国 30 个省级侨联、海外 370 多家单位积极参与，吸引了遍及五大洲 50 多个国家的 70000 多名海外华裔青少年参营。① 活动邀请了各省名师，设计与中华传统文化相关的课程，突出线上互动、创新课程安排，极大了增强了课程的趣味性，吸引了众多低年龄段的华侨华人参加，取得了良好成效，赢得了广泛关注和充分肯定。

（三）优化教师资源的配置

近几年，国内对国际汉语教师培养越发重视，很多高校都设立了国际汉语教师的教学点。由于国际汉语教学环境的复杂性，高校在培养国际汉语教学人才时应适当调整培养国内教师的固有思路，及时了解国外华文教师需求，培养复合型的教育人才。在专业学习期间，除了提高学生的专业知识以外，也应该注重学生综合能力的培养，既要能熟练掌握汉语言方面的知识，也要学好从教目标国家的语言；其次，学校在教学期间也要多提供国际汉语教师赴外教学的机会，使学生亲身了解到该国的华文教育现状，积累实践经验。② 由于目前的华文教育仍处于摸索创新的阶段，当教师亲身投入华文教育之后需要及时审视教学现状，并进行调整。因此在教学过程中，创造学校之间切磋交流的机会显得尤为重要。

针对美国面向幼儿、小学和初中的华文教师的缺口，国内高校应将这一部分群体的需求纳入考虑范围，在年龄领域进行垂直细分，设立专门针对处于幼儿、小学以及初中年龄段华侨华人的教师培养课程。由于以上三个年龄段的群体学习华文不以应试为目的，因此教师在进行课程设计时应当更加注重课堂的趣味性。

---

① 中华全国归国华侨联合会："中国侨联举办 2021 '亲情中华·为你讲故事'网上夏（春）令营开营式"，2021 年 3 月 31 日，http://www.chinaql.org/n1/2021/0331/c419643-32066215.html，2022 年 6 月 13 日浏览。

② 何雅沁、罗耀华：《论汉语国际教育教师的职业能力要求》，《社科纵横》2015 年第 2 期。

除了高校的对外汉语教师培养教学点之外,相关机构还举办很多活动来提高国际汉语教师的水平。如中国华文教育基金会在 2020 年 8 月开启的"名师讲堂"华文教师远程培训项目,根据华文教师线上教育教学需求,推出《趣味话题口语》、《教学设计与教学示范》、《词汇教学示范》等 27 节课程,① 为广大海外华文教师提供一流师资培训。

"国际中文教师证书"考试的开设也吸引了众多的国内外人才投身海外华文教育,弥补当前教师资源的空缺。该项考试旨在通过对教学设计、教学资源应用、中华文化阐释与传播等能力的考查,评价考生是否具备国际中文教师能力。据中外语言交流合作中心发布的资料,2022 年首场"国际中文教师证书"笔试在中国、新加坡、韩国、日本、英国、西班牙、法国、美国、加拿大、新西兰、南非、埃及等 24 个国家的 59 个考点举办,共有 1.8 万余名考生参加。②

(四)改进教材的内容

早在 21 世纪初就有学者提出海外华文教材的编写需要遵循四个原则:科学性、趣味性、地方性和实用性。③

与传统纸质教材相比,多媒体教材的呈现方式、交流方式等都更能适应海外华文教育独特、复杂的现实情况,因此未来教材的发展趋势是与现代信息技术的发展越来越密切,充分利用新媒体技术为教材服务。目前,美国开发的中文数字教材,有 806 册,占全球总量的 21.91%。④ 相较于以内容输出为主的纸质教材,数字教材增加了交互功能,跟读、注释、视听、评价等功能的加入极大地拓宽

---

① 中国华文教育基金会:"【名师讲堂】华文教师远程培训首次多校联合开课",2020 年 8 月 4 日,https://www.clef.org.cn/ds/2203b3157c.html,2022 年 6 月 5 日浏览。
② 来自中外语言交流合作中心的数据:http://www.chinese.cn/page/#/pcpage/article?id=1111,2022 年 5 月 30 日浏览。
③ 陈珺、万莹:《华文教材编写的四原则》,《海外华文教育》2002 年第 1 期。
④ 罗春英:《美国汉语教材现状综述》,《江西科技师范学院学报》2010 年第 5 期。

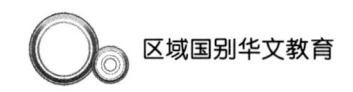

了使用者自主学习的空间。

最近几年，在美国使用最广的教材是由许笑浓主编，全美中文学校联合总会于 2006 年 4 月出版的《美洲华语》。在编排上，该套教材图文并茂，且内容容量大。[①] 更为重要的是该套教材与美国高中的 AP 中文课程，以及大学的中文教学相衔接，利于华文学校学生日后的汉语学习。

（五）提高在不同文化群体中的认同感

全美华人青少年联合会会长王昊宇提到："华文教育的前途有两个基础：一是让其在华人圈中上升到和目前的学校教育同等重要的地位；二是激发主流社会对华文教育的好感和认可。"第一个基础的前提是让华侨华人们日益感受到"中国""中国需要"和"中国故事"是与自身密切相关的，而非"那只是我曾经的故乡，我以后的生活和它关系不大"。只有引起华侨华人的重视，华文教育才能破除当下所面临的困局。第二个基础的前提是主流社会看到华文教育的成果可以正向增强社会效益，比如中华传统文化美德能够引起主流社会的共鸣，能促使中美关系的良好发展。

随着中国综合国力的提高和国际局势的变化，中国的对外传播已经由过去的硬实力宣传转变成现在的软实力传播，因此，在进行宣传时，华文教育应将自身塑造为"华文教育可以更好地服务社会"的形象，而不是"华文教育可以更好地服务中国"。去官方，去政治化是目前增强华文教育宣传力的最有效手段。文化教育本来应该是文化机构做的事情，一旦有官方背景加入，势必引起主流社会的猜忌。

四　结语

综上所述，虽然目前美国的华文教育面临着教学效率、优秀教

[①] 罗春英：《美国汉语教材现状综述》，《江西科技师范学院学报》2010 年第 5 期。

师资源紧缺、教材内容与学生水平割裂、学生在文化认同困境中的非自愿学习等问题，但随着国家的日益重视和新媒体技术的日益发展也从师资、教材、教学资源方面为海外华文教育未来的持续发展提供着逐渐坚实的保障。

  一个国家的语言在世界上的影响力与国家地位和国际影响有直接关系，海外华文教育事业发展，对于在国际舞台上向世界展示新中国形象有很重要的意义。华文教育发展的动力来自华裔家长的"根情结"、华文教师培养教育机构和国家的重视，虽然受诸多因素影响，目前美国华文教育的发展面临着一定的困境，但随着中国以及海外华人的重视，当前华文教育的整体呈现出蓬勃发展的上升趋势。相信在新媒体技术的加持下，未来华文教育能充分发挥在国际传播中自己的优势。

The Status Quo and Prospects of Overseas Chinese Language and Culture Education in the U. S.

WU Zhuo – ying，SHAO You – xue

Abstract：In recent years, affected by the global political situation, the overseas Chinese language and culture education in the United States has fallen into a relatively difficult stage. This paper intends to use qualitative research method to interview principals of Chinese schools in the United States and principals of China-related organizations, in order to sort out the main problems existing in overseas Chinese language and culture education in the United States and explore the way to break the predicament in the future. The study finds that the current overseas Chinese education has the problems of online teaching that undermines teaching efficiency, shortage of excellent teachers, separation of textbook content and students' study ability, and involuntary learning of students in the dilemma of cultural identity. Recently, China has paid more attention to overseas Chinese education, and new media technologies related to education have also developed rapidly. Based on the above situations, this paper explores the ways to solve the difficulties from the aspects of teaching, teachers, teaching materials, and cultural identity, and try to explore the available ways to improve China's international communication ability.

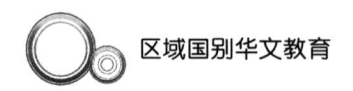

Keywords: Overseas Chinese Language and Culture Education in the U. S. ; Overseas Chinese; Cultural Identity

侨务工作

华文教育在铸牢海外中华民族共同体意识的重要作用

郑周文[*]

摘要：海外华侨华人的中华民族命运共同体意识至关重要，也是中华民族文化在海外得以充分展示的重要途径和标志。整合海外华文教育资源对铸牢中华民族共同体意识，具有重大的现实意义。"根文化"将身处不同地域但却具有相同根源的人们联结在一起，成为他们产生共同体意识的重要纽带，为铸牢中华民族共同体意识提供最重要的精神源泉。华裔新生代已逐渐成为海外主体力量，成为维系海外华侨华人社会与祖国血脉相通的关键。要牢固树立海外华裔新生代的中华民族共同体意识，要加强海外华裔新生代"同根"意识培育，引导华裔新生代进一步了解中国、认同中国、支持中国。

关键词：海外华侨华人；华文教育；中华民族共同体意识

一 海外华侨华人对中华民族共同体意识的意义

中国社会体制本身在世界政治史范围中乃是一个极为典型的超

---

[*]【作者简介】郑周文，男，意大利米兰华侨华人青年联合会特邀研究员，温州大学华侨学院兼职研究员。

稳态、持久型的"大一统"社会。全球范围的中华民族"四海一家""多元一体",具有共同的民族秉性及精神气质,有着中华民族伟大复兴的共同使命。

在史前时期,中华民族共同体意识开始孕育。黄河流域的农耕文化与周边的异域文化逐渐催生出"夷夏有别"的观念,为中华民族共同体意识的形成建立了最初的雏形。

在古代,周人构造"天下观",春秋战国时期有了"四海之内皆兄弟""大一统"的论断,秦统一天下后,"六合之内,皇帝之土"奠定了大一统的政治基础。汉时的"华夷共祖"、魏晋南北朝的"华夷皆是正统"、隋唐时期的"华夷一家"、元时的"蒙汉一家"、清时的"满汉一家",都体现了中华民族共同体意识的历史延续性。

近代以来,在亡国灭种的历史危机和西方民族主义思潮的夹击下,中华民族共同体意识开始自发觉醒。从梁启超单一概念的"中华民族"到孙中山的"五族共和论"到"国族论",都反映了中国近代民族资产阶级知识分子为共同抵御内外忧患凝聚精神力量所作的贡献。

1988年,费孝通先生提出"中华民族多元一体格局"理论,将中华民族的阐述提升到了历史新高度。[①] 2017年,党的十九大报告,习近平总书记提出"铸牢中华民族共同体意识"的论断,完成了从学术观点到政治话语的巨大飞跃,成为实现中华民族伟大复兴的重要精神力量。

可以说,近代抵御外侮殖民的共同患难经历直接催生了中华民族共同体意识,中华民族复兴的伟大前景又成为这种意识的未来延续,在过去与未来之间,则是当下共同生活的直接体验和认知归属,是对共同情感利益的需求与承认。换句话说,我国各族人民共

---

① 杨文炯:《理解现代民族国家的中国范式——费孝通先生"多元一体"理论的现代价值》,《青海民族研究》2018年第2期。

同交往生活的记忆、感知与期许，是对我们是谁和想要成为谁的基本回应，也是中华民族共同体意识的主要意涵，里面渗透着各族人民共生繁荣的基本信念，从而能够规避民族的衰败与危机复现，并积极向上的导向伟大与复兴。

中华民族共同体是文化共同体，是政治共同体，更是基于心理上的共同情感、共同道德规范、共同价值目标的共同体。习近平总书记提出人类命运共同体的理念将引领人类文明进步方向，而铸牢中华民族共同体意识是推动人类命运共同体的需要。

当前，我国有3000多万港澳台同胞、5000多万海外侨胞，海外华人已接近1亿人，而自改革开放以来，移居海外的就有约2000万人之多。海外华侨华人遍布世界各地，是中华民族联系各国、增强世界人民友谊和团结的重要桥梁和纽带。海外华侨华人的中华民族命运共同体意识至关重要，也是中华民族文化在海外得以充分展示的重要途径和标志。

二　华文教育在铸牢海外中华民族共同体意识的重要作用

华侨具有中国国籍，客居异国，心向祖国，"落叶归根"的故土情结和心态决定了海外华文教育的宗旨和性质。华文教育主要指海外华侨华人在当地以民间形式举办的旨在使他们的后代承传民族语言文化的教育，也包括后来被当地政府纳入所在国教育体制但仍保留中文等课程的学校教育。由于华文教育基本上是海外华社民办性质，各地学校的规模、形式、水平、体制、条件等差异很大。华侨华人社团和华文教育的雏形于17世纪早期形成，至今已有300多年。

华文教育是凝聚全球华人的纽带，是推动中华文化和世界各国文化友好深入交流的桥梁，在21世纪人类命运共同体的构建中更是任重而道远。新的历史时期为华文教育提出了新的使命与挑战，也提供了新的机遇和平台。

侨务工作

2018年，华侨大学教授贾益民在第三届华文教育国际学术研讨会上强调："华文教育对推动中华优秀传统文化在海外的创造性转化、创新性发展及更有效的国际传播，讲好中国故事、宣传中国精神和中国价值，展现真实、立体、全面的中国，提高中国文化软实力，增进中外人文交流和文明互鉴等，都具有重要的现实意义。"[①]一邦之兴，尤赖文脉。语言文化的复兴是中华民族在21世纪伟大复兴的重要组成部分，中华语言文化的国际传播是中华民族复兴的重要推动力，华文教育则在中华语言文化的国际传播中肩负着光荣的历史使命。

语言是一个民族最基本的特性，既是民族文化的重要组成部分，又是民族文化的载体。华侨华人生活在海外，面对截然不同的社会文化背景，华文教育承担着艰巨的任务。华文教育除了要教授民族语言之外，还要传承中华民族的优秀传统文化。中华民族勤劳勇敢、团结友爱、坚忍不拔、自强不息的民族精神，以及尊老爱幼、助人为乐的传统美德，都需要通过华文教育来承传和弘扬。随着世界多元化的发展趋势，各种文化的交流向我们提供新的机遇。保持和发扬中华民族的优秀文化传统，才能屹立于世界民族之林。只有民族的，才是世界的，这正是我们开展华文教育的意义之所在。

华文教育是华侨华人与祖（籍）国联系的纽带，是促进中外交流的桥梁。一个十几亿人口、具有悠久历史和灿烂文化的文明古国，必将在未来世界新格局中占举足轻重的地位。与此相适应，华文这个在世界上使用人口最多的语言，在国际交往中的地位和作用，得到了越来越多的认同。美国、日本、加拿大、韩国、澳大利亚、泰国等许多国家已将华文作为大学入学考试的外语科目之一，一些国家还组织力量制订了华文教学大纲，华文教学逐步纳入国家的教育体系。这些对于促进中外文化交流，为中华文化在海外的发

---

① 贾益民：《新时代世界华文教育发展大趋势》，转引自贾益民主编《世界华文教育》（第六辑），社会科学文献出版社2019年版，第52页。

扬光大起到了积极的推动作用。

华文教育是凝聚侨心的纽带，是促进其自身发展的内在动力。过去，海外华侨华人生存的依托主要是"三把刀"，即菜刀、剪刀、剃头刀，文化素质不高，限制了他们自身的发展，好多华侨华人因此一辈子走不出唐人街。开展华文教育，提高自身的文化素质，成为许多华侨华人的迫切需要。另一方面，华文教育对形成中华民族特有的凝聚力、向心力和民族精神起到了不可或缺的作用。很多海外华侨华人在政治、经济等方面观点不同，还有省籍界限、宗亲隔阂等，但在开展华文教育上却能坐在一起，达成共识，共同想方设法，出钱出力，办好华校。

华文教育是涵养侨力资源的根本途径。没有华教就没有华侨，没有华侨就没有侨务。华裔青少年是未来华侨华人社会的中坚力量。有计划、有步骤地对他们进行华文教育，增进他们对祖（籍）国的了解和认同，强化他们的民族意识和民族特性，将为未来华社培养更宏大的友好力量。立足长远，涵养侨力资源，这是华文教育的一个重要着眼点。

教育事关民族的未来，因为它意味着人们借此学会认识他者、认识世界并能够认识自我。海外华文教育是侨务工作一项具有战略意义的基础性工作，也是国家对外汉语教学工作的重要组成部分。做好这项工作，对于传承和弘扬中华优秀文化，保持民族特性；对于华侨华人维系与祖（籍）国的沟通和联系，促进中外交流；对于凝聚侨心、增进团结、促进华侨华人的生存发展；对于涵养侨力资源，开展侨务工作等，都具有十分重要的意义。

中华民族共同体意识涵盖了中华民族共同的美好追求，是推动中华民族团结发展的精神动力。我们应高度重视培养海外华侨华人的中华民族共同体意识，同心同德，稳步铸牢你中有我、我中有你的"华夏天下一家亲"意识，共同秉承求同存异、和而不同原则，科学理解中华文化和居住国的文化内涵、思维方式、价值取向等，彼此真诚尊重、包容差异，促进丰富多彩的中华民族文化与同样丰富多彩的居住国文化之间的和谐交流。

牢固的中华民族共同体意识意味着国内外同胞在共同生活中存在内心的自觉使命感。在一个由各族人民聚合而成的关系共同体中，每一成员都承担着对自己、对他者、对社会、对国家、对民族的担当与责任，都在为各族人民的团结互助、中华民族的繁荣复兴汇聚力量，在此创造性的行为活动过程中，可以实现自身的价值。

要更加充分发挥海外华文教育的催化同心功能。中文是华夏民族同根同心的标志，是海外侨胞中国心中流淌的血液，而海外华文教育则是造血输血的中转站。海外华侨华人群体始终是中国发展进步、实现中华民族伟大复兴的重要参与者、实践者和见证者。加强中华民族大团结，出发点和落脚点是增加文化认同感，建设共有的精神家园。应在师资、教学资源、人才培养体系等方面持续加大对华文教育的支持，在建设已有本土华文学校的基础上，创办更多优质华文学校，推动海外华文教育朝专业化、规范化、标准化发展，并借助华文教育的融通功能，逐步削弱华裔新生代融入当地民族文化过程中的各种障碍，消除所在地民众对中华文化的历史偏见和歧视，推动形成中华文化与本土文化和谐共荣的局面。

随着中国现代化事业的加快推进，对外开放的进一步扩大，海外持续多年的"华文热"，将逐步发展成为对华文教育的恒久、稳定的需求。海外华文教育是一项光荣而艰巨的工作，需要我们增强使命感和紧迫感，以积极的姿态，务实的作风，推进华文教育事业取得更大的发展。弘扬中华文化，推进海外华文教育的发展，需要全社会共同关心和帮助，调动海外内外各方面的积极性，共同做好这个关系民族利益，造福子孙的事业。

三 从"根文化"看铸牢中华民族共同体意识

"根文化"是中华民族特有的一种文化现象。"根文化"基于中国人认祖敬宗与落叶归根的传统思想观念而引发。它将身处不同地域但却具有相同根源的人们联结在一起，成为他们产生共同体意识的重要纽带。"根文化"是中华民族祖先留给后人最深层、最根本、最永恒的文化符号。它代表了中华民族最核心的文化内涵与发展状态，是凝聚与巩固中华民族共同体意识的文化黏合剂。最能鲜明代表中华民族"根文化"的符号表达形式的有始祖文化之根、姓氏血脉之根、民间信仰之根、先哲思想之根等等。

纵观人类社会发展史，人们通常都会回到各自民族历史文化发展的源头汲取营养与力量，以此滋养文化与民族的认同与复兴。"根文化"为铸牢中华民族共同体意识提供了可资利用的平台与窗口，从某种程度上讲，铸牢中华民族共同体意识也是一种文化寻"根"的实践活动。

将"根文化"与铸牢中华民族共同体意识相联系，是基于中华民族深度历史文化关联与长远社会发展做出的重要选择。丹纳曾言："在最初的祖先身上显露的心情与精神本质，在最后的子孙身上照样出现。这便是原始的花岗岩，寿命与民族一样长久，那是一个底层，让以后的时代把以后的岩层铺上去。"① 简言之，"根文化"是中华儿女处理与家庭、与社会、与国家关系的原始出发点，也是最终归宿点。它以各种象征符号为载体，千百年凝聚着中华儿女的心。它将个人命运与民族命运紧密相连，让其奋发图强不断进步，促其自强不息开创美好生活。"根文化"具有缅怀先祖、追根溯源、凝聚共识、促进认同的政治与文化功能。

为"根文化"赋予新的时代内涵，可为铸牢中华民族共同体意识提供更持久的力量。"根文化"是中华民族的文化底色与稳定基因，为我们留下了无形、没有极限的精神世界。近年，一些移民后裔和海外华人通过敬祖拜宗、文化交流等活动，纷纷为家乡经济、社会与文化发展提供支持。通过对中华优秀传统文化基因与养分等的挖掘与阐发，中华儿女铸牢中华民族共同体意识的信念也变得更

---

① 丹纳：《艺术哲学》，当代世界出版社2009年版，第353—354页。

为坚定与强烈。"根文化"成为当前凝聚中华儿女最坚固的精神纽带。借助"根文化"及其符号，同为炎黄子孙的观念更加深入每位中华儿女的心灵。

"根文化"为更好凝聚与巩固中华民族共同体意识提供了强有力的精神支撑。"根文化"积淀着祖先们的世代经验，承载着客观的历史境遇，为了更好发挥其对中华儿女凝心聚力、砥砺前行的作用，必须为其赋予时代内涵，融入时代精神，进而使其成为一种"活着的伟大传统"。新时代可将铸牢中华民族共同体意识及构建各民族共有精神家园等融入"根文化"建设中。比如，通过呈现中华民族辉煌发展史，激发中华儿女强烈的集体意识，调动中华儿女同属一个共同体的原始情感与美好想象，从而为铸牢中华民族共同体意识提供最重要的精神源泉。

中华民族发展史上遗留下来许多中华民族共有的"根文化"财富，它们是铸牢中华民族共同体意识的重要基础与根本依托。在新的时代背景下，我们要激活与延续这些宝贵文化财富的生命力，将体现当代价值的文化精神融入其中，促使中华儿女手足相亲、人心相聚，为实现中华民族伟大复兴的中国梦提供正确的精神指引与强大的动力支持。

"根文化"是个庞大的文化体系，内容丰富，形式多样，其传承与发展是一项系统、浩大的工程。比如，系统阐释"根文化"与中华民族共同体意识的丰富内涵与深度关联；突破民间传说与神话故事等对先祖、先贤、先烈等事迹的表层记述，深入挖掘先祖、先贤、先烈等的传统美德、精神品质及其思想情感；全面分析姓氏图腾与流变、家族家训家规、"孝德"思想与文化、根源意识、故土情怀与宗亲观念；调查探究"根文化"民俗与艺术的表达形式，比如鼓祭、乐祭、歌舞祭的发展流变及其延伸意义，等等。通过各民族不断交往交流交融以及与海外华人社会的互动互助互进，找寻"根文化"在民族地区及海外华人社会中新的符号表达形式，激发"根文化"活力，丰富"根文化"内涵与外延，为铸牢中华民族共同体意识提供更为广阔的研究视角、更加丰富的思想资源与更为有力的理论支撑。

四　要牢固树立海外华裔新生代的中华民族共同体意识

华裔新生代群体目前正受到"民族认同疲惫"的困扰，他们的成长过程无时无刻不处于跨文化冲突之中。他们渴望融入居住国生活，但因各种主客观因素而难以构建自如的主人翁意识，在本土强势文化影响下，他们心中充斥着难以融入当地文化并与之和谐相处的不安感，甚至会产生强烈自卑感，精神家园常常残缺，因而感到迷茫和无措。要有计划地为华裔新生代组织开展"寻根之旅"、青少年夏令营、祭祖等文化传承活动，激发华裔新生代的"中国情"和"故乡情"，使华裔新生代在实地考察、走访学习等亲身体验中感受祖籍国多元文化和悠久历史，增强对中华文化的认知和认同。加强海外华裔新生代"同根"意识培育是构建中国新时代海外侨务工作首要环节。相对于父祖辈，华裔新生代群体"根"文化意识淡薄。他们从小接受居住国本土文化教育，对中华传统文化、价值观念的了解和认识不充分，在思维方式、价值观、精神品格等方面和先辈差异渐渐扩大，文化和信仰"本土化"的趋势愈加明显。

目前，随着代际发展与演变，海外华侨华人群体已经发生结构性变化，华裔新生代逐渐成为主体力量，成为维系海外华侨华人社会与祖国血脉相通的关键，我们应以更具有针对性的形式为华裔新生代创造、提供各种机会，感受祖国温暖，感知中国变化，促进心灵相通，增强民族共同体意识；以更精准的方式和真诚的爱引导华裔新生代进一步了解中国、认同中国、支持中国。

侨务工作

The Important Role of Chinese Education in Foroping a Strong Sense of Community for the Chinese Nation

ZHENG Zhou – wen

Abstract: The awareness of the community with a shared future for the Chinese nation among overseas Chinese is very important, and it is also an important way and symbol for the full display of the Chinese nation's culture overseas. Integrating overseas Chinese education resources is of great practical significance to forging the consciousness of the Chinese nation community. "Root culture" connects people who live in different regions but have the same roots, and becomes an important link for them to generate a sense of community, and provides the most important spiritual source for forging the sense of community of the Chinese nation. The anti-epidemic struggle demonstrates the institutional advantages of "governance of China", strengthens the awareness of the community of interests of the Chinese nation, and enhances the Chinese people's institutional recognition of socialism with Chinese characteristics. The new generation of overseas Chinese has gradually become the main force overseas, and has become the key to maintaining the blood connection between the overseas Chinese society and the motherland. It is necessary to firmly establish the awareness of the Chinese nation community of the new generation of overseas

Chinese, strengthen the cultivation of the "same root" awareness of the new generation of overseas Chinese, and guide the new generation of Chinese to further understand China, identify with China, and support China.

Keywords: Overseas Chinese; Chinese Education; Chinese Nation Community Consciousness

青田县近八年侨情发展变化的特点及趋势研究

周　峰[*]

摘要：青田县的侨情现在与2014年发生了极大变化，本文以近几年青田县涉侨相关调查的数据为研究样本，分析青田最新侨情的基本现状，对比2014年的侨情变化，剖析青田侨情的变化、发展趋势及演变的原因，进一步探索做好侨务服务因应之策。

关键词：侨情；数据变化；特点；研究

青田县作为全国重点侨乡之一，海外侨胞、归侨及侨眷在社会经济发展中的作用日益凸显。我县2014年全面侨情调查距今已有八年之久，基本侨情也随国内外局势的发展变化表出现新特征、新趋势。为切实掌握本县侨情的基本现状、发展趋势，分析其演化原因及应对之策，妥善解决涉侨问题，进一步落实新时代侨务工作在党和国家发展大局中的地位和作用，县侨联利用专项调查和平台登记数据对我县基本侨情进行分析，在此基础上就如何加强本县侨务工作提出对策建议。

本报告主要基于四项调查数据：1. 2020年3月—2022年5月，

---

[*]【作者简介】周峰，男，青田县侨联华侨史料征集办公室主任、温州大学华侨学院兼职研究员。

我县开展的"浙江省入境人员预申报平台"登记数据。2. 2020年5月,县委统战部、县侨联开展的"新冠疫情影响下青田海外侨情动态专项调查"数据。3. 2021年4月,县侨联开展的"新冠肺炎疫情影响下青田华侨回国、回乡投资动向专项调查"数据。4. 2021年6月,丽水市侨联与青田县侨联共同完成的《丽水市侨胞回乡发展调查报告》相关数据。

一 青田县最新侨情调查的概况

(一)侨情调查的基本方法

疫情期间,青田县推进的"浙江省入境人员预申报平台"(下简称"平台")所形成的数据,是近年来最全面、最详尽和最权威的,因此我们将其作为侨情分析报告的主轴内容。

1. 对象范围。"平台"将申报对象范围确定为:具有华侨、港澳同胞、外籍华人和海外留学人员身份的人员;其中也包括少部分出国探亲、旅游而要回国的人员,因登记时已分类标出,在汇总统计时,已将其去除。

2. 调查内容。防疫部门组织开展的普查,"平台"数据主要包括涉侨人员的数量、类型、分布国家(地区)、家庭住址、联系人电话及住址、入境班机等基本信息。县侨联于2020年和2021年做的两次抽样调查,调查则主要涉及出国时间、从业状况、疫情影响和回国投资的意向等,侧重了解海外侨情重点国家和地区青田籍海外侨胞的生存发展现状。

3. 调查方法。采用普查与抽样调查相结合、重点调查及典型调查相结合、属地调查与单位调查相结合、国内调查与国(境)外调查相结合等调查方法。侨情动态专项调查以问卷、座谈、视频连线、海外华文媒体联动等形式开展。

（二）侨情调查的主要结果

1. 侨情总量及基本构成

侨情总量推算数据由以下三部分组成：一是实际调查数据，二是依据漏查率推算的漏查数据，三是对早期移民或全家出国，本次调查方法无法调查到的海外涉侨人员估算数。全部累加，经过华东师范大学国际移民与侨务政策研究中心的专家推算，青田县有海外华侨华人、港澳同胞381703人，分布在世界146个国家和地区。

青田县基本侨情实际调查海外人员数为：

374488（平台申报数）—54390（重复登记）—565（境外来浙留学工作等其他外籍人员）—304（短期来浙商务旅行外籍人）＝319228（排重人数）

69111（户）×2.14%（华师大专家推算的漏查率）×4.62（平均每户人数）＝6833（漏查人数）

319228＋6833＝326061（加上漏查后的人数）

因此青田县基本侨情调查海外人员数最终数据为：

326061＋20574（华师大专家提供的青田籍台转侨人数）＋35068（失联海外人员估算数）＝381703

2. 侨情分布情况

从青田籍海外华侨华人、港澳同胞在各乡镇街道的分布情况来看，人数过万的乡镇街道依次为鹤城街道、温溪镇、仁庄镇、方山乡、瓯南街道、山口镇、油竹街道、阜山乡、船寮镇，这跟2014年的调查结果完全一致。其中，前3位的鹤城、温溪和仁庄的海外华人、港澳同胞数量分别占总量的16.72%、10.94%和9.69%。

从空间上看，青田籍海外华侨华人和港澳同胞的分布呈现出"全球分布，地区集聚"的特点。与2014年相比，青田华侨华人在全球分布的范围继续扩大的同时，呈现出更高的聚集性。青田籍海外华侨华人、港澳同胞、留学生等分布在全球146个国家（地区），其中欧洲41个、亚洲41个、非洲有37个、南美洲17个、北美洲7个、大洋洲2个。绝大多数青田华侨华人仍旅居欧洲，占比高达92.82%，相比2014年的91.31%，这种格局基本保持不变。除欧洲外，南美洲是青田华侨华人的第二大目的地，占4.92%；亚洲居第三，占1%；非洲、北美和大洋洲的人数较少，仅分别占0.72%、0.45%和0.05%。

二 青田县涉侨对象的主要特征

本报告对华侨华人主要特征的分析建立在实际调查的基础上，即全部相对数均为调查数，为保持调查结果的一致性，将各种身份调查对象的绝对数均进行了统一口径的调整。

（一）广泛分布于六大洲146个国家（地区），主要集聚于西班牙、意大利、葡萄牙、巴西和法国等国家

从调查对象在全球分布的状况来看，青田县华侨、华人主要分布于六大洲146个国家（地区），其中欧洲有41个、亚洲31个、非洲有29个；92.82%的华侨华人分布在欧洲，分国家的海外涉侨人员数量排序来看，前十位依次是西班牙124971人、意大利103471人、葡萄牙12244人、巴西11659人、法国9263人、奥地利7702人、德国5288人、荷兰4020人、比利时3458人、塞尔维亚3195人。超万人的西班牙、意大利、葡萄牙和巴西，人数占比分别为39.04%、32.32%、3.82%和3.64%。

（二）县内鹤城街道、温溪镇和仁庄镇居住在海外的华侨数量最多

从来源地来看，来自鹤城街道、温溪镇和仁庄镇三个街道、乡镇的海外华侨华人数量均超过3万，分别达5.35万、3.5万和3.1万人，占青田籍海外华侨华人人数比重达16.72%、10.84%和9.69%。华侨华人数量过1万的乡镇、街道还有方山乡、瓯南街道、山口镇、油竹街道、阜山乡和船寮镇。

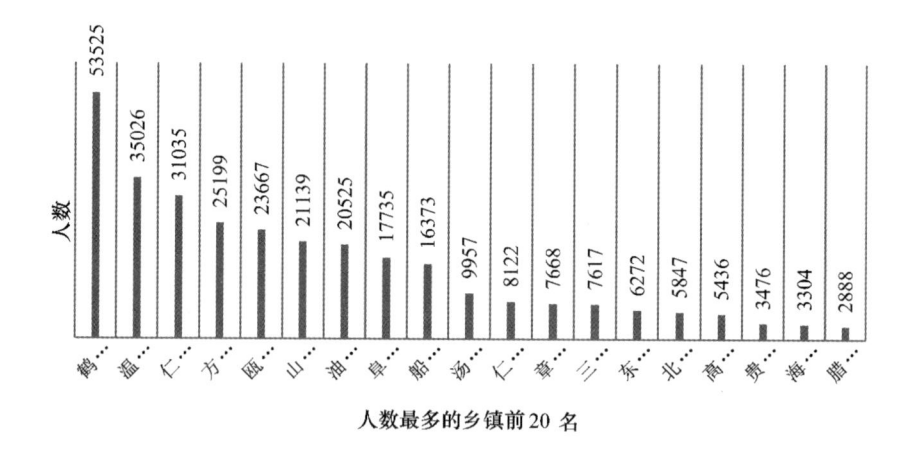

图1 青田县乡镇、街道前20名华侨华人数量情况（单位：人）

（三）主要乡镇华侨迁出的集居地

鹤城镇由于位于县城城关镇，除本镇外，其他乡镇、街道的华侨也会购房、迁居于此，在海外各侨居国中，均以鹤城镇华侨华人数量最多（其中，西班牙22017人、意大利13128人、奥地利2350、法国2002、巴西1533、德国1394人、比利时1275人、荷兰人748、希腊370人、美国279人、英国105人、俄罗斯16人）。温溪镇迁出的华侨华人则主要侨居在葡萄牙（4254人）和智利（708人）；巴西是仁庄镇（1078人）迁出的华人华侨的主要侨居国，人数与鹤城相近；由船寮镇迁出的华人华侨则主要以塞尔维亚（593人）、柬埔寨（430人）为主，在希腊（346人）的船寮镇华人华侨与鹤城相近。

（四）男性多于女性，以劳动年龄群体为主

申报数据库共有164067人用身份证号码注册，对这部分人进行汇总计算，显示其男女性别比为52∶48。年龄在20岁以下的占17.13%，21—60岁的占74.3%，反映在海外的青田华侨是以青壮年、工作适龄人群为主体。

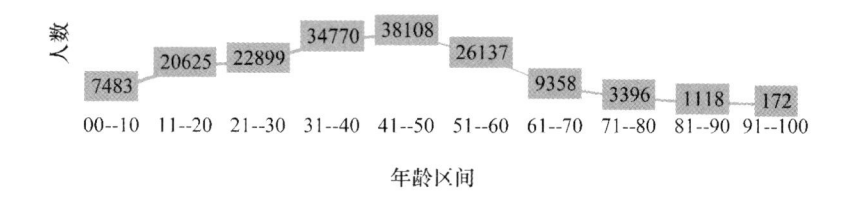

图中数据：7483 (00-10)、20625 (11-20)、22899 (21-30)、34770 (31-40)、38108 (41-50)、26137 (51-60)、9358 (61-70)、3396 (71-80)、1118 (81-90)、172 (91-100)

图2 青田县海外华侨华人年龄分布（单位：人）

（五）出国时间较长，八成以上超过10年

据县侨联《新冠疫情影响下青田海外侨情动态调查》的结果，4325受访者中，在国外出生的华侨华人占比为0.6%，出国年限在1—10年的占17.3%，11—20年的占46.9%，21年以上的占35.2%。八成以上受访对象，有超过10年的国外生活经历。

（六）海外侨胞总体受教育程度不高，愿意回乡发展的本科以上学历占比达四成

根据2014年侨情调查的受教育程度和"浙江省入境人员预申报平台"登记的年龄结构数据推算，2021年，各年龄段大专及以上学历共4606人，占比为2.81%，高中及以下学历者共159460人，占比为97.19%。

丽水市侨联2021年采取网络调查、电话调查、深度访谈相结合的方式，收回完成4660份调查问卷，并基于此而完成了《丽水市侨胞回乡发展调查报告》，调查表明：愿意回乡发展的侨胞的受教育程度，大专及以下占59.80%，本科以上文化程度40.20%。文化程度的变化与所调查侨胞的年龄占比呈正相当，18—40岁的年轻一代侨胞占比达到48.28%。由于丽水市华侨中青田华侨占比近八成，他们的调查结果也可以看作是青田华侨回乡发展的意愿。由此说明意愿回乡的侨胞具有两大特征：一是高文化程度的侨胞回乡发展的意愿更高，大专及以上文化程度的比例高出近38个百分点；二是

18—40岁中青年回乡的意愿高，也印证了有意愿回乡发展的海外青田侨胞文化程度相对较高。

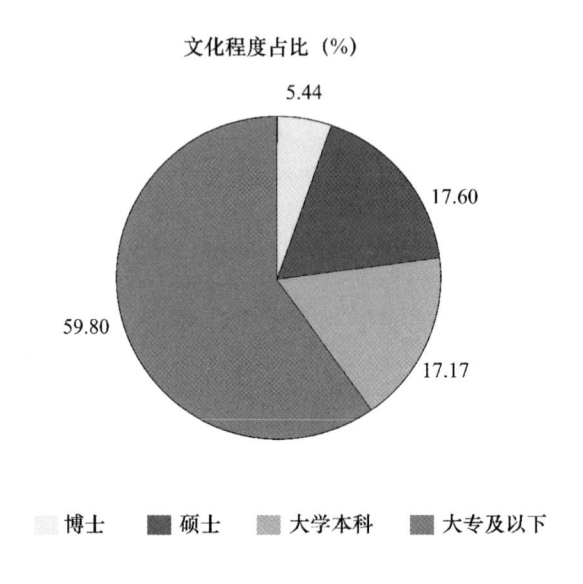

文化程度占比（％）

- 5.44
- 17.60
- 17.17
- 59.80

博士　硕士　大学本科　大专及以下

图3　青田县海外华侨华人的受教育程度情况（％）

（七）海外侨胞中从事餐饮、零售、贸易批发的华侨华人传统行业居多，有意愿回乡发展的侨胞从事计算机、教育和科学研究等高科技和现代服务业相对较高

依据2014年侨情调查推算的结果表明，青田籍的海外侨胞和留学人员中15岁及以上的在业者从事的职业较多的是餐饮服务和经济业务，所占比例分别为50.73%和13.62%；其次是服装、鞋革等加工制作人员和企业负责人员，分别占12.05%和5.3%。另有12.3%的其他在业人员无法详细统计所在职业。所占比重最少的分别是新闻工作人员和文艺工作人员，所占比例都为0.01%。

从丽水市的调查结果分析，意愿回乡发展的青田籍海外华人华侨从事的行业，虽然仍高度集中在餐饮和百货零售、批发业。在业者中，从事餐饮、零售和贸易批发行业的华侨华人所占比例分别为

42.98%、22.06%和11.26%。但与海外青田籍侨胞总体行业构成相比，传统服务业和制造业所占的比例略有下降，说明愿意回乡的中青年青田籍侨胞的职业构成更加现代，其他相当一部分符合青田的产业结构要求。

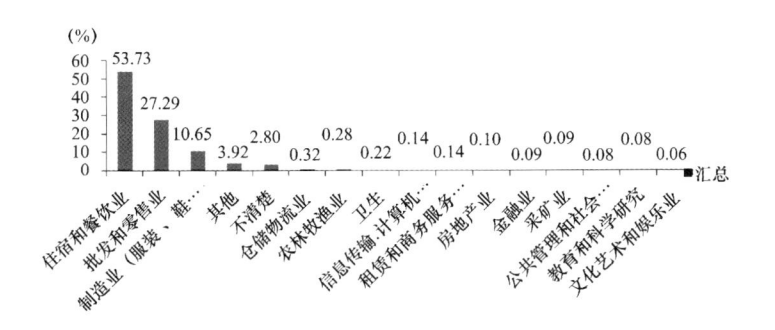

图4 青田县海外华人华侨职业情况（%）

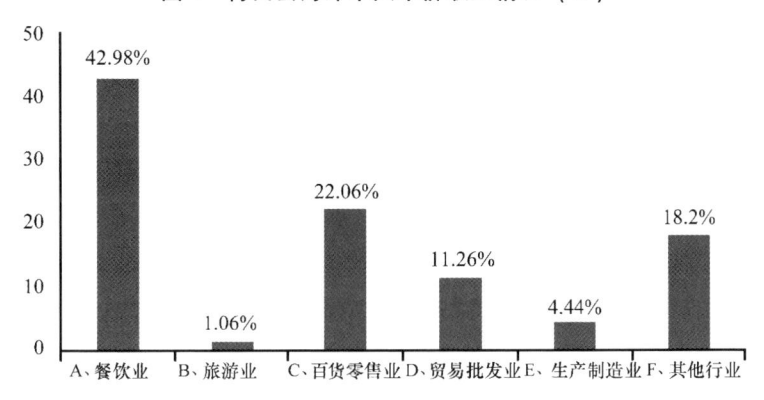

图5 意愿回乡的青田县海外华人华侨职业情况（%）

三 青田县侨情变化的趋势特征

（一）全县海内外侨务资源持续增长，日益丰富

新中国成立后，青田县曾先后进行过8次侨情调查，相比之前的几次侨情调查，本次侨情调查的结果表明，青田籍华侨华人数量

有很大程度的增加，侨务资源保持了持续增长的良好态势。

（二）新世纪以来从"出国热"转换到"回归潮"，正成为推进青田建设发展、推动与世界各地友好交往的独特优势

新移民已经成为青田籍海外侨胞的主要群体，他们是促进青田与海外交流发展的重要桥梁和纽带，也是促进青田改革开放的一支重要力量。另一方面，随着中国经济的高速发展，在一系列引资、引侨优惠政策的吸引下，来浙江、回故乡发展的青田涉侨人士数量大幅增加。有意愿回国投资和就业的华侨，从2020年的17.66%增长到2021年的27%。国内目前良好的发展环境，已成为海外华侨华人回国发展和留学人员回国创业的主要选择地之一。

（三）新生代华侨华人所占的比重高，他们开拓新事业的能力巨大

青田华侨华人的80%以上在1990年以后出国，或者从小就出生成长在海外，新生代华侨华人已经逐渐成为青田华侨的主力。他们拓展了传统行业，成就了华侨经济的极大发展。

相较老辈华侨，新生代华侨华人错过了西方社会的高速发展期，目前的欧洲经济发展已步入相对稳定停滞期，传统的餐饮、服装皮革制作业，已呈现出过度竞争的局面。于是，新生代青田华侨华人就转向涉足商贸、房地产、电脑、物流、建筑、装潢装修、蔬菜种植等新行业。其中，发展最快，从业人员递增最多的是商贸业。中国经济的迅速崛起为他们快速发展提供了的无限商机。国际贸易，特别是小商品出口贸易，使得新生代华侨的事业发展迅速。他们通晓中西文化，熟知两地法律，谙熟市场需求，并以灵活手段和快速的市场反应，抢得先机。他们以家族和股份制形式优势分工，形成最佳组合。在中国的义乌、晋江、广州和欧洲、非洲、南美洲的批发市场上，他们快速地编织一条条贸易连线，每年所带动的国内出口贸易超百亿美元。

(四）青田华侨华人从齐聚欧洲，已经开始向南美、非洲和亚洲扩散，这些地区所蕴含的商机是他们扩散的主要动因

从空间集聚度看，青田华侨华人虽然仍然92.82%集聚在欧洲，但是相比2014年的数据，青田华侨华人在南美、非洲和亚洲一些国家的数量也在迅速增加。青田华侨华人在智利的人数从2014年的183人增加到2022年的2798人（183—2798下同）、哥伦比亚（0—231）、墨西哥（14—235）、危地马拉（1—159）、多米尼加（2—51）、赤道几内亚（82—392）、安哥拉（61—188）、乌干达（32—196）、喀麦隆（194—368）、柬埔寨（614—1392）、泰国（17—169）、越南（13—84），人数均有几倍到几十倍的增长，主要驱动原因就是所在国所蕴含的商机。

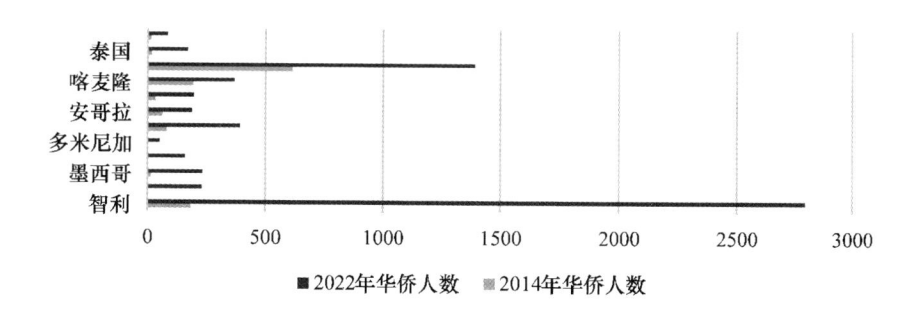

图6 青田县海外华侨华人在亚洲、非洲和拉丁美洲的增长情况（单位：人）

本人在2013年完成的调研文章《欧债危机后在欧青田华侨的经济转向与转型》，研究发现，旅欧的部分青田籍华侨华人在欧债危机发生之后，开始向巴西、墨西哥、哥伦比亚、智利等中南美洲国家转移；还有一些，则向非洲尼日利亚、南非、安哥拉、乌干达、喀麦隆等地迈进。这次调查数据的交叉比对，验证了上述现象的持续扩展。

同时，从时间切片上也可以看出，有众多保留西班牙或者意大利

居留资格的华侨，非洲和南美是他们的商业活跃地。疫情防控期间，绝大部分的华侨都没有出行计划，但是这次调查数据中，仍有344位西班牙和意大利的青田华侨，申报要乘飞机回国，出发地却是在非洲或是南美。可以这样理解，这344位青田华侨，除了极个别的旅游者身份之外，绝大部分是来自西班牙或者意大利的华侨投资、经商者，他们是在非洲和南美进行商贸活动。这仅仅是部分要回国的华侨，留在当地及飞机往返欧洲的，估计是这个数的数倍到几十倍。

许多华侨人去非洲、南美，但身份仍然保留欧洲的，一是欧洲福利高，他们在欧洲仍然留有根基；二是在南美和非洲，以欧洲投资者身份出现，能获取当地更多的优惠政策。

（五）青田华侨中"青壮闯世界、老幼留家乡"的态势越发明显

历史上，青田华侨一直都有"青壮年出去闯世界，让孩子与老人留在老家"的现象。这次调查，海外华侨的年龄结构与人数状况，呈现出了这种态势，且非常明显。海外青田华侨中0—10岁的占4.56%、11—20岁的占12.57%，加起来才占到总人数的17.13%；60岁以上的老年人更只占8.56%；中间74.3%的是青壮年。

这是青田华侨在异国他乡的一种生存选择，闯天下、干事业自己来，年老就回乡安度晚年，其中有无奈，也有爱护的成分在。将小辈的留在青田，完成初始中文教育，也有根留青田的意涵。

青田县内，这也可以从青田及其紧张的幼儿、小、中学教育资源的挤兑上，得以印证；同时青田广大的乡村，现在几乎只剩下老年人，也能印证。

（六）海外侨情变化迅速，特别是在疫情之后，对海外侨情掌握的难度加大

目前，海外侨情发生了较大的变化：一是从华侨社会变成华人社会；二是华侨华人人口构成已从单一来源发展为多来源；三是华侨华人心态从"落叶归根"到"落地生根",再到"世界公民";四是华侨华人与中国的联系更加紧密,形式更多样化;五是华侨华人对中华文化的追求越来越强烈。

四 新时代青田创新侨务工作的对策思考

(一)构建大侨务格局,提升海外青田籍华侨华人对家乡的认同感

1. 以筹建"浙江省华侨历史博物馆"为契机,再聚、再提侨乡人民精神气,让海外华侨们无论离的多么远,心永远是聚牵在青田。今年5月,省侨联正式发文,浙江省华侨历史博物馆落户在青田。这是对广大侨乡人民的最大鼓励。积极筹建这座省级博物馆,开展博物馆的收藏、保护、研究和展示,同时也会向世人展示青田华侨华人自强不息、爱国爱乡的内核精髓。争取同步开通网上博物馆、云上青田,让众多的海外华侨华人能跨越时空地域限制,随时可以通过网络到访我们的博物馆。

2. 以建设浙江(青田)华侨经济文化合作试验区为主抓手,着力构建大侨务格局,拓展侨务工作的广度与深度。通过聚力提升对外开放"十大平台",加快中欧科技产业园、轻奢名品制造中心、青咖产业园、红酒文化博览园等建设,坚持开放引领,加快华侨资源向青田集聚,推动"青田人经济"向"青田经济"转化。一要进一步完善大侨务发展格局,构建党政群协调统一、县乡村三级联动的大侨务工作格局,在全县形成合力推进侨务工作的局面,画好最大同心圆。二是建立为侨服务工作新体系,以侨创工作体系构建为抓手,通过建立线上线下侨创服务平台,全面提升改革创新驱动力,在为侨服务工作上先行示范。三是积极推动青田华侨参与构建"双循环"新发展格局,以"侨"为桥,借"侨"出海,如成立青田华侨"海外仓"商贸促进会,着力构建具有青田特色的遍及全球

的智能化、数字化仓储网络等，主动融入国内国际双循环，让青田融入世界，让世界青睐青田。

（二）面向青田籍华侨华人，坚定不移实施海外引资引智战略

世纪疫情往往伴随全球性的经济衰退和经济危机，同时又催生新的发展机遇。可以预见，新冠疫情引发危机之后的全球经济状况下，将催生世界经济新秩序。为此作为政府部门应该要因势利导，加大引资、引智，加快华侨要素回流，推动"青田经济"与"青田人经济融合"发展。

1. 加强顶层设计，完善基础信息建设，为青田侨胞回乡发展营造良好的创新生态。一是，全县统筹加强顶层设计，完善新时代海外引资引智的相关规划和管理机制。二是，统战侨务部门要着力构建海外新侨人才调研与跟踪机制，主动对接经济社会发展需求，集聚更多海外新侨人才。三是，涉侨部门联手建立海外青田籍华侨华人信息及资源共享平台，引导更多的华侨华人主动参与青田的经济社会建设。四是，适应国际形势新变化，创新海外侨务引智方式。

2. 以中国优势产业引领青田华侨的第三次兴盛。中餐馆的兴盛，让二十多万的青田华侨到欧洲创业，开了两万多家的中餐馆，这是青田华侨兴盛的第一波。之后，青田华侨在欧洲各国建立了众多的小商品、服装、鞋帽的批发和物流中心，支撑起了几万家零售百元店，这是青田华侨兴盛的第二波。现在国内诸多产业有着世界领先优势，引导青田华侨参与其中，进行全球市场开拓，在亚非拉售卖中国占绝对优势的家电、建材、工程机械、汽车配件等等，必然能形成青田华侨的第三波世界布局。

3. 发挥各类引才主体作用，加强青田籍华侨华人专业人士的引进力度。有意愿回乡的青田籍侨胞以18—40岁的具有大专及以上文化程度的为主，因此要积极发挥引才主体作用：一是，建立"政府猎头"，专为高端人才竞争服务。高层次人才通常是"挖"来的，并且是一个长期性的工作，比如新加坡政府在全世界设有8个专门寻找人才的"联系新加坡"猎头机构。青田县政府可以对该政策进行效仿，由县政府牵头设立猎头部门，采用"三顾茅庐"的方法去有针对性地招聘本县急需的各类高端人才。二是，构建青田籍海外华侨华人参与青田建设的合适路径。无论是海外华侨华人中的参政人士、侨领还是回国发展的侨商或留学人才，其事业发展及个人的成长发展均具有一定的规律性。相关政府部门和群团组织必须通过深入的调研，掌握不同类型群体的发展规律，发挥行业协会、欧美同学会等群团组织作用，为其参与青田建设提供相应的服务，形成合适的建设路径与方式，激励和推动其更好地为家乡发展服务。

（三）以侨为本，提高为侨服务的科学性、针对性和精准性

构建立体化服务网络，聚焦侨界对象面临的突出问题，加强分类指导，满足不同涉侨群体个性化、多样化的需求。

1. 为海外侨胞回国投资提供精准服务。一是，针对有可能到来的回国返乡潮，党委、政府要提前做好政策协调和引导，聚焦侨胞回国投资需求，谋划一批适合侨胞的优质项目，加强对侨胞投资兴业指导，提供全方位服务，解决他们"不会投、不敢投"的问题。二是为侨商跨国流动提供更多的保障和出入境便利。三是加强对侨资企业和归国创业人员的创新创业指导和服务，提供金融支持、解决企业融资难的问题，促进侨资企业转型发展

2. 为海外侨胞回国办事提供优质服务。落实华侨权益保护法律法规，完善华侨回乡落户、子女就学、不动产登记、社保医保、出入境办理等政策，深化涉侨审批服务"最多跑一次"，优化审批流程，提高办事效率和服务水平。

3. 增加教育投入，为华侨子女回国就学提供便利。要高度重视青田归侨、华侨及归国留学人员和外籍华人子女的教育问题。青田县由于历史欠账巨大，人均教育资源全市最低，也是全省最低，这与一个现代化的新侨乡形象极不相符。要增加教育资源的投入，彻

底改变这种落后状况。同时，教育部门针对此次调研成果提前做好教育规划，整合教育资源，鼓励开办各类华侨学校，保障华侨子女回国顺利就学。

4. 为华侨回乡安居养老提供保障。调查显示，绝大部分的侨胞是选择回国回乡养老的。叶落归根是中华民族的传统理念，也是多数老一辈青田华侨的选择。顺应他们的需求，建设相应的养生养老设施，不仅能提升侨乡的养老环境，也会催生一个规模庞大的养生养老产业。泰国在这方面已经有成功的经验。相关部门要提前规划与布局，以创新思维推动养生养老健康产业发展，实现侨胞回乡安居的愿望。

Development and Changes of Overseas Chinese Sentiment in Qingtian County in the Past Eight Years: Characteristics and Trend Research

ZHOU Feng

Abstract: The overseas Chinese sentiment in Qingtian County has undergone great changes from 2014. This topic uses the data of Qingtian County-related surveys related to overseas Chinese in recent years as a research sample, analyzes the basic status of the latest overseas Chinese sentiment in Qingtian, and compares the changes in the overseas Chinese sentiment in 2014, analyze the changes, development trends and reasons for the evolution of overseas Chinese in Qingtian, and further explore the countermeasures for overseas Chinese affairs services.

Keywords: Overseas Chinese Sentiment; Data Change; Characteristics; Research

"一带一路"下的世界华商大会与中国经济发展[*]

胡春艳[**]

摘要：世界华商大会是全球华商乃至全球工商界交流、合作的平台机制，它促进了中外经贸交流，推动了所在国家和地区的经济发展。随着"一带一路"倡议的实施，中国企业"走出去"成为必然，而遍布世界各地的华商以及世界华商大会可以成为中国企业"走出去"的中介和桥梁，并且有利于中国企业形象以及中国形象的提升。世界华商大会还逐渐成为展示中华文化的大舞台，有利于中外的文化交流。

关键字：一带一路；世界华商大会；企业形象；文化交流

世界华商大会（World Chinese Entrepreneurs Convention）是由新加坡中华总商会、香港中华总商会以及泰国中华总商会发起和组织，有全球工商界华人参与的商务论坛，每两年举办一次会议。其宗旨是向全世界的华商和工商界提供加强经济合作、促进相互了解

---

[*]【基金项目】"海外华侨华人与中外'共有知识'建构研究"（课题编号12BGJ035）、河南理工大学博士基金"中国特色对外战略形成中的文化因素研究"（课题编号：B2012－018）。

[**]【作者简介】胡春艳（1980—），女，博士，河南商丘人，温州大学华侨学院副教授，主要从事华侨华人与国际关系方面的研究。

的论坛,建立商业联系网络,探讨合作方向,交换企业家精神、心得。世界华商大会从1991年创办到今天已走过了25个春秋,召开了13次世界性大会。在这20多年间,世界华商大会的参加者不断增多,讨论的议题不断扩大,促进了中外经贸与文化交流,推动了全球华人的经济合作乃至全世界的经济合作。

改革开放以来,海外华资一直都是中国吸引的主要资金来源。海外华商不但率先在中国投资建厂,还积极引导中国大陆与世界市场接轨,了解世界市场的运行规则,融入国际产业链和国际价值分工体系,并把境外的学术思想、理论观点、管理方式、生活理念带到中国。2013年,中国提出了"一带一路"的伟大战略构想并付诸实施,中国企业"走出去"成为必然,而遍布世界各地的海外华商以及世界华商大会可以成为中国企业"走出去"的中介和桥梁,而且有利于中国企业形象以及中国形象的提升。世界华商大会还逐渐成为展示中华文化的大舞台,有利于中外的文化交流。

一　世界华商大会助推中国经济发展

1978年召开的十一届三中全会党中央做出了改革开放的伟大决定,标志着中国十年"文化大革命"动乱的结束。改革开放之初中国最需要的是引进外资,但由于冷战尚未结束,西方对中国的防备与疑虑仍然存在,外资也不敢轻易进入中国。由于华人的自身特性,海外华资就成为中国重点吸引的资金对象。1980年,中国政府设立了深圳、珠海、厦门和汕头四个经济特区,目的就是为了吸引海外华商前来投资。邓小平对这一决定做了这样的解释,他说:"那一年确定四个经济特区,主要是从地理条件考虑,深圳毗邻香港,珠海靠近澳门,汕头是因为东南亚国家潮州人多,厦门是因为闽南人在外国经商的很多。"[①] 海外华商也确实成为经济特区最主要

---

① 《邓小平文选》,人民出版社1993年版,第366页。

的投资者,在中国的整个改革开放过程中,海外华资占了相当大的比重。1979年至2008年,中国已累计批准了外商直接投资项目约63.6万个,实际利用外资金额累计达8990亿美元,65%的FDI来自海外华资。其中,来自香港的近50%。① 在第二届世界华商大会上,华商们就开始关注中国。当时的筹委会主席霍英东还专门安排海外与会者实地考察中国的珠江三角洲。他说:"在中国大陆经济改革开放政策下,华商在促进各所在国及地区的对华贸易和交往方面,一定会扮演重要角色。"②

改革开放初期,我国不但需要资金,更需要了解世界经济状况,以及世界市场的运行规则,实现从计划经济向市场经济的转型。在这个过程中,海外华商发挥了重要作用。他们在带来资金同时,还把"竞争意识"和"国际规则意识"带入中国,促进中国国内改革,推动产业管理逐渐国际化,进而引领中国经济融入全球。对此,邓小平给了高度肯定。他在1993年发表南巡讲话之后,提出了海外同胞的"机遇论",他强调:"对于中国人来说,大发展的机遇并不多。中国与世界各国不同,有着自己独特的机遇。比如,我们有几千万爱国同胞在海外,他们对祖国做出了很多贡献。"③ 随着中国改革的不断深化,以及"一带一路"倡议的推进与实施,海外华商的作用更是不可小觑。正如全国政协委员、香港中国商会主席陈经纬所说:"海外华侨华人是推进"一带一路"的重要力量,海上丝绸之路沿线华侨华人力量极为强大,特别是东南亚各国,华侨华人超过4000万,数万亿美元的华商企业中有近30%集中在东南亚,世界华商500强也有三分之一在东盟国家,在东南亚国家中,华商力量占70%左右,成为东南亚国家最重要的经济支柱。因此华

---

① 中国商务部统计资料,商务部网站:http://ges.mofcom.gov.cn/jinchukou.shtml。
② 《十三次世界华商大会 一部跨世纪的华商发展史》,中国侨网,2015年9月24日,http://www.chinaqw.com/jjkj/2015/09-24/65436.shtml。
③ 邓小平:《同上海各界人士共迎新春佳节讲话》,《人民日报》1993年1月23日。

侨华人在建设'一带一路'上具有重大意义。"①

总之，世界华商大会20多年的发展历程正是中国改革开放不断发展、深化的过程，是中国经济不断积累、崛起的过程。改革开放初期，中国的经济发展需要大量资金的注入，由于海外华人的自身特性，加之资本的逐利性，使得海外华资成为进军中国市场的主力，为中国的经济发展做出了很大贡献。经过30多年的改革开放，中国的经济不断发展壮大，成为世界第二大经济体。而且在世界经济低迷的形势下，中国经济仍然保持了中高速增长，成为世界经济的领头羊，"中国机遇论"被不断提起。世界华商大会关注的焦点也越来越聚焦在中国经济上，广大华商希望借助中国经济获得自身更大发展。第十二届世界华商大会的主题就是"中国发展·华商机遇"，围绕世界经济格局下，华商未来的发展方向和前景等问题展开广泛探讨和交流。在印尼召开的第十三届世界华商大会上，就专门探讨了"海上新丝路的合作"问题，并举办主题为"建设一带一路，推进合作共赢"的"世界华商领袖峰会"。海外华商希望能积极参与中国新一轮改革和对外开放，借"一带一路"拓展务实合作。据统计，自2006年至今，已有几万名海外华商携带高新技术项目与中国企业开展项目对接。在上海，海外华商创办的企业已超过3500家。②对此，习近平主席在给第十二届世界华商大会开幕的贺信中专门提出："中国改革开放事业取得伟大成就，广大华侨华人功不可没。30多年来，华侨华人发挥在资金、技术、管理、商业网络等方面的优势，在中国各地投资兴业，用自己的智慧和汗水，有力促进了中国经济社会发展，有力推动了中国同世界的交流合作。"③

---

① 刘凌林：《4000万海外华商将受益》，《中国企业报》2015年3月10日。
② 《海外华商拥抱"中国机遇"》，《人民日报（海外版）》2016年2月3日。
③ 习近平：《改革开放取得成就 华侨华人功不可没》，新华网，2013年9月26日，http://www.js.xinhuanet.com/2013-09/26/c_117509603.htm。

二 世界华商大会是中国企业"走出去"的中介和桥梁

随着中国改革的不断深化,以及"一带一路"倡议的推进与实施,我国企业大规模"走出去"成为必然,这也是我国发展外向型经济的必由之路以及参与全球化的客观要求。近些年来,中国对外投资的规模不断扩大,对外投资的影响力日益增强。中国对外直接投资从2003年的29亿美元,增长到2014年1231.2亿美元,创历史最高值,连续12年实现增长,2014年流量是2002年的45.6倍,2002~2014年的年均增长速度高达37.5%。中国境内1.85万家投资者在境外设立直接投资企业近3万家,分布在全球186个国家(地区)。① (详见下表)其中,对"一带一路"沿线国家的直接投资流量为136.6亿美元,占中国对外直接投资流量的11.1%。② 2005年,在韩国举行的第八届世界华商大会上,众多中国企业前来参加,这个新现象充分说明了:"中国企业'走出去'的国际化意识正在不断增长,华商对中国企业走出去将发挥越来越大的作用。"③

但中国企业在"走出去"的过程中,由于缺乏对境外法律法规和文化习俗的了解,以及对当地社会关系和市场信息的掌控不够,加之高素质涉外人才的缺乏,使得企业经常在国外遭遇法律纠纷和文化冲突,面临着诸多政治、法律和财务风险,在经营中常常处于被动。目前,中国到海外投资合作的企业基本上三成盈利、三成亏损、四成空转。而华商经过几代人在海外的打拼,积累了丰富的资源,深谙所在国的文化传统、熟悉当地政局及政策法规,可以为中国企业"走出去"化解合作风险和障碍,提供准确的政治、经济和

---

① 数据来源:《2014年度中国对外直接投资统计公报》,中华人民共和国商务部网站,2015-9-17,http://fec.mofcom.gov.cn/article/tjsj/tjgb/201512/20151201223579.shtml。
② 数据来源:《2014年度中国对外直接投资统计公报》,中华人民共和国商务部网站,2015-9-17,http://fec.mofcom.gov.cn/article/tjsj/tjgb/201512/20151201223579.shtml。
③ 《十三次世界华商大会 一部跨世纪的华商发展史》,中国侨网,2015年9月24日,http://www.chinaqw.com/jjkj/2015/09-24/65436.shtml。

表1　　1990—2014年中国对外直接投资净额（流量）一览表

（单位：亿美元）

1990年	1991年	1992年	1993年	1994年	1995年	1996年	1997年	1998年
9	10	40	43	20	20	21	26	27
1999年	2000年	2001年	2002年	2003年	2004年	2005年	2006年	2007年
19	10	69	27	28.5	55.3	122.6	211.6	265.1
2008年	2009年	2010年	2011年	2012年	2013年	2014年		
559.1	565.3	688.1	746.5	878	1078.4	1231.2		

数据来源：根据1990—2014年商务部数据整理获得。

市场信息，规避政治性风险。世界华商大会作为华裔工商界人士的全球性聚会，聚集了众多来自全球各地出类拔萃的企业家，汇聚了无数的跨国经营智慧。这一广阔的平台，对于"走出去"的企业来说，是"非常有用的联系网络"，可以为中国企业提供增进信息交流、创造商机、拓展销售渠道，是中国企业"走出去"的中介和桥梁。正如国务院侨办主任裘援平所说："世界华商大会是促进全球华商与各国工商界增进了解、开展合作的重要平台，对推动海外华商进一步助力中国发展有重要作用。海外华商能够成为促进中国与各国发展经贸合作关系、融入经济全球化和区域合作的独特桥梁。"[①] 例如在第十二届世界华商大会分论坛"携手华商·共促民企'走出去'"，就吸引了来自各国华商及国内各地民营企业家近300人。在会上，一些国内民营企业家就表示，自己也在考虑走出去，但有很多困惑，不了解海外市场，对投资国的法律、风土人情都缺乏了解，企业很难快速融入当地社会，这对走出去都很不利。民营企业家主动走出去，需要"引路人"，而先走出去的华商可以成为这样的"引路人"。在大会上，香港中华总商会的会长杨钊在发言

---

① 裘援平：《世界华商大会连接中国与世界经济发展》，《中国新闻报》2013年9月27日。

中就直接对香港进行了推介,把香港视为民营企业"走出去"的桥头堡,"民营企业走出去的过程中,香港可以凭借自身的独特优势,发挥'超级联系人'的作用。香港在开拓国际市场方面,拥有非常多的专业人才,可以为内地企业走向海外提供专业服务。"[1] 此外,对海外华侨华人专业人士要给予重视,他们不但精通所在国的政治、政策、法规和市场情况,而且熟悉中国文化。不但能协助国内企业引进海外资金、技术和人才,还可帮助中国企业制定国际化战略,寻找海外投资机会和合作伙伴等。

总之,随着中国"一带一路"倡议的实施,中国企业大规模"走出去"成为必然。海外华商的"桥梁和纽带"作用日益凸显,尤其是在国际上形成的一些"华人经济圈",已与所在国经济很好地融合,货物、服务、技术和资本流动不断增强。正如云南华海集团总裁徐杰在首届"服务桥头堡·走出去战略论坛"和第九届华商投资西南项目推介暨亚太华商论坛上所认为的:"'华人经济圈'为中国企业提供了良好的国际环境,为中国与国际市场接轨提供了极大便利。"[2] 由此可见,庞大的华商网络必将促进中国经济与世界经济的融合。

三 世界华商大会有利于中国企业形象以及中国形象的提升

广大海外华商不但精通市场经济运作,而且熟悉中国传统文化,具有在中国发展的独特优势。随着全球经济日益朝向高科技化方向发展,加上海外新移民群体不断增加,海外华侨华人专业人士群体正在不断崛起。他们多数从事技术性或管理性工作,并参与组建或活跃于各种专业社团。这批专业人士是我国宝贵的"海外人才库"

---

[1] 蒋君芳:《如何走出去?海外华商就是一座"桥"》,《四川日报》2013年9月26日。
[2] 《中国企业"走出去"可充分发挥海外华商作用》,新华网,2011年6月6日,http://www.yn.xinhuanet.com/newscenter/2011-06/06/content_22941587.htm。

和"战略资源库"。而且这一群体的崛起，有利于改变海外华人的整体专业形象。长期以来，海外华侨华人的整体专业形象是"三刀"（菜刀、剪刀、剃刀），如今他们的整体专业形象是"三师"（工程师、医师、会计师）与"三家"（科学家、企业家、发明家）。随着拥有专业技能与管理知识的新一代华商的涌现，也在不断改变着海外华商的形象。海外华商对企业形象历来重视，在第十二届世界华商大会上就专门设置了"海外华商新形象"论坛。国内知名学者和海外代表围绕如何树立和维护海外华商新形象这一主题进行了深入探讨。李克强总理在2015年会见世界华侨华人工商大会代表时也对华侨华人打造华商在世界上的"新形象"提出殷切希望，"继续发扬中华民族传统美德，创业兴业，团结互助，诚信守法经营，承担社会责任，为当地发展贡献智慧和力量，增进中国人民与各国人民之间的相互了解和友谊"①。

随着中国经济影响力的不断提升，以及"一带一路"倡议的实施与推广，中国企业"走出去"步伐加快，日益深入参与国际分工。海外民众对中国经济发展现状表示积极认可，但对中国企业的整体评价仍然偏低。2014年，由中国外文局中国报道杂志社、中国外文局对外传播研究中心以及市场调研机构华通明略共同在亚太地区进行的"中国企业海外形象调查"报告表明，与主要发达国家相比，海外民众对中国企业整体印象评价仍然偏低，他们主要担心中国企业会对当地企业造成威胁、可能掠夺当地优势资源、破坏当地的生态环境等。并指出中国企业在"本土化"、提升企业形象方面存在以下主要问题：中国企业对当地文化、历史、消费者等的了解不够；在主动融入当地社会文化的力度不够；吸纳当地员工就业的力度不够；参与社区公益活动的力度不够；企业宣传活动少、知名度低等。

---

① 陶短房：《海外华商的新形象与旧形象》，中国网，2015年7月10日，http://o-pinion.china.com.cn/opinion_52_133252.html。

因而，提升企业形象也就成为中国企业"走出去"，成功开拓海外市场的当务之急和重要保障。华商在海外长期的经营过程中，了解当地的风俗民情、法律法规，并热衷于公益性活动。这些都可以为中国企业"走出去"提供有益借鉴。中国企业在海外开拓市场时，通常会遇到来自当地政界的阻力，为此，要不断完善政府公关，保持中国企业与投资国政府的良好关系。而海外华商在所在国经营多年，又多与政府关系良好，可以为中国企业和所在国政府牵线搭桥。与此同时，中国企业"走出去"还要积极参与一些公益性活动，提升企业的本土化形象。

四　世界华商大会有利于中外文化交流

当今世界的竞争不仅仅是经济、军事等硬实力的竞争，更是文化等软实力的较量。博大精深的中国传统文化不但是中华民族的财富，也是人类的瑰宝。中国传统文化在长期的发展过程中形成了一些优秀的精神内涵，这些文化精神被人们长期尊崇，成为中国人生活行动的最高指导原则，推动着社会的发展与进步。但中国的传统文化并没有被外界广泛了解和接受，在"西方文化中心主义"话语下甚至对中国文化充满误读。在全球化进程中，中国正努力了解其他国家，与此同时，中国也在不断向世人展示自己的文化及民族理念。中国传统文化推崇的孝道、和谐、中庸、仁爱、和而不同等理念不但规范着国人的行为，而且能够为解决人类面临的共同问题提供新的思路和价值支撑。可以成为中外的共有知识，甚至成为世人的行为规范和价值导向，有利于和谐社会、和谐世界的构建。而广大的海外华人"有义务、有能力，也愿意充当中国与世界上其他国家之间的桥梁和窗口"①。世界华商大会

---

① 顾衍时：《全球化——机遇与挑战》，在第六届世界华商大会上的发言，2001年9月16日。

作为全球海外华商的沟通平台，还致力于中国传统文化的推广，在大会召开前后都会举办系列中外文化交流活动，向世人介绍、推介中国传统文化。

广大海外华人深知自己的祖辈之所以能在"异国他乡"打拼出来，在所在国的经济领域取得一番成就，不能忽视中国传统文化的影响。在历届世界华商大会上，不管是成功的企业家代表，还是华人专家学者都会提到中国的传统文化对海外华人的影响。如在第一届世界华商大会上已故的新加坡内阁资政李光耀先生就做了《"中国与海外华人那不可或缺的亲切感"》、哈佛大学的杜维明教授做了《大处着眼，小处着手：儒家对文化认同与社会责任的看法》的演讲，关注与研究儒家思想及其在现代世界里扮演的角色。在第二届世界华商大会上，王赓武教授做了《华人企业家及其文化策略》的演讲，就提出文化是导致华人在经商上有别于其他民族的主要因素。王赓武教授在第七届世界华商大会上做了《儒家伦理道德是否还有地位？》的精彩演讲。这些演讲都对中国的传统文化做了介绍，肯定了他们对于海外华商的重要意义。

世界华商大会召开前后，经常会配合大会举办中外系列交流活动，推荐丰富多彩的中华文化活动，全面宣传中华文化，加强了中国与其他国家的文化交流，大会平台成为展示中华文化的舞台。例如，2007年9月15～17日在日本的神户大阪举行了第九届世界华商大会，而且为了配合大会还举办了为期1年的"2007日本中华年"系列活动。从2006年秋天开始，在神户、大阪、和歌山、横滨、东京等地举办了一系列与中国有关的丰富多彩的活动，内容包括音乐会、展览会、研讨会等多种形式。正如中国国务院侨务办公室副主任许又声所说，此次大会不仅是华商的聚会，也成为与日本交流合作的盛会。大阪市长关淳一则将华商大会称为"将来国际交流的关键词"，并表示将以此次大会为契机，加深日中双方的友谊。大会执行委员长蒋晓松认为，本届华商大会已成为一个融商业和中华文化传播于一体的平台。

总之，散布在世界各地的华商具有同根、同祖、同文、同种、同行，同时又彼此熟悉的优势，借助世界华商大会这个大舞台可以发挥华侨华人敦亲睦邻、守望相助、扶危济困等优良传统，成为世界各地华商促进经贸合作、加强人文交流的桥梁和纽带。

五　结语

在全球经济低迷，中国正处于经济转型升级关键时期的今天，广大华商凭借其在语言文化、资本积累、科技人才以及国际网络化等方面的优势，能够促进我国产业的转型升级，实现与中国经济社会发展更加紧密的对接。尤其是"两个一百年"的奋斗目标，实现中华民族伟大复兴的"中国梦"提出之后，中国需要海外华商投资，当然海外华商也离不开中国这个庞大的市场。

世界华商大会作为海外华商沟通与交流的民间组织，在经济全球化日益发展的今天，作用不断加大，影响不断增强。除了每两年召开一次大会外，世界华商大会在日常生活中也通过各种形式发挥着自己的影响力，践行着促进海外华商交流，致力于中华传统文化推广的宗旨。正如印尼中华总商会执行主席张锦雄所言，"融聚全球华商力量，构建更加稳健、广泛的世界华商交流、合作平台，世界华商大会就是要引领全球华商新时期下合力共赢。"①

---

① 陶煌蟒：《十三次世界华商大会—一部跨世纪的华商发展史》，中国侨网，2015年9月24日，http://www.chinaqw.com/jjkj/2015/09-24/65436.shtml。

The World Chinese Entrepreneurs Convention and China's Economic Development under "One Belt and One Road"

HU Chun－yan

Abstract: The world Chinese entrepreneurs convention is a communication platform for global Chinese and global business community, which is promoting the economic and trade exchanges between China and foreign countries and pushing forward the economic development in countries and regions. With the implementation of the "one belt and one road" strategy, Chinese enterprises' "going out" has become inevitable. All over the world Chinese businessman and the world Chinese entrepreneurs convention can become the medium and bridge of Chinese enterprises' "going out", which is advantageous to promote the image of Chinese enterprises and Chinese image. The world Chinese entrepreneurs convention is gradually becoming the big stage of showing Chinese culture, which is propitious to cultural exchange between China and foreign countries.

Keywords: One Belt one Road; World Chinese Entrepreneurs Convention; Corporate Image; Cultural Exchange

综 述

推动新时代欧洲华侨华人与华文教育研究高质量发展
——第二届欧洲华文教育学术研讨会暨第五届CERPE国际研讨会会议综述

包含丽　刘茜茜[*]

2022年7月1—3日，由中国华侨华人研究所、浙江省政府侨务办公室、温州市人民政府侨务办公室、中欧研究平台（CERPE）、温州大学主办，温州大学华侨学院、温州大学华侨华人研究院、温州大学欧洲华文教育研究所承办的第二届欧洲华文教育学术研讨会暨第五届CERPE国际研讨会在温州大学成功召开。研讨会采取线下、线上相结合的方式进行探讨。本次大会收到海内外专家学者投稿论文40余篇，经专家组审核，最终录用32篇，并邀请相关撰稿人参与本次大会并作学术汇报。本次研讨会共有来自英国、德国、意大利、西班牙、比利时等13个国家和地区人员参加。中央统战部、中国华侨华人研究所、浙江省委统战部、温州市侨联等16家单位，鲁汶大学、波尔多大学、康普斯顿大学、中国社会科学院、华东师范大学、厦门大学、暨南大学、华侨大学等国内外30余所高校，近200位专家学者齐聚一堂，共襄学术盛宴。

---

[*]【作者简介】包含丽，女，温州大学华侨学院院长、研究员；刘茜茜，女，温州大学华侨学院讲师。

综　述

本届研讨会主题为"欧洲华侨华人与华文教育",下设"华文教育教学教法""中华文化海外传承""区域国别华文教育""华侨华人与国际移民"五个议题,旨在促进欧洲华侨华人研究与华文教育高质量发展,探讨新时代、新科技、新形势下欧洲华人社会与华文教育的发展趋势。学者们通过深入思考和研究,勾勒了欧洲华侨华人发展动态,分析了欧洲华文教育现状困境,探讨了促进新时代华文教育和加强海外华裔青少年身份文化认同的新途径和新方法。

一　欧洲华侨华人发展动态

改革开放以后,大量中国人远赴欧洲,掀起了移民大潮。受国际政治形势、经济全球化,以及所在国政策等因素的影响,不同时期欧洲各国中国移民数量、分布、生存状况有所差异。中国社会科学院俄罗斯东欧中亚研究所副研究员徐刚认为,东欧剧变引发大量中国人移民捷克、匈牙利、斯洛伐克等中东欧国家。受中国与世界联系的深入,中国对外开放程度的深化,全球社会生活的深度融合等因素的影响,中东欧中国移民呈现高速发展态势。四川师范大学历史文化与旅游学院教授周小粒认为,伴随 1948 年《英国国籍法》等法案的颁布,1978 年后改革开放政策的影响和中国经济实力的增强,华人成为英国第三大少数族裔,英国华人社团呈现出本土化和跨国化发展趋势。她建议充分利用海外华人社团的爱国热情,调动华人社团的积极性,在未来中英关系发展中有效地利用华人社团的桥梁作用。四川师范大学硕士研究生吕瑶认为,1990 年以后华侨华人在德生存状况总体优化,但仍存在总体就业收入与就业率与本土德国人相比差距较大,高收入比例过低;一代华侨华人文化隔阂居高不下;华侨华人总体参政人数过少且未进入德国政治核心领域等问题。华侨大学国际关系学院硕士研究生许海君选取 1978 年、1990 年、2008 年和 2016 年四个时间点,勾勒了英国不同时期移民政策对中国移民的动态影响,认为由改革开放至今,英国对中国大陆的移民政策在整体上呈现由严格收紧到逐渐宽松,再到如今愈加开放和欢迎的态势。英国新移民文化程度和技能水平不断提升,技能和职业选择更加多元。温州大学外国语学院副教授徐辉讨论俄乌冲突对浙籍华侨华人的影响,建议应当持续关注在乌克兰留守及周边华侨情况,认真做好回国华侨的疫情防控和安抚关爱,正面引导国内网络舆论环境,积极倡导海外浙籍华侨回乡投资建设,进一步加强海外侨团建设建议。

二 新时代欧洲华文教育现状与困境

围绕本次会议主题,与会专家从政策法规、教材教法、华语传承、国际传播等角度,就新时代欧洲华文教育现状和困境展开深入探讨。暨南大学华文学院华文教育系教授、汉语国际推广中心主任曾毅平认为,欧洲各国长期、近期和即时政策既对华校获得办学资质、升学通道、语言实践机会等方面产生积极影响,又使华校面临随时可能被取缔、难以转正和获取教育部门准证等方面的风险。温州肯恩大学党委副书记严晓鹏认为,欧洲华文教育研究存在成果相对较少,更关注于宏观问题,缺乏深度和广度等问题。华东师范大学国际汉语文化学院教授、应用语言研究所所长吴勇毅和华东师范大学国际汉语文化学院闫丽博士发现,东干语的传承出现代际断裂现象和"三教"问题困境。暨南大学华文学院教授、国家语委海外华语研究中心主任郭熙认为,欧洲华文教师虽大多接受良好的教育,但多以实践经验指导教学,而且华文教育没有形成区域变体。温州大学华侨学院院长包含丽指出,2020年至今,受新冠肺炎疫情影响,海外华文学校面临着学生流失、师资不足、资源不够等问题,同时也极大阻碍了海外华裔青少年回国学习中华文化、涵养爱国情怀、增进文化认同的途径。

不同国家华文教育发展水平具有差异性。意大利罗马中华语言学校校长蒋忠华认为,与欧洲相比,意大利华文教育起步较晚,但

综　　述

是发展迅速、条件良好、成绩突出。德国纽伦堡中文学校教务辛欣指出德国中文学校分布在全德大中城市，华文教师多受过专业培训，教学经验丰富，学校课程丰富多彩。浙江师范大学马克思主义学院副教授陈肖英认为，荷兰华文学校依然普遍地面临着资金匮乏、办学条件差、师资不稳定、适宜教材缺乏等困难。浙江传媒学院全球传播与媒体教育副教授邵有学和硕士研究生吴卓颖指出，目前美国华文教育存在线上教学折损教学效率、优秀教师资源紧缺、教材内容与学生水平割裂、学生在文化认同困境中的非资源学习等问题。浙江传媒学院全球传播与媒体教育副教授邵有学和硕士研究生曹茜指出，当前英国华文教育面临师资不足，教学本土化尚待完善，教学技术能力有待提升，资金短缺等问题。

自 2020 年起，新冠肺炎席卷全球，对海外华校经营管理和教学实践产生了巨大影响。温州大学外国语学院讲师杨志玲发现，受疫情影响，欧洲华文学校的学生和数量出现了新的调整和重组。几乎没有新的或者小规模的华文学校出现。为了应对疫情，一些华文学校被迫砍掉或者进行升级。与此同时，海外华文教学活动被迫由线下转为线上。与会学者认为，海外线上华文教育陷入两个困境：一是线上教学困难重重。华侨大学国际关系学院硕士研究生谭子恒指出，后疫情时代线上华文教育继续临着网络基础薄弱、师生缺乏相关经验以及课程缺乏有效互动与反馈等多方面的挑战。二是线上教学效果不如人意。浙江传媒学院全球传播与媒体教育硕士研究生曹茜指出教师信息素养的缺乏是影响线上教学的重要因素。疫情暴发后，许多教师缺乏线上教学经验，教师准备不足常常出现教学失误，影响教学进度。此外，线上华文教育飞速发展，慕课，网易课堂等录播课在教学过程中也无法满足互动性教学需求，在实际教学中缺乏灵活性，学生能动性难以得到发挥。

三　探讨新时代欧洲华文教育新途径、新方法

北京华文学院华侨华人与华文教育研究中心主任李嘉郁认为，

华文教育所倡导的文化教育应该有新的目标指向以及社会功能。华裔学生应客观、准确地了解历史传统与当代中国，既要文化传承，更要文化自信。温州肯恩大学党委副书记严晓鹏提出，研究者需要为老问题找到新证据，对熟悉的材料给予新的解释，从不同视角、理论来分析已有现象，进行跨文化跨学科研究等建议。华东师范大学国际汉语文化学院教授、应用语言研究所所长吴勇毅和华东师范大学国际汉语文化学院闫丽博士提出，开创中亚中小学东干语教学与孔子学院（课堂）中文教学合作交流的办学先河，和大力发展国内中亚少数民族华裔青少年的"中文+"的职业化华文教育的建议。郭熙认为，新形势下的海外华语传承应当努力做到"时代化"和"服务化"。未来的工作应进一步强调从欧洲华语祖语生的实际出发，尝试从华校教学为中心转向华校活动社会化、多方服务学习者为中心；应重视家长培训，重视互联网赋能和现代科学技术支撑下的家庭学习；多方合作，积极补充中高级学习资源，创造出丰富、多样的语言产品，方便学习者的自主学习。应重视海外华语传承的新型言语社区的构建和利用，做到语言学习生活化，也可从欧洲华裔学生的特点出发，尝试文化为主导的教学和活动。

针对线上华文教育问题，学者们结合成功案例，提出意见和建议。温州大学华侨学院院长包含丽以浙江华侨网络学院为例，探讨了新形势下助推海外华文学校传播中华文化的路径。她通过调研50多个国家200多所华文学校，并对浙江华侨网络学院进行实证研究，在课程体系建设、教师队伍打造、内外资源共享、家校共育等方面提出构建"大规模生产与个性化定制"文化知识传播体系、打造海内外教学机构信息互通机制、构建海外华文学校教学评估制度、建立一支国际化华文教师团队等助推海外华文学校传播中华文化实现路径。华侨大学国际关系学院硕士研究生谭子恒建议加强国内网络技术输出、合力开展教学培训、全程跟进学习状态、增强线上课堂互动性以实现线上华文教育长足发展。温州大学外国语学院本科生郑璐媛、王懿晨和温州大学外国语学院讲师杨志玲以法国华人进出

> 综　述

口商会为个案研究，通过国内高校与海外华校合作开展在线国学教学，构建基于提升海外华裔青少年文化意识的教学模式。她发现该教学模式实施后，海外华裔青少年对中国优秀传统文化的熟知度和认知度与活动前相比有了明显的提升，并指出，该模式具有可操作性强、可复制性高、可交互性好的特点，具有较大的实践意义。

四　加强海外华侨华人家庭教育，促进华裔青少年身份和文化认同

对于海外华裔青少年而言，家庭教育不仅直接决定了语种的选择，还影响了华裔青少年中华民族身份和文化认同，以及在移居国的文化融入和适应。与会者将语言学习的范围由汉语扩展到中国少数民族语言，不局限于华语家庭教育，还与其他族裔语言进行比较研究。比利时鲁汶大学博士研究生石甜在欧洲多语言背景下，分析苗族社区的家庭语言计划和身份确定。波尔多大学博士候选人陈庚钒比较了法国华人家庭和华人跨种族通婚家庭中文与法语学习情况。西班牙格拉纳达大学移民研究所博士候选人蒋宇辰则从跨文化交际角度分析了西班牙中国移民家庭教育和文化适应性。厦门大学外文学院副教授吕云芳和胡深爱从学习者和家庭微观层面，派出和接受社会宏观层面和语言学校中观层面探欧洲汉语习得社会背景、语言地位和身份问题。她认为，中国经济的不断发展提升了中文地位，以及移民家庭和社区中文学习的投入；语言学校为所有投入提供了汇入的平台，所以，在欧洲中国族裔语言教育活动中扮演重要作用。

华文教育是海外华侨华人传承中华民族语言文化的重要途径，是促进中外文明互鉴、民心相通的重要桥梁。与会者从侨二代语言使用情况、中华诗词海外传播等角度，通过研究欧洲华侨华人，尤其是浙江、温州籍华侨华人汉语言习得、使用、传播情况和影响因素。浙江师范大学国际文化与教育学院副教授鲍蕊认为，温州籍海

外新移民后代呈现多语使用样态，其中以汉语和居住国语言为主，方言和英语使用较少。他们对中国整体文化认同感较强，且高于对祖籍地温州的文化认同。就语言使用与文化认同的关系来看，在家庭、学校、休闲活动场合，汉语使用与文化认同均呈现正相关，且休闲活动场合的相关性最强。西安石油大学人文学院柯卓英教授认为，中华诗词是通往侨乡的心灵密钥，诗词课堂是弘扬优秀传统文化的心灵圣境，诗词创作是文化自信的心灵自觉，海外华人华侨创作的诗词构建了华人们独特的文化身份的象征与认同。

本届会议在继承第一届会议主题基础之上，以华文教育为突破口，在继续讨论"三教"问题的同时，将研究主题拓展至线上教育、家庭教育、华人身份认同、国际移民等领域，既有国别区域移民史研究，又有针对时下疫情和俄乌冲突的研究，传统与热点问题并存，体现出延续性和与时俱进性的特点。此外，参会学者层次丰富，既有成熟学者和学界新锐，又有海外华校校长和国内侨界人士。而且教育背景国际化，学科背景多元化，所以，可以在语言学、教育学、人类学、社会学等学科背景下展开跨学科交流与对话。学者们关注的现实问题非常值得深入思考，如中东欧的华侨华人还属于研究"洼地"，后疫情时代华侨华人何去何从亟需讨论，既为他们的生存发展建言献策，又为国家制定侨务政策提供智力支持。在全球化时代，世界各地的联系和交往越来越频繁、互动越来越多，因此对华文教育和华侨华人问题的研究非常有意义，需要更多的学者加入研究队伍，深化与拓展研究议题，建构具有中国特色的华侨华人与华文教育研究体系，与国际学界展开对话。

《华侨华人学研究》征稿启事

《华侨华人学研究》是温州大学华侨学院主办的华侨华人学交叉学科专业刊物，发表高水平的华侨华人学研究新成果。本刊主要以教育学、历史学、经济学、法学等方面的华侨华人学问题为研究对象，欢迎海内外学者惠赐稿件。

主要开设栏目：

1. 名家专栏；2. 华文教育研究；3. 华侨华人史研究；4. 华商经济研究；5. 华侨权益保护研究；6. 国际移民研究；7. 书评与综述

来稿要求：

1. 稿件须观点鲜明，论证严密，行文规范，专题论文一般在8000—15000字。重大选题的稿件不受此限制。

2. 稿件一般应为A4纸（36行×36字），并使用较宽行距，以便于编校。正文首页须提供作者信息，包括作者姓名、年龄、性别、籍贯、工作单位、职称、通信地址、邮政编码、联系电话、电子邮箱等。若系基金项目，须标注项目来源、名称和编号。

3. 稿件须有文章标题、作者姓名、300—500字的摘要、3—5个关键词、作者简介、注释等项目。注释用页下脚注，每页重新编号，注释规范参见《〈华侨华人学研究〉注释体例规范》。

4. 本刊采取文责自负原则，来稿应严格遵守学术规范。若摘编或引用他人资料及观点，须注明出处。严格禁止剽窃、抄袭、一稿多投行为。凡发现有此类行为者，一切责任由作者自行承担。

5. 投稿时，可将稿件发送至本刊编辑部电子邮箱，邮件名和文档名均用"作者姓名：论文题目＋电子邮箱＋联系电话"格式。

6. 本刊实行双向匿名审稿制，将于两个月左右通过电子信函通知。本刊有权对采用稿件进行编辑处理，如不同意，请来稿时注明。

7. 本刊已经加入中国学术期刊网络出版总库（CNKI 中国知网）。稿件采用后，即视作者同意授权本刊代理其作品电子版信息互联网传播权，包括可能被报刊转载的信息网络传播权。本刊有权授权第三方进行电子版信息的网络传播。

联系地址：浙江省温州市茶山高教园区温州大学南校区行政楼1112 室《华侨华人学研究》编辑部

邮编：325000

电话：0577 – 86591671

电子邮箱：hqhrxyj@wzu.edu.cn